jñāna-yoga

智慧可以带我们到哪里

辨喜论智瑜伽

[印] 斯瓦米·维韦卡南达（辨喜）　著

张励耕　译

作家出版社

目　录

智瑜伽

一

总　序

一、根本性的问题

　　无论身处任何时代、任何地方，总有一些根本性的问题不断困扰着我们。有时它们会以比较简单的形式出现，比如"你是谁？""你从哪儿来？""你到哪儿去？"这样的"保安三问"；有时会呈现出比较复杂的样子，比如"人生的意义是什么？""生死究竟是怎么一回事？""爱是什么？""灵魂到底是什么？""宇宙是否就是我们肉眼看到的样子？""变动不居的世界中是否有不变的东西？"等等。无论具体形式如何，也无论对日常生活的留恋和面对更高级的存在时的怯弱如何阻止我们去直面这些问题，我们在内心最深处都明白：它们是最为根本性的，绝不是无意义的妄想。但令人极为困惑的是，发达的科学技术、繁琐的宗教仪式、浩如烟海的书本，最终都无法在这些问题上给出完全令我们满意的回答，更不用说对财富、权力、名望和享乐的追逐了。我们仿佛被困在一种难以摆脱的困境中，最终不得不选取某种并不满足的答案接受下来，甚至把内心最深处的疑惑隐藏起来，假装它们不存在，在昏暗的自欺中匆匆走完这趟人生之旅。

既然这些问题不会随着时代的改变而发生根本性的变化，我们也会很自然地发现，古老的智慧对它们的回答往往更直接、更富于启发性。很多事情的确会随着时代的发展而演化，但对这些根本性问题的解答则不然。与向现代发达的科学技术求助相比，去古老的思想中寻求答案可能是一条更有希望的道路。但另一方面，作为现代人，我们也会苦于无法拉近和古人的距离。古往今来，语言、说话方式、生活形式、思维习惯等都发生了天翻地覆的变化，究竟该如何越过这些障碍、直击思想的核心呢？语言、文献、历史等都是和思想有关的，但也都不是我们最终的目标；只有穿过这些沼泽，才能得到思想的宝珠。所以，用现代的方式表述出来的古老智慧的精髓，才是我们真正想要的。

其实，从来都不缺乏做出这样努力的人。在人类的思想史上，古今之间的对话也始终都是备受关注的话题。在这样一个从未有过如此巨大而深刻变革的时代，这种对话显得尤为重要和可贵。而在做出这样努力的人中，辨喜无疑是最杰出的代表之一。

二、辨喜及其思想特点

辨喜（Vivekānanda，也译作"维韦卡南达"，1863—1902）是著名的印度教僧侣、哲学家。尽管他只走过了不到四十年的生命历程，真正用来进行自己事业的时间只有不到十年，却是向西方乃至世界传播印度瑜伽和吠檀多（Vedānta，意为"吠陀的终结"）思想的第一人。他师从在印度极具影响力的瑜伽士罗摩克里希那（Ramakrishna/Ramokṛṣṇo［孟加拉语］，1836—1886），并在1893年赴美国芝加哥参加世界宗教大会而一举成名。此后他一方面在西方传播古老东方的思想、文化和哲学，主要采取演讲或讲座的形式，然后由弟子或其他人员记录下来并出版；另一方面在印度建立组织，推动罗摩克里希那思想的实践和印度社会的改革。他的思想在印度和世界范围内都产生了巨大的震撼，包括甘地、阿罗频多（Arabinda，也译作"奥罗宾多"）在内的无数人深受他的影响，世界上很多地方都成立了与他有关的传道会或研究中心。

为什么辨喜的思想具有如此强大的力量呢？这个问题需要亲自阅读他留下的文献、接触他的理念才能解答，但译者在此可以先概括介绍一下，与人们通常印象中的印度思想相比，他的思想至少在三个方面有着独特的魅力。

其一是完备的系统性。印度的思想文化丰富而复杂，无论是在历史、哲学还是文艺领域，想讲清楚和印度相关的东西都不是件容易的事情，特别是浓厚的宗教因素，给这些领域或多或少蒙上了神秘色彩，让读者们难以捕捉其背后的真正精神。相比之下，辨喜为我们提供了一个十分清晰的体系，他把吠檀多——这也是本丛书第一卷的主题——作为自己思想的旗帜，把印度最核心的思想和智慧概括为四种瑜伽：智瑜伽（jñāna yoga）、王瑜伽（rāja yoga）、奉爱瑜伽（bhakti yoga）和业瑜伽（karma yoga）——这些则是本丛书第二至四卷的主题。有了这个框架，我们就可以更方便地把关于印度的知识填充到其中，形成自己的

"记忆宫殿"。

其二是充分的现代性。辨喜为什么能够比其他思想者更出色地完成阐述印度思想的任务呢？这恰恰是因为他接受了良好的现代教育，精通西方哲学和基督教思想，能以更贴近当今生活的方式更严谨地阐发古老的智慧。尼基拉南达（Nikhilananda，1895—1973）撰写的较为权威的《辨喜传》（*Vivekananda: A Biography*）的第四章曾这样概括辨喜的贡献："无论多么有价值的钱币，如果仅仅属于已经过去的历史时期，就不能再作为货币流通了。神在不同时代会采取不同的形式，以服务于当时的独特需求。"古老的思想必须现代化才真正有价值，但这也的确面临着双重困难：一方面，传统思想的传承和阐释有其自身的习惯和优点，但也有其不足之处，特别是印度过强的宗教色彩、浓厚的神秘主义和对上师（guru）的过分推崇，实际上可能导向迷信、反智的极端；另一方面，接受现代教育的人往往又很难准确地理解印度传统思想中的精华部分，要么戴着有色眼镜、以轻视的态度对待，要么陷入浩如烟海的学术知识不能自拔。在这一点上，辨喜很好地克服了传统习俗的缺陷，又汲取了现代模式的长处，真正做到了取其精华去其糟粕，为我们提供了印度古老智慧的现代范本。可以说，他的方法和思路也值得我们在发掘包括中国在内的所有传统智慧时参照学习。

其三则是"全程高能"。在日常生活中我们常常可以发现，思想的力度与震撼人心的感染力并不是一回事，往往是分开的，而真正同时包含这二者的作品可谓凤毛麟角，以至于有人认为它们是相冲突的、不可兼得的。在复杂而精巧的哲学中，虽然充斥着理智上的精彩之处和思辨的力量，但我们的心灵却很少得到真正的震撼；在艺术等领域内，我们的灵魂可能会被崇高感或美感击穿，却又找不到能持续指引我们的思想力量。相比之下，辨喜留下的文字既不是干巴巴的哲学或说教，也不是让人一时满足的心灵鸡汤，而是同时具备精致的思想和震撼人心的力量。译者清楚地记得自己第一次读到辨喜的文字时，在思想和情感上受到的双重震撼，而且在后来的翻译和研究中也一直感受着这样的力量。这的确是与其他思想、哲学或宗教文献非常不同的，让读者始终觉得像是在辨喜身边，聆听他将最高的智慧娓娓道来——"坐在老师身旁"，这恰恰是"奥义书"（upaniṣad）一词本来的意思。可以说，通过辨喜的话语，我们似乎直接与更高层的存在产生了某种连接。至于这种连接到底是怎样的，就请读者们自己去体会吧。

此外，值得注意的是，在辨喜所处的时代，印度其实面临着和同时代的中国相似的问题。作为文明古国，中印两国都是在西方文明入侵的背景下被迫开始了近代化的进程。这无疑是一种痛苦的过程，面对看上去完全异质的西方文明的冲击，无论在中国还是印度都产生了各种互不相同的思潮。有人主张全盘接受西方而摈弃传统，有人则主张固步自封而完全排斥进步和改变。历史和实践却一再证明，只有既坚持传统中合理的、精髓的部分，又吸收外来文明的优秀成果并不断发展，古老的文明才能得以保存和进步，人类社会也才能维持丰富多彩的特性并持续焕发生机。

但问题的关键在于：究竟该如何既坚持传统又吸收外来文明？具体应该抛弃哪些东西、保留哪些东西、接受哪些东西？在这方面，辨喜同样经历过艰难的探索，也做出了卓有成效的工作，这些工作的成果也将在本丛书中得到较为充分的体现。而且，辨喜对于同为文明古国的中国抱有极大的好感。他曾到过广州，为在一座寺庙中看到了以在印度早已不再使用的悉昙梵文书写的佛教经文而激动不已。因此，向中国读者系统介绍辨喜的著作，不仅能让大家更好地了解古老东方的智慧，也会有助于我们更好地推动中国思想文化的繁荣。

三、本丛书的选编思路

那么，具体选取哪些文献翻译介绍给国内读者呢？这并不是个容易的选择。辨喜本人留下了大量的演讲记录、文章、书信、诗歌等，其中最重要的部分是根据他的各种演讲和讲座记录整理而成的著作。本丛书以印度加尔各答不二论净修林（Advaita Ashrama）出版社的九卷本《辨喜全集》（*The Complete Works of Swami Vivekananda*）为底本，选取其中最重要的部分来译介。译者按照主题对这些文献进行了新的编排，共编为五卷，主题分别是：吠檀多、智瑜伽、王瑜伽和《瑜伽经》、业瑜伽和奉爱瑜伽、印度思想文化。这样既尊重辨喜已出版的重要著作的原貌，又使得每一卷围绕一个主题展开，便于阅读和理解。

此外，译者还编写了每一卷中重要的梵语术语表，以供有兴趣的读者进一步探究。

还想请读者们注意的是，虽然辨喜宝贵思想财富的重要性是不应当被低估的，但无论在任何时候，对一个人丧失理性的盲目崇拜都是不可取的。印度传统文化中的宗教色彩极为浓厚，这固然意味着信仰、奉献等正面品质，但也往往掺杂着不少迷信和盲从。在印度和其他一些地方，罗摩克里希那和辨喜等人已经成为新的偶像被崇拜，但他们真正的主张反而被忽略甚至弃之不顾，恐怕就违背了辨喜的初心，这也是在人类思想的历史上一再发生的事情。对于辨喜的很多具体观点，译者也并非完全赞同，同样是抱着批判和尽可能公正的态度加以对待。

真理有两个最大的敌人：一是固步自封，不接受任何与自己的成见不同的理念；二是迷信盲从，不加批判地接受一个人的所有主张。当我们放弃了自己的常识、理性和分辨力而把灵魂完全交给某个人时，真理也就永远离我们而去了。健全的常识、理性和分辨力才是上天最大的恩赐，一个人的思想如果包含了任何真理的话，一定也是符合这些的。所以，对待任何人留下的思想资源，既要有开放、真诚的态度，也始终要保有清醒的理智。辨喜所处的时代距今已经又过去了一百多年，有些具体的论述（比如他对"以太"这个术语的使用）已经不再适合。而且每个人具体的想法、面临的问题、追求的目标等都不尽相同，这也意味着我们对同一个人、同一种思想的理解会千差万别。因此，希望大家既带着开放和真诚的心态，又秉着理性的态度去面对辨喜、面对古老东方的智慧，这样才符合辨喜本人真正的精神。

四、何为瑜伽

可能有的读者会发现，前面说到的智瑜伽、王瑜伽、奉爱瑜伽、业瑜伽这四种瑜伽，与一般大家熟悉的瑜伽练习似乎不太一样，这是因为随着漫长历史过程中的不断演变，"瑜伽"这个概念逐渐有了极其复杂、丰富的含义。在译者看来，这些含义可以被简要梳理为如下五个方面。

（一）瑜伽的本意。从词源学上看，梵语中的"yoga"一词与英语中的"yoke"同源，字面意思是"轭"，表示调控、驾驭、连接、结合等意思，中国古代也译作"相应"。瑜伽的雏形可以追溯到公元前二三千年，在印度河流域出土的这一时期的石刻上，就有一些人物的姿态类似于静坐冥想，被认为有可能是当时的修行者。在吠陀的衍生文献奥义书中，已经明确出现了瑜伽的概念，如《伽陀奥义书》谈及"摆脱污垢和死亡""达到梵"的"完整的瑜伽法"，《白骡奥义书》提到通过收摄感官、控制呼吸来看清自我本质、看到梵的"禅瑜伽"，《弥勒奥义书》则讲述了达到与梵合一的方法是瑜伽六支，这同后来《瑜伽经》中瑜伽八支的后六支非常相似。[1]这几部奥义书的产生年代约在公元前五六世纪至公元初，可以看出，这一时期的瑜伽主要包括两项内容：一是冥想，二是通向梵的修行方法。

1　参阅黄宝生《奥义书》导言第 12 页。

（二）作为精神方面练习的瑜伽。随着时间的发展，人们开始对瑜伽进行系统性的论述和阐发，此类著作的第一部代表性成果是帕坦伽利的《瑜伽经》，研究一般认为其成书年代在公元二世纪至五世纪之间。《瑜伽经》在理论上以数论哲学为基础，认为人生有很多烦恼和痛苦，因此需要修习冥想（dhyāna/meditation，中国古代译作"禅那"）和三摩地（samādhi，中国古代译作"定"或"三昧"，与"禅那"一起合称为"禅定"），最高目标是通过三摩地达到独存，也就是解脱（mokṣa）。在实践上，介绍了包括调息（prāṇāyāma，即控制呼吸）、选择特定的冥想对象等在内的修习方法，分类总结了不同状态的三摩地，还要求修习者遵守一定的伦理道德规范——所有这些方法被归结为"瑜伽八支"。帕坦伽利的瑜伽体系在后来被称作王瑜伽，指以调息、冥想等为具体方法，致力于心理和精神方面提升的瑜伽，这个意义上的瑜伽类似于汉语中的"禅修"。

（三）作为一个哲学流派的瑜伽。《瑜伽经》的哲学理论即瑜伽派的哲学，是印度正统六派哲学之一（六派哲学包括数论—瑜伽、正理—胜论、弥曼差—吠檀多，所谓"正统"即承认吠陀经典的权威性），它与哲学色彩更浓厚的数论派是成对的：数论派侧重哲学和理论，瑜伽派侧重具体的修行实践。但是，冥想等方法并不为瑜伽派所独有，而是在各个流派中被广泛接受，甚至非正统的佛教和耆那教也使用这样的修习方法，而《瑜伽经》中的一些内容也受到过佛教的影响，这说明瑜伽实践和瑜伽背后的理论是可以分开的，瑜伽练习并不必然与瑜伽派哲学结合在一起，其后来的发展也证明了这一点。

（四）作为修行途径的瑜伽。瑜伽的发展还有不同的路径，《摩诃婆罗多》的插话《薄伽梵歌》就代表了另一种对瑜伽的理解。《摩诃婆罗多》是印度两大史诗之一，成书于公元前四世纪至公元四世纪。《薄伽梵歌》虽只是其中很小的一部分，却以诗歌的形式生动精彩地讲述了宗教哲学方面的深刻道理，因而也被单独奉为一部经典，在印度家喻户晓。这部经典的核心思想就是业瑜伽、智瑜伽、奉爱瑜伽（黄宝生译本译为"信瑜伽"），分别指通过行动、通过知识和智慧、通过虔信和崇拜的方式，最终实现与梵合一、获得解脱。可以看出，这个意义上的瑜伽的含义较为宽泛，指的就是修行途径，以冥想为代表的"瑜伽"只是这些途径中的具体方法之一，而且并不是必须的。

（五）作为身体练习的瑜伽。到了近现代之后，瑜伽练习也变得更加多元化，并且进一步与人们在日常生活和身体健康方面的诉求相结合，这其实属于哈他瑜伽（haṭha yoga）。现在最常见到的瑜伽馆里的瑜伽，不管是较为传统的体系，还是阿斯汤加、艾扬格等诸多现代瑜伽派别，都是在哈他瑜伽的基础上发展出来的。"haṭha"的字面意思是"力"；也有解释说"ha"指太阳，"ṭha"指月亮。哈他瑜伽最早可追溯到十一世纪，主要经典包括成书于约十五世纪的《哈他之光》（Haṭhapradipika）等。传统的哈他瑜伽主要包括体式、清洁法、契合法、收束法等身体方面的练习，对调息的方法也有更多发展；而现代瑜伽基本以体式为主。《哈他之光》说，哈他瑜伽是攀登王瑜伽的阶梯，但也说哈他瑜伽与王瑜伽是相辅相成的，哈他瑜伽的练习要以王瑜伽为目的，其第四章《三摩地》的内容更是与冥想、修行直接相关。辨喜在提到哈他瑜伽时也说过，让物质身体变强壮固然很好，但灵性上的成长才是最重要的。总之，现代的瑜伽更多的是一种体育运动，既脱胎于原初意义上的瑜伽，又与之有不少区别，特别是在目的上有不一致之处。

通过上述梳理可以看出，在印度文明的悠久历史中，"瑜伽"始终是一条极为重要的脉络，结合了理论和实践，串联起对智慧、解脱、至高存在等最重要事物的追求。或许正因如此，深谙印度智慧之精髓的辨喜，才将四种瑜伽——《薄伽梵歌》中的业瑜伽、智瑜伽、奉爱瑜伽以及源自帕坦伽利体系的王瑜伽——作为自己思想的核心线索。这类似于上述第四个方面的含义，但赋予了瑜伽这一概念更为综合性的意义，指的是修炼身心、自我提升的途径。例如，辨喜在《一种普遍宗教的理想》[1]中概述了这四种瑜伽，并将瑜伽定义为"结合"（union）："对于行动者来说，这是人与整个人类的结合；对于神秘主义者来说，这是他较低级的自我和更高级的大我的结合；对于爱者来说，这是他自己和爱之神的结合；对于哲学家来说，这是一切存在的结合。这就是瑜伽的意思。"辨喜更是将瑜伽思想传播给世界的第一人。

在实践方面，辨喜教授过一些王瑜伽的具体练习方法，如调息、冥想等，但不涉及哈他瑜伽中关于身体的练习。虽然在辨喜

1　见本丛书卷一《古老智慧的现代实践——辨喜论吠檀多》。

之后，众多以体式为主的瑜伽风靡西方乃至世界，但这其实不符合他的本意。在理论方面，辨喜解释了冥想背后的原理，即《瑜伽经》的哲学，但他同时认为这是一种二元论哲学，而坚持一元论的吠檀多不二论才更为彻底、融贯，因此他的立足点还是同为印度正统六派哲学之一的吠檀多哲学，这也验证了我们此前所说的：作为练习方法的瑜伽是可以为不同哲学流派接受并与之融合的。

简而言之，从瑜伽的本意衍生出了不同的瑜伽概念，它们主要沿着两个方向发展：一个方向是改善身心的练习实践，在古代仅指以冥想为主的、精神方面的王瑜伽，在近现代则出现了以身体练习为主的哈他瑜伽和各式各样的现代瑜伽；另一个方向是作为修行途径的人生道路，即《薄伽梵歌》所说的三种瑜伽和辨喜所说的四种瑜伽。至于与王瑜伽相关的瑜伽派哲学，可以算作辨喜所说的智瑜伽的范畴，但智瑜伽也可以采取不同的哲学主张，例如，《薄伽梵歌》里的智瑜伽以数论和奥义书的哲学为背景，辨喜讲述的智瑜伽则建基于吠檀多哲学。

无论如何，各种不同的"瑜伽"汇聚成了一座巨大的宝库，这里既有丰富的思想资源，也有适合不同个体的修习方法。读者们在厘清瑜伽含义的基础上，可以根据自身的需求和喜好选择契合本人的道路和具体方法，实现自我的提升。

五、对翻译的说明

在本丛书的翻译过程中主要有两方面的困难。其一是关于引文。辨喜的演讲、著作等，基本是以英语为主体，其中也大量援引了吠陀、奥义书、《瑜伽经》、《薄伽梵歌》等印度经典文献，这些经典原本是以梵语写成，而辨喜在转述时通常将这些翻译为英语，所以有些部分会和梵语原文有所出入。对于这些引文，译者是从辨喜的英译再转义为汉语。如果能确定其来源的，译者都尽量在译注里给出了准确出处，感兴趣的读者可以以此为线索，进一步参阅从梵语直译过来的文本[1]；其余引文的出处只能付之阙如。为了更好地贴近西方听众，辨喜也时常引用《圣经》中的话，对于这些引文，本丛书则直接采用和合本《圣经》的汉译。

其二是关于术语。目前对印度尤其是瑜伽相关术语的汉译存在不少较为混乱的情况，有时同一个概念有多种译法，也有某些概念的汉译又有其他方面的意思。这个问题由来已久，中国古代就翻译过很多印度文献，当时的一些译法现在已经不好理解；现代以来不同的学界前辈对同一个词也有过不同的翻译；还有一些学界外的译者在选取语词时比较随意，没有考虑到已经有其他更

1　主要涉及以下从梵语翻译为汉语的印度经典文献，具体出版信息在正文译注中不再赘述：
巫白慧译解《〈梨俱吠陀〉神曲选》，商务印书馆 2010；
黄宝生译《奥义书》，商务印书馆 2012；
黄宝生译《瑜伽经》，商务印书馆 2016；
黄宝生译《薄伽梵歌》，商务印书馆 2010；
姚卫群编译《印度古代宗教哲学文献选编》，商务印书馆 2020。

好的译法存在。因此译者在翻译术语时尽可能采用目前通行的权威翻译，对一些瑜伽练习中常出现的术语则倾向于采用更为人所熟知的译法，力图做到既准确又易于理解。辨喜也曾将一些梵语概念译为英语，译者会参考他的英译，但还是会以已有的、直接的汉语翻译为准。在这里，译者先就一些较为重要的术语的翻译做出必要的说明。

首先是一些英语术语。

辨喜将最高级的存在者直接称为"God"或"Lord"，这里的首字母大写表示其崇高地位和唯一性，译者分别将其译作"神"和"万物之主"，但在某些涉及基督教的语境下会将"God"译为"上帝"。这种唯一的至高存在者与一般所说的"gods"不同："God"只有一个，"gods"却可以有很多；译者将后者译为"神祇"，以同"神"相区别。

使用首字母大写来表示尊敬的方法在西方语言中很常见，但在汉语中则不太好表现。辨喜另一处运用这种技巧的地方是在指称神时使用"He""Him""His"，对此译者将其译作具有独特含义的"祂""祂的"。

还有一些使用首字母大写以示尊崇的情况，如"Self""Soul""Seer"等词，表示人最高级的灵魂或世界的观察者，大致相当于梵语中的"ātman"。译者将这些英文单词分别译作"大我""大的灵魂""见者"，将"ātman"译作真我，以弱化其宗教色彩。

动词"realise"及其名词形式"realisation"（现在一般拼写

为"realize"和"realization")是辨喜的核心概念之一，译者将其统一译作"亲证"，但在某些较为日常的语境下也会译为更普通的意思"实现"或"意识到"。

"gross"和"fine"是一对经常被用到的概念，译者将其译作"粗大"和"精微"。

"reality"是一个在哲学中常见的术语，辨喜也是在较为哲学化的意义上使用该词的，因此译者遵循哲学中的通行译法将其译作"实在"。

"virtue"通常可以被直接译作"道德""美德"等，但同样为了照顾其较为哲学性的一面，译者将其译作"德性"。

辨喜用英文中的"work"来翻译梵语中的"karma"一词，后者就是佛教中所说的"业"（古代也音译为"羯磨"），因此译者也会尽量把用来表示"karma"的"work"翻译为业。但这无法适用于所有语境，因此有时译者也会将"work"译为"行动""工作""事业"等。此外，"karma"本身还有"仪式"的意思。

"mind"在哲学中通常被译为"心灵"，尽管它的含义和"心"（heart）并没有什么直接关系。辨喜用它来翻译梵语中的"manas"一词，译者还是遵循习惯将"mind"译作"心灵"，但在个别语境下也会译为"头脑"，此时它主要指的是神经中枢的总和或类似大脑的一种官能。而"manas"就不宜再被译作"心灵"了，它同时也是一个大乘佛教术语，被玄奘音译为"末那"，但译者最后还是决定采取意译，将其译为"意根"，以同佛教术语相区别。

"灵性"是辨喜使用的核心概念之一，它的形容词形式是"spiritual"，名词形式是"spirituality"。虽然在如今的灵修或宗教领域可以见到对这个词的大量使用，但其实很少有人可以准确澄清其含义。译者也无法在这里对其意思做出确切的概括，但可以看出，它显然属于和通常所说的物质、身体或感官相区别的另一个范畴，主要属于精神的领域。这就涉及另一个与之相近的概念"spirit"，但它并不是灵性的意思，译者将其译作"精神"，而在某些涉及基督教的语境中会译为"灵体"（"三位一体"中的"圣灵"概念即是"Holy Spirit"）。

辨喜反复宣扬的一个理念就是"一体性"，与之有关的是两个单词，即"One"和"Oneness"。译者有时会直接将前者译为"一"，将后者译为"一体性"，以示区别，可惜前者的译法可能有些不太符合汉语的使用习惯。

与一体性密切相关的一个观念是"显现"，被用来解释"一"如何成为"多"，其动词形式是"manifest"，名词形式是"manifestation"。

另一组需要说明的概念是动词"involve"及名词"involution"。辨喜对这个词的使用是比较独特的，因为"involve"的字面意思是"卷入""涉及"，"involution"则是如今很流行的"内卷"一词。但显然，辨喜把它们作为同一组概念使用，并与"evolve""evolution"（进化）以及进化论相对。因此，译者将"involve"和"involution"统一译作"退化"，以契合辨喜的原意。需要注意的是，辨喜说的"退化"是个中性词，并无贬义。

北京大学哲学系的韩林合老师建议将"evolution"译为"展开"而"involution"译为"复原",的确更符合其字面意思,但难以适用于全部语境,所以译者最终还是决定保留原译法,韩老师的意见则可供读者参考和理解。

"intelligent"一词被译为"有智能的",其名词形式"intelligence"被译作"智能"。但辨喜显然不是在简单的诸如"人工智能"这样的意义上使用这个词,而是将其视作一种比感知和思维更高级的官能,甚至直接说神是有智能的。希望大家在阅读时能理解他的独特用法。

"vibrate/vibration"被辨喜用来翻译梵语中的"eja"(动词)/"ejati"(名词),但也被用来翻译"spandana"(名词),译者将其译为"振动",但在某些语境下,如在谈及心念或湖水时,根据汉语习惯译为"波动"。

接下来谈梵语的概念。

首先需要说明的是"四瑜伽"的名字。如今对这四种瑜伽的翻译可谓花样繁多,译者最终还是采取了自己认为最为稳妥的译法,分别将其译为"智瑜伽""王瑜伽""奉爱瑜伽""业瑜伽"。其中最难把握的是"奉爱"(bhakti),因为这个词的含义的确很多,包括爱、奉献、虔信等,直接音译作"巴克提"也可以,但跟另外三种瑜伽的译法差异就太大了。最后之所以采用现在的译法,是因为辨喜在谈论这种瑜伽时更多提到的还是"爱"(love)。唯一的遗憾是这些瑜伽名称的字数并不相同,未能满足"强迫症"

的需求，但这也是为了追求准确性而做出的必要牺牲。

"tat tvam asi"是奥义书中常见的一句话，在英语中通常被译作"Thou art That"，字面意思是"你是那个"。但为了体现其独特性，译者还是选用了更传统的译法"汝即那"。

"oṃ"是印度传统中很重要的一个词，至今在瑜伽练习中仍经常出现，一般被念作"欧姆"的音，而在中国佛教中被音译为"唵"。在古汉语中"唵"字的发音应该是接近梵语的原本发音的，但后来汉语发生了演变，导致文字和语音对应不上。"唵"如今在字典上的注音是ǎn，但在佛教语境下仍然要发类似"ou"的音。译者在这里直接保留了拉丁字母转写的"oṃ"。

随后需要解释的是一些和印度哲学有关的概念。

"奥义书"是吠陀的一部分，是一类文献。在作为文献类型被提及时，译者不将其加上书名号；而在具体指某一部奥义书时则加上书名号，如《大森林奥义书》。对具体每一部奥义书名称的翻译，译者以黄宝生先生翻译的《奥义书》为准。

"prāṇa"和"ākāśa"是数论哲学中一对基础性的概念，可以音译作"普拉纳"和"阿卡夏"。但前者在瑜伽练习中更常被译作"生命气"，这种译法也更贴近中国人通过"气"来理解世界的传统思维方式，因此译者采用了该译法。"ākāśa"被辨喜直接译作"ether"，也就是"以太"，不过这个概念后来被自然科学淘汰了。经过再三考虑后，译者还是决定将"ākāśa"译为"空元素"，表示一种被动的、类似物质的元素（与之相对，"生命气"是主动的），它即是印度传统中"地、水、火、风、空"五大元素中的"空"；但需要说明的是，它和大乘佛教中的"空""空性"等概念没有关系。

"buddhi"是数论中的另一个重要概念，通常被音译作"菩提"，或被意译作"觉"。但"菩提"一词的佛教色彩过于浓厚，为了避免混淆，译者还是采用了"觉"的译法。

目前国内对数论三种"性质"（guṇa）的翻译也有不少。译者采取了较为常见的译法，将其意译作"悦性"（sattva）、"激性"（rajas）和"惰性"（tamas）。其中的"悦性"一词在中国佛教中被音译作"萨埵"，和"buddhi"组合在一起形成"bodhisattva"，也就是"菩提萨埵"，我们熟悉的"菩萨"一词即是"菩提萨埵"的简称。

"citta"在印度哲学中是个很重要的概念，有些现代瑜伽教学体系将其翻译成"头脑"，这是不准确的。它可以被直接译为"心"，但"心"这个词的含义过于宽泛，容易引起误解。考虑到辨喜将其译作"mind-stuff"，译者便将其译为"心质"，因为严格来说它指的是"心"的材料而非"心"本身，是一种被动而非主动的东西。

"saccidānanda"这个概念出自奥义书，它由"sat"（存在）、"cit"（知识、意识）、"ānanda"（欢喜、幸福）三个词复合而来，因此译者将其译作"存在—知识—欢喜"。它是对最高级存在者的描述，被辨喜称为"独一无二的'一'的三个方面"和"心灵可以构想出来的关于神的最高级的观念"。

六、致谢与恳求

最后需要说明的是，译者自身能力有限，特别是缺乏梵语和印度学文献方面的科班基础，因而在涉及一些难题时，只能依靠相关的二手研究给出尽可能准确的翻译和注释（书中的注释除了标明"原编者注"的之外，均为译者所加），这也导致本丛书肯定还有很多不足之处。倘若再经过十年的学术积累，译者或许能更好地完成，但出于尽早介绍辨喜思想的紧迫感，还是促使译者最终决定在现有的水平上开展这项工作。

译者在相当大的程度上得益于中国印度学前辈们辛勤的拓荒工作，特别是金克木、巫白慧、季羡林、黄宝生等先生的巨大贡献。可以说，如果没有他们的研究与翻译作为指引，像我这样一个缺乏相关学术背景的人是不可能进行此项工作的。此外，译者还得到了多位学者、同学和友人的帮助，可惜在此无法列出所有名字，只好一并向诸位表示衷心感谢。尤其感谢责任编辑小熊，她为此付出的心血丝毫不亚于我，这套丛书也可以说是我们共同努力的结晶。

同时也恳请大家对译文和注释中的错误或有争议之处提出宝贵意见，共同改善相关的翻译和研究工作，更好地推动思想的交流与传播。

译者导读

　　本卷即《辨喜全集》第二卷中的《智瑜伽》一书，全书共十六章。这是一本在辨喜生前就得以出版并产生了巨大影响的著作，其哲学色彩也是辨喜所有作品中最为浓厚的。

　　根据辨喜的划分，智瑜伽属于瑜伽的一种，主要特征是通过理性的思辨来获取知识、实现解脱，涉及人的本性、神、灵魂、宇宙论等问题。可以看出，智瑜伽和我们通常所说的哲学有着高度的相似，特别是在方法和主题上，都试图通过理智来探究与人或与世界有关的一些最为根本性的问题。而另一方面，智瑜伽和吠檀多在主题上也有不少重叠的部分，但前者更侧重于从哲学或理性思辨的角度看待问题，后者与亲证有关的成分更多。通过智瑜伽的思辨可以发现，整个世界中的万事万物其实都不过是唯一的绝对者的显现，而让这个绝对者呈现为多的东西就是摩耶（māyā），这也是智瑜伽最核心的概念之一。

　　虽然更接近哲学的范畴，但本书的讨论却从宗教开始。在第一章里，辨喜首先带领听众思考宗教的起源究竟是什么。根据现代的看法，不少人认为宗教源自更为低级的现象，即祖先崇拜或自然力量的拟人化。比如我们渴望与祖先永远在一起、认为祖先拥有超越凡人的能力，或者认为大自然拥有不可思议的力量并将其拟人化为各种神祇，宗教就在这样的基础上逐渐诞生了——这可能是看上去较为"科学"的解释，但辨喜通过对各种宗教的实际考察和推理证明，这二者都不可能是宗教的真正来源。真正的宗教与哲学有着共同的源头，那就是人们希望透过现象看到本质，是人类"超越感官局限性的努力"。

因此，宗教和哲学都源自人的本性，但这种本性并不是低级的，不是吃吃喝喝之类的欲望或对死亡的单纯恐惧，而是无限者在有限者之中的表达。有限者必须超越有限、超越物质层面，上升到一个更高级的层次，"以寻找对无限的更深刻表达"。这种超越和追求既可以指向外部（如探究外在的大自然、探究其中的规律）也可以指向内部（如探究精神和内心世界），而后者才是更为重要的，因为它探究的是支配外部世界的推动力。"征服外部自然是很好、很美妙的，征服内在的自然则更为美妙。"辨喜认为，这不仅是宗教的基础，也是道德的基础，而当时流行的功利主义思潮不能很好地解释道德。真正的宗教、真正的道德必须建立在广泛的基础上，狭隘的、斗争性的观念则必须被抛弃。这就是他所提倡的"普遍宗教"的精神，也是本丛书第一卷中被反复重申的主题。

在第二章，辨喜从我们都会在内心深处怀有的疑问出发，引导大家去认识高于身体和物质的力量。人类是非常执着于感官的，热衷于享受、热衷于五光十色的物质世界，但这些都建立在我们是活着的基础上；一旦死亡来临，一切便都灰飞烟灭了。至于死亡究竟是什么、死后的世界是怎样的，不同的人持有完全不同的理解，但对死亡的忧虑乃至恐惧却始终根植在我们灵魂的最深处。由于死亡的存在，我们在面对世界时不得不在内心最深处追问："这一切都是真实的吗？"很多人都尝试做出压制，不让心灵去追问这样的问题，但辨喜一针见血地指出："可只要死亡还存在，所有这些压制就总是会以失败告终。"

尽管有死亡存在，尽管在现世追求幸福终究是一场空，但这并不等同于虚无主义；相反，我们内心中还有着另一股相反的力量，它倾向于"在这个不断改变、转瞬即逝的世界中发现任何真实的东西"。各种古老的宗教其实都是这种力量的结晶。在此基础上，辨喜通过论证的方式证明了有高于单纯的物质和身体的力量存在，而我们的身体实际上也仍然有更高级的力量，这就是印度人所说的"真我"（ātman）。它超越了心灵，是无形式的，因此也必定超越了时间、空间和因果关系，必定是无限的。这样的"真我"才是真正的人，而肉体上的人不过是表面上的人。人们自然会恐惧自己个体性的消失，但其实真正的人不会死亡、不会消失。应该让"面纱背后的纯洁者、无限者、神越来越多地显现自己"，这样才能实现真正的自己、实现真正的个体性，而不是目前我们所以为的那种渺小的个体性。

既然有永恒的真我存在，我们所看到的多彩世界、所感受到的渺小自我、所恐惧的生死轮回又是怎么一回事呢？这些其实都是透过一个东西被看到的真我，这个东西就是"摩耶"。

从第三章到第五章，辨喜都在处理作为吠檀多理论基石之一的摩耶概念。他首先做出了语词上的澄清，即摩耶并不是指幻觉或魔术之类的东西。在他看来，摩耶"不过是对事实的陈述——我们是什么，我们在周围看到了什么"。换句话说，摩耶不仅不是幻觉，而且是事实；只不过稍加反思就会发现，我们所面临的事实反而如幻觉一般，本就充满矛盾和荒谬性。在第三章和第五章中，辨喜用优美而有力的文字阐述了这一点。就拿死亡来说，"死亡日夜绕行在我们的地球上，但与此同时我们都认为自己会永生"。我们目睹了多少生生死死啊，也的确都恐惧死亡，可有谁真正考虑过自己的死亡呢？有谁真正考虑过死亡是什么呢？面对这样一个对每个人而言都命中注定的东西，我们却几乎从未真正直面它——这就是摩耶。这有些类似于现代哲学中的一些说法，比如加缪提出的"荒诞感"（absurdism），也揭示出我们的生活充满了难以摆脱的矛盾："整个生活都是矛盾的，是存在和非存在的混合物。"

但如果认为这会导向一种悲观主义或不可知论，那就完全误解了辨喜的本意。辨喜的立场"既不是悲观主义也不是乐观主义。它并没有说这个世界全都是恶的或全都是善的。它只是说，我们的恶丝毫不比我们的善更卑劣，我们的善也丝毫不比我们的恶更高贵，它们是紧紧绑在一起的，这就是世界"。如实地认识世界是继续前进的基础，而面对真理的勇气"是宗教的基础。当一个人采取了这种立场，就走上了寻求真理的道路，走上了通向神的道路。这种决心就是朝向宗教的第一推动力"。而超越于摩耶之上的、不受摩耶束缚的东西是什么呢？那就是辨喜所说的神

（God），但不是我们通常所理解的诸位神祇（gods）。人们或许有各种不同的关于神祇的具体观念，"但有一条金线贯穿所有这些不同的观念，吠檀多的目的就是发现这条线"。实际上，崇敬神的人在进化的同时，那个被崇敬的神也在随之进化，这是辨喜在第四章中提出的看法。

辨喜反复强调的观念是，我们身体内本来就拥有向上的力量："生命首先意味着对理想的追求，生命的本质是朝向完美的。因此，我们不可能成为不可知论者，也不可能按照世界呈现出来的样子去看待这个世界。"所以我们要超越摩耶："我们的道路不是与摩耶同向的，而是与它相反。"我们的目标究竟是什么呢？辨喜在第五章明确提出：那就是自由，而我们也的确都在走向自由；甚至宇宙本身也是从自由中产生、在自由中停留、最后消融在自由中。

第六章可以说是全书的机杼，因为它处理的是最为艰难与核心的问题："无限者、绝对者如何变成了有限的东西？"对此，辨喜通过图示加以说明："时间、空间和因果关系就像一面玻璃，透过它可以看到绝对者，而当它在较低的方面被看到时，就呈现为宇宙的样子。"时间、空间和因果关系也是哲学的核心话题，它们阻挡在绝对者面前，让它呈现为充满多样性的世界。由此可以得出的推论是，真正的绝对者或神是无法被知道的，神超越于可知的东西之上，一旦被知道也就不再是神了。更准确的说法是，神"既不是不可知的也不是已知的，而是比这两者都高的无限，因为祂就是我们真正的大我"。在吠檀多哲学看来，我们对世界之内一切东西的认知都只有通过神才得以可能。

这里很容易出现的一种误解是把上述观念解读为二元论，即存在着绝对者和宇宙这样两个实体。这不符合辨喜所阐释的不二论的精神。在辨喜看来，并不是存在着绝对者和宇宙，而是绝对者通过时间、空间和因果关系的面纱把自身显现为宇宙、显现为多，时间、空间和因果关系并不是独立于绝对者而存在的。他通过一个经典的例子来说明这一点："波浪当然与海洋相同，但我们知道它是波浪，因此又是与海洋不同的。是什么造成了其中的差异？是形式和名称，也即形式和心灵中的观念。我们可以认为波浪这种形式是某种与海洋相分离的东西吗？当然不能。……但形式本身并不是妄想。只要波浪存在，形式就存在，而且你们也一定会看到这种形式。这就是摩耶。……只要个体放弃了摩耶，对他而言摩耶就消失了，他就是自由的。"这也体现了辨喜关于宗教和神的一贯主张，而且在他看来，这可以反驳当时欧洲盛行的物质主义，这种主义把人束缚在物质和感官中，让人无法看到世界的真实情况。应当说，这一点在很大程度上也适合于我们如今生活的时代。

从第七章开始，辨喜更多地从不同角度阐发自己的上述理念。他把吠檀多教授的核心观念概括为"世界的神圣化"（deification），即"宇宙中存在的一切都被万物之主覆盖"，而我们应当"在一切中看到神。在生命和死亡中、在幸福和苦难中，万物之主都是同样存在的"。与此同时，辨喜明确指出了与这样的观念相伴随的一种常见的错误，即认为一切都是宿命的，所有人都必须无所事事，像尘土一样既不思考也不行动。相反，辨喜的主张是人必须行动，要为自己的命运负责。他在这里并未展开论述与行动相关的秘密，但做出了必要的概括："我们通过放弃而去行动……在任何地方都要看到神，就这样去行动……把神放在万事万物中，在万事万物中了知祂。"这正是"业瑜伽"的核心理念，本丛书将在后续译介相关内容。

在第八章，辨喜通过讲述奥义书中那吉盖多（Naciketa）和阎摩（Yama）的故事，阐发了这样的基本道理："除非一个人已经征服了享受的欲望，否则真理之光永远不会照耀到他身上。"这也是对宗教或修行有所了解的人都有所耳闻的观念，但真正做到这一点并不容易，而关于为什么要这么做，很多人更是一知半解，相信辨喜的论述或许能在一定程度上帮助大家消除疑惑。

在此基础上，辨喜解释了自己思想的另一个核心观念，即"亲证"。他所说、所做的一切都不是为了夸夸其谈或仅仅在理论上解决什么问题，而是为了实践。同样，他提倡的宗教也不单是一种理论或学说，而是需要去体验、去理解、去实践的。在涉及宗教时，很多人喜欢从术语到术语、从文本到文本、从理论到理论，却忘记了宗教的最初源头恰恰是人内心深处最真实的感受：对爱的体会、对痛苦的亲知、对超越一切的真理的渴望，等等。离开了这些，宗教就会变成空中楼阁。如辨喜所说，在攻击宗教的人里，有百分之九十九点九从未分析过自己的心灵、从未努力了解那些感受——这就好比一个盲人在那里叫喊："你们都是些相信太阳的傻瓜。"所以，"只有实际感知到神和灵魂的人才能拥有宗教"，"宗教是关于事实而非关于空谈的。我们必须分析自己的灵魂，找出其中有什么。我们必须理解它，并且亲证那个被理解的东西，这才是宗教"；相比之下，"关于神是否存在的问题不可能通过论证来得以证明"（熟悉西方哲学史上关于上帝存在证明的读者或许能更好地理解这一点）。

在本章中，辨喜还提出了另一种重要的想法："人与人之间的差异、一切生物的差异，都不是种类上的而只是程度上的。任何人的背景和实在都是同样的永恒者、永远有福佑者、永远纯洁者、永远完美者。……差别只是由表达的力量造成的。有时祂被表达得更多，有时更少，但这种表达上的差异对真我并无任何影响。"这是他对不二论的继续阐发，而通过程度上的差异来解释表面上的种类差异的想法，或许能帮助我们更合理地看待这个世界，也更符合现代科学呈现给我们的世界观。

在第九章和第十章，辨喜分别引用了《伽陀奥义书》和《歌者奥义书》中的部分内容，对于印度宗教、文化和思想知识做了较为全面的介绍，可以说展现了印度思想的简史。他还批驳了宗教中关于善恶的流俗观点，并借助哲学和自然科学的成果为自己的看法提供支持。

在第十一章，辨喜讨论了原因和结果的关系以及印度人的世界生成论，并将之与当时盛行的各种理论做了对比，这也展现出他渊博的学识和对思想前沿动态的准确把握。在第十二章，他阐述了自己关于感知的理论。此外，他用较为严谨的方式对轮回做了一定程度上的论证，至少证明了除了轮回之外的世界观、灵魂观都包含矛盾或无法解释的重要事实。这两章的话题在第十三章得到了延续，在那里我们还可以看到对死亡这个终极问题的继续讨论，包括对印度的循环、轮回观念的剖析。

在第十四章，辨喜介绍了印度思想史上的各个流派，重点阐述了这样的观念：吠檀多的三个阶段——二元论、限制不二论和不二论——"其中一个阶段并不否定另一个阶段，而仅仅是另一个阶段的实现。不二论者或限制不二论者并不认为二元论是错误的。"这样的看法和黑格尔的哲学史观有一定的相通之处，能帮助我们更好地理解不同哲学观点之间的关系。

在最后两章，辨喜继续介绍了印度轮回观念背后包含的要素，如潜印象（saṃskāra）的观念和轮回法则（law of reincarnation）等，并概括了自己的各种核心主张。最后一章也可看作辨喜思想的一份总论。

总之，智瑜伽能够帮助我们通过思辨的方式超越摩耶、超越多样性，从而亲证那个绝对者、亲证一切都是一，这样才能摆脱束缚、实现灵魂的自由。在辨喜提出的四种瑜伽中，智瑜伽可以说是最难的，因此译者将它放在另外三种瑜伽之前。毕竟，智慧是十分精妙而难以把握的东西，运用智慧去理解世界、解决问题，可绝不是一件容易的事情。通过辨喜的论述也可以看到，真正的宗教绝不是与理性相冲突的，与哲学也并不矛盾，这三者原本遵循着同样的原则，最终也会导向同样的目标。宗教绝不应该遵循那些违背理智的原则，而是可以沿着理智前进、走向更高的地方。应当说，智瑜伽在四种瑜伽中居于核心地位，能指导我们正确地理解和实践另外三种瑜伽。

附：关于"非二元"与"不二论"的辨析

需要提醒大家注意的是，尽管辨喜明确将自己的立场概括为"不二论"（advaita，也就是一种一元论），并把"一体性"作为一种核心理念加以宣扬，但其中那些像"我就是宇宙""一切都是一体的"之类的表述，如果被庸俗地理解，就有可能堕落为流俗的"鸡汤"，甚至导向反智主义、抹杀善恶的极端。比如当下十分流行的一种思潮，就是提倡所谓的**"非二元"**（non-duality，Nondualism）、**打破"二元对立"**（binary opposition），不少人都以为这是源自印度、瑜伽、吠檀多的智慧，甚至是解决现实问题、化解生命中根本困境的良药。之所以称之为一种思潮，是因为它在西方灵修领域内似乎非常兴盛，乃至扩展到宗教、心理学等领域。尽管具体主张各有不同，但其中的确包含了共同的倾向，可见这样的观念是流传甚广的，甚至可能充斥在我们身边。然而在译者看来，这样的观念不仅包含着严重的混淆和错误，而且潜藏着相当程度的危险。在现代哲学中也有不少对"二元对立"的批评之声，如女性主义（feminism）、后殖民主义（postcolonialism）、对逻各斯中心主义（logocentrism）的批判等，尽管这些思潮与灵修中对"非二元"的强调有某些相似的倾向，但前者通常有着相对清晰的讨论框架和批判对象，与后者的主题并不一致，希望大家不要简单地把它们相提并论。

以此为出发点，首先必须指出的是，很多使用此类概念的人并未澄清自己所说的意思是什么。我们的确面临着各种困扰和烦恼，所谓的"非二元"似乎对此提供了一种看似模糊却万能的解决方案，大致相当于在说"人有这样那样的问题，而所有问题的根源就在于'二元对立'""我们看到的这个世界本身就是'二元对立'的产物，要打破这种看待世界的方式""如果用'非二元'的方式看待世界，一切问题就都可以解决"，诸如此类。但如果我们深究一下这些问题具体该如何解决、所谓"非二元"的方式具体该如何实践，却往往得不到什么更清楚的解释，甚至会发现"非二元"这个词本身的意思都是含糊不清的，所以我们需要先努力搞清楚持此类看法的人究竟在何种含义上使用"非二元"之类的语词。

第一种可能的含义是，所谓"非二元"（Nondualism）针对的是哲学中的"二元论"（dualism）。从字面上看好像也的确是这样，可惜这是一种错误的理解。二元论是一种形而上学观点，主张世界最终由两个或两类实体构成，不能被进一步还原为其他东西，典型代表有：笛卡尔的身心二元论、古波斯的琐罗亚斯德教的善恶二元论、古印度数论关于原人和原质的理论（本丛书中有很多内容涉及这种哲学）等。与之相对的世界观通常还有一元论（monism）和多元论（pluralism）。一元论主张世界最终由一个或一种实体构成，比如唯物主义是一元论，吠檀多不二论（Advaita Vedānta）也是一元论，但它们对于"一元"具体指什么的理解可谓大相径庭。多元论则主张构成世界的最终实体有多个或多种，比如古希腊的原子论就可以说是一种多元论，现代自然科学的世界观也含有原子论的成分，但如果从原子都是物质的角度来看则又带有一元论的色彩。这样看来，如果"非二元"针对的是二元论的话，就会有如下问题出现。

首先，很难说二元论在人类思想史上是主流，它最多只是同一元论、多元论分庭抗礼的观点之一。而且在自然科学盛行的今天，更具影响力的观点恐怕非但不是二元论的，反倒是一元论的。只不过这不是吠檀多意义上的一元论，而是物质一元论，即认为世界只由一种实体构成，那就是物质，精神现象则是由物质派生而来的。所以，如果所谓的"非二元"针对的是哲学上的二元论，它可就真是选择了一个奇怪的对手，恰如堂吉诃德把风车当作巨人。

其次，笼统地认为二元论造成了我们生命和生活中的麻烦，这是毫无道理的。作为形而上学观点，一元论、二元论和多元论分别有各自的长处和不足，也都可能与我们生命和生活中的某些具体问题有关。但主张"非二元"的人并没有成功地证明自己想解决的问题与作为形而上学观点的二元论之间有什么必然联系，这一点随着我们分析的深入会更清晰地呈现出来。

此外必须说明的是，很多主张"非二元"的人常常把自己的观点等同于吠檀多不二论，这是完全站不住脚的。吠檀多不二论对二元论的反驳主要是从哲学角度进行的，针对的是后者无法自圆其说的地方，并不是简单地把我们遇到的一切困扰都归于二元论。而且，吠檀多不二论绝不是一种唯心主义一元论。它是一元论不假，但绝没有把任何精神性或主观性的东西当作最终的唯一实体。我们可以说它主张的"一元"指的是梵、是超越了精神与物质的"神"，但这指的不是与物质相对的精神，或是与对象（也叫"客体"）相对的主体。吠檀多不二论的确很强调灵性的（spiritual）或精神性的东西，但我们不能简单地把这等同于当今所说的"精神"，因为后者更多地受到了现代科学的影响，会被自然而然地认为是一种与物质相对的或是由物质派生而来的东西，而前者完全不是这样的——根据辨喜的解释，它可能更接近于如今所说的"振动"（vibration）或"智能"（intelligence）等概念，根据印度传统的数论哲学，物质反而可以说是从这种"精神性的"东西演化而来的。其实，吠檀多不二论的整个概念框架与当今人们日常使用的概念框架十分不同，我们不能想当然地把其中看似同样的概念画上等号——这样的看法忽视了概念框架和语境等因素在历史上的发展变化，是一种在哲学和思想史方面常见的错误。总之，如果沿着这样错误的思路、用唯心主义的方式曲解不二论，最终就可能陷入各种荒谬的结论中，比如认为世界完全是我主观意识的投射、通过改变自己的精神状态就能改变现实生活，等等。

第二种可能的含义是，它针对的是一些思维或推理方面的谬误，比如"非此即彼""非黑即白"（all or nothing, black or white）等。这样的谬误的确很成问题，而且在日常生活中很常见，给我们造成了不少困扰。世界是很复杂的，我们的生活也是如此，其中往往包含着各种各样的可能性和选择，但我们的思维有时会出现一些谬误，不能准确地认知这些可能性，在本来存在多种选择的时候误以为只存在很有限的选择。比如家长在训斥孩子时可能会说"现在不好好学习将来就只能扫大街"，且不说贬低扫大街这种工作本就没有道理，而且在家长以为的"好好学习"能带来的体面职业和扫大街之外还存在着数量庞大的选择，但这些选择被莫名其妙地忽视和排除了——这其中还含有"滑坡谬误"（slippery slope argument）的成分。此外，在对人做出评价时我们也很容易犯类似的错误，比如简单地追问"这个人是好人还是坏人"，但其实在好坏之间有着广阔的灰色地带，而且一个所谓的"好人"身上可能有很多坏的品质，一个所谓的"坏人"身上也可能有闪光点——简单地以好坏来评价人，就是一种"非黑即白"。这样的谬误往往有具体的情境，比如一个人在美国投票选总统，只有共和党和民主党的两个候选人可选，这造成了一种表面上"非此即彼"的困境，但情况并不是必然如此，只是其他候选人并没有足够的竞争力，何况他至少还可以谁都不选；如果此时有人拿枪逼着他去投票并在两个候选人中选择，那个人就用暴力的方式制造了一种"假两难"（false dilemma）。

此类谬误的确应该被消除，而且只要我们恰当地运用理智就肯定可以做到。但遗憾的是，"非二元"不但不能清除这些谬误，反而进一步落入了其陷阱中。

首先，所谓"世界是二元对立的"本身就是思维谬误的产物，是一种典型的"假两难"。看待世界的方式其实有很多，我们并不是必然用"二元对立"或"非此即彼"的方式看待世界。持"非二元"看法的人等于是先用错误的思维把很多可能性压缩为"非此即彼"的两种，比如认为这个世界就是精神与物质的对立、主体与对象的对立，然后再说这种虚幻的"二元对立"需要用"非二元"的方式打破——如此自导自演了一场堂吉诃德式的好戏。

其次，消除此类谬误的关键在于正确地对事物做出区分，但"非二元"恰恰在抵触区分，甚至试图打破任何区分，做到所谓的"超越对立"，比如超越善恶、超越精神与物质。但其实这是很难做到的，结果就是很多人只能片面地抓住某一个方面而否定另一个方面，以为这样就是"超越对立"了。比如我们刚刚提到的对吠檀多不二论的唯心主义一元论理解就是如此，表面上是超越精神与物质、主体与对象的二元对立，实则是用其中的一方（精神、主体）去压制甚至否定另一方（物质、对象）。

这也就涉及其第三种可能的含义：所谓"非二元"是想彻底消除所有区分，达到一种完全没有区分的（undifferentiated, indistinguishable）**状态。**根据译者的观察，这恐怕才是持这种主张的人想最终达到的目的。的确，我们对世界的看法和我们的生活都建立在各种区分之上，这些区分涉及感觉、情感、概念、判断、思考、主客之分、自我意识（包括自我和他人的区分）等各个方面。既然这个世界和我们的生活充满了问题，而且世界和生活离不开区分，那就干脆釜底抽薪——把一切区分全部消除，来个彻底的格式化，问题不就都解决了吗？只不过最基本的区分是

"二分法"（dichotomy）或"二进制"（binary），所以这些人就把所有区分杂糅在一起统称为"二元"（duality），把打破"二元"作为自己的旗帜——到这里他们其实已经偷换了"二元"的概念：表面上是站在一元论或不二论的立场上反对"二元论"（dualism），实际上是反对任何区分。这印证了我们此前的分析，即主张"非二元"的人并没有成功地证明自己想解决的问题与二元论之间有什么必然联系，因为他们真正要做的是消除一切区分而不是反对二元论；这也进一步证明了"非二元"本身就是思维谬误的产物，因为把"区分"等同于"二元论"是一种严重的曲解和概念偷换，是一系列概念混淆和推理谬误的产物。

而且仔细思考就会发现，这样的"非二元"主张本身就是自相矛盾的。如果这种说法成立，就必然意味着有"打破二元对立"和"不打破二元对立"的"对立"。更进一步地说，"打破二元对立"是正确的、好的，这样做的人能摆脱痛苦；"不打破二元对立"是错误的、坏的，这样做的人会深陷痛苦中——如此一来就又存在着"正确—错误""好—坏""痛苦—不痛苦"等一系列"二元对立"。因此从逻辑上看，"非二元"这个概念本身恰恰以自己要"否定"的东西，即一系列"二元对立"为前提，甚至未经批判地在这些"二元对立"之间树立了更加尖锐的对立，逼迫人们在"假两难"的困境中做出"非此即彼"的选择。

上述三种可能的含义在所谓的"非二元"主张中都或多或少存在，很多人把它们混在一起，时不时地在不同含义之间进行跳跃或切换，令人难以捕捉到自己确切的意思。颇具讽刺意味的是，这反而让他们陷入了更多的"对立"和麻烦中，毕竟他们在几种完全不同的意义上谈论"非二元"，树立了不同的目标，结果就是自己打造出一个三头六臂的怪物作为自己的敌人。这归根结底是因为无论哪种意义上的"非二元"都包含了严重的错误，所以他们无法一以贯之地坚持一种合理的"非二元"主张，只能把各种本就漏洞百出的说法缝合在一起，拼凑出一套经不起推敲的理论。我们已经简要指出了"非二元"的各种可能含义中的基本问题，而在译者看来，前两种可能含义主要是错误思维的产物，而第三种可能含义所暗含的问题才是最为根本也最为危险的。

各种区分是人的智能和生活的基础，恰恰是因为这一点，它们就不仅包含错误的东西，也包含正确的东西；不仅包含困住我们的枷锁，也包含打开这些枷锁的钥匙。如果直接抛开所有区分，看似解决了问题，其实是连我们自己都"解决"掉了。佛教中有著名的"筏喻"，说有的人已经过了河却还扛着渡河的筏子继续前行，讽刺那些执着于工具而不知舍弃的人；相比之下，提倡所谓"非二元"的人倒是还没过河就把筏子给扔了。

的确，人可能有很多区分是任意的、缺乏根据的或错误的，但如果由此就认为所有区分都应该被抛弃，这就好比我们都知道"病从口入"，但难道由此就应该放弃吃任何东西吗？其实只有吃了不好的东西才会生病，也只有不恰当的区分才会引起问题；好的食物是我们赖以生存的必要条件，而恰当的区分也是支撑我们全部认知的基础，放弃一切区分就如同拒绝摄入任何食物一样荒谬。

如果沿着这样错误的思路继续下去，就可能出现三种程度的实际问题。首先可能出现的问题是沉迷于各种鸡汤，让自己变得越来越软弱、无力或麻木。我们的生活是很复杂的，面临着各种需要解决的问题，实际上并不存在解决所有问题的万能钥匙，正如不存在包治百病的良药。因此，直面这些问题、具体问题具体分析、不断寻求切实的解决方法，这才是应有的生活态度。但"非二元"的思路实际上会阻碍人们去解决具体问题，让大家以为得到了一条放之四海而皆准的"真理"并把它当成咒语，好像不断重复念诵就能万事大吉，却不去提升应对实际困难的能力。长此以往，很多人只能把相关的主张当作鸡汤，一面无力应对和解决任何问题、内心越来越软弱，一面麻木地安慰自己说"一切都是一样的"——这等于是在身处痛苦时用精神鸦片麻痹自己，不仅违背了起码的常识，也违背了印度主流思想主张人应当从痛苦中解脱出来的基本倾向。

区分是理智的基础，如果消除了区分，理智自然就难以运作，这就可能导向进一步的问题，即一种类似反智主义（anti-intellectualism）的态度——表面上是在用"非二元"的思路超越理智，其实是陷入了反理智的泥潭。出现这样问题的人通常不认可理智的基本规则，如果有人试图用推理或思辨的方式揭示他思维中的问题，他就会拿起"非二元"作为武器，反击说任何理智思考都是"二元对立"——比如当我们揭示了"非二元"在逻辑上的自相矛盾后反讽说逻辑本身就是"二元对立"的产物——这样不仅自己不能合理地思考，也失去了任何与人沟通的基础，从而陷入一个"死循环"。理智的确有自身的局限性，但也是我们思考和行动的根基之一，我们应当尽可能正确地运用理智，同时避免其中各种潜在的谬误，比如之前提到的"非黑即白"等，而不是在渡河之前就把理智这只筏子扔掉。总之，"超越理智"可绝不等同于"不要理智"，而任何反理智的东西最终一定会陷入自相矛盾的境地、无法自立于这个世界——这就像是一种糟糕的病毒，杀死了自己赖以生存的机体，让自己也无法生存。

如此再继续恶化下去，就有可能引发更严重的问题，让人陷入颠倒黑白、混淆是非的极端。我们在日常生活中对善恶的划分可能有各种不尽合理的地方，但这绝不意味着善恶之分本身应当被抛弃，而"超越善恶"也绝不等同于"抹杀善恶"。有的人把"一体性"生搬硬套到最基本的善恶是非上，认为说任何话、做任何事都完全没有区别，甚至为作恶之人辩护，这样的想法就不仅对自己无益，而且可能会给他人和社会带来实际的危害。

更为荒谬的是，很多陷入上述三种问题的人竟然以为自己的理念契合的是不二论、是印度的智慧，经常拿吠檀多、瑜伽或佛教作为自己的证据。这类事情其实并不只是在今天才存在，在印度思想史和佛教历史上一直都有类似的潮流涌动。的确，不二论等思想的某些主张在表面上与这些看法有相似之处，如对一体性的强调、对流俗的善恶观念的批判等。**但从根本上说，这些错误**

的看法既违反常识、理智和人的本性，也完全曲解了不二论的基本原则。不二论从来都不是一种抹杀差异和多样性、抹杀善恶是非的思想，它只是说我们在这些事情上的看法可能是错误的，而且仍然不是终极的，从而引导大家去更高的地方探索。我们都走在探求真理的路上，最终也都可能达到同样的目标，但如果我们随意停在自己站立的地方说"一切都是'一'，在哪儿都一样，真理谬误本无分别、善恶是非皆是妄想；我在这里就达到了最后的终点，一切人、一切事物之间都没有任何区别"，这就是一种自欺欺人。

任何智慧最终都要接受经验与现实的检验，要能够准确地分析和解决具体问题。如果一个人声称自己获得了无比玄妙的体验，甚至达到了所谓的"开悟"，可一谈到任何具体问题，就要么只能给出违反常识、违反基本人性的见解，要么只会故弄玄虚地套用自己的"真理魔咒"、车轱辘话来回说，那么他显然就没有真正的智慧，要么是江湖骗子，要么就是自欺欺人地沉浸在自己的主观世界中。

因此，辨喜才在强调一体性的同时也强调多样性，认为多样性对于人类和世界而言同样是必不可少的。他曾用形象化的方式阐述这一点："在所有半径相交的中心，一切差异都会消失，但除非到达那里，差异也就一定会存在。"可以看到：不同的半径引导我们走向同样的目标，而且离圆心越近差异也就越小；但如果直接说在任何一个点上一切都没有任何差别，那无疑是极其荒谬的。相信对宗教、修行或哲学有所了解的读者都会或多或少在身边发现此类案例，希望本丛书能帮助我们发现并解决这些问题，而不是助长错误。

在译者看来，从根本上说，所谓"非二元"的思路与根植于人内心深处的两样特质有关：一是思维方面的一种根深蒂固的信条，二是心智方面的不成熟。

这种根深蒂固的信条是：弄清了根本的形而上学问题、弄清了世界的本质、弄清了世界的生成模式，就可以解决困扰我们的所有问题，尤其是与人生、生命和生活相关的问题。可惜并非如此。一元论从根本上说是一种形而上学或关于世界本质的观点，可以为我们解决与人生、生命和生活相关的问题提供必要的背景、指导和帮助，但这些毕竟是不同范畴的问题，不能被混为一谈。如果简单地把形而上学领域中看待世界的思路生搬硬套到人生、生命和生活的领域，就可能产生"非二元"这样的怪胎。形而上学通常以一条或若干条命题的形式概括世界的本质，并将之视为真理乃至"终极真理"，如"世界是一"等。但这样的"真理"并不能直接用来解决任何实际的问题，最多只能对解决问题提供必要的背景和指导。以为获得了这样的"真理"就能解决一切麻烦，这是一种对奥义书中"知道了它，我们就知道了一切"的精神的严重曲解，会陷入我们以上分析的各种问题中。这样的错误思路不仅不符合辨喜的思想、违背了吠檀多真正的精神，同样也是佛陀所拒斥的。在佛教中有著名的"十四无记"或曰"十四难"的典故：有人问了佛陀十四个关于世界和生命主体的形而上学问题，但佛陀拒绝做出回答，认为这与自己宣扬的正法无关。译者认为，佛陀在此实际上就是在拒绝用理解世界的形而上学思路来对待他提出的"苦集灭道"四圣谛所要解决的根本问题——如何灭掉苦。上述那则信条及相应的错误思路深深地根植于我们的内心中，似乎像是一种自然而然的倾向，译者自己也曾落入类似的陷阱，可见摆脱其束缚的确不是件容易的事情。

心智方面的不成熟，则在日常生活中给我们带来了更多的实际困扰，甚至最终诱使一些人走上歧途。人生是漫长且充满艰辛的旅程，在这趟旅程中，很多人可能都受困于自己的不成熟和软弱，不能正确地应对和处理各种情绪和烦恼，也难以进行较为细致和艰深的思考，只能以简单的思维方式面对纷繁复杂的世界，结果常常感到力不从心，甚至陷入无助的绝望——但从根本上说，所有这些都跟所谓的"二元对立"或"二元论"无关，克服这些问题真正需要的是心智方面的成长，最终要能够如实地认识世界、准确地发现问题的根源、切实可行地解决问题。这就好比一趟从港口出发探索新大陆的航程，自然是充满艰难险阻的，但如果因为一些困难就在开始不久后返航，我们就只能永远停留在最初的起点。各种错误的思路和世界观不能给我们提供正确的指导和帮助，让我们既没有北极星的指引又缺乏足够的补给和勇气，最后要么出于软弱而返回起点，要么陷入自欺欺人的境地、假装自己已经达到了目标，结果就是永远被困在海洋中。其实，心智方面的软弱和不成熟几乎给每个人都带来过困扰，译者也不例外，甚至就连辨喜也面临过这样的问题。真正的出路只能是不断克服困难继续前行、持续提升自己的心智水平和明辨力，最终穿过看似无尽的海洋，达到心目中的彼岸。

　　囿于篇幅，译者在此也不便做过多论述，只是简要地指出"非二元"的各种问题及根源所在，以供读者们留心和思考。

智瑜伽

第一章
宗教的必要性

于伦敦

在所有曾经塑造并仍在塑造人类命运的力量中，肯定没有比我们称为宗教的显现（manifestation）更强有力的了。所有社会组织都会在某个地方把这种奇特力量的运作当作一种背景，而人类团体中最大的凝聚力也都源自这种力量。对我们所有人来说，宗教的纽带在很多时候显然比宗族、气候甚至血统的纽带更为有力。众所周知，如果崇拜同一个神、信奉同一种宗教的人比肩而立，会比仅仅拥有相同血统的人乃至亲兄弟都有力和坚定得多。人们进行了各种尝试去寻找宗教的起源。在所有到今天仍被信奉的古老宗教中，我们发现了同样的主张——它们都是超自然的，其起源并不在人类的大脑中，而是在这之外的某个地方。

现代学者接受两种理论。一是关于宗教的精神理论（the spirit theory of religion），二是关于无限者（the Infinite）观念的进化理论。一派人坚称祖先崇拜是宗教观念的开端，另一派人则坚称宗教起源于自然力量的拟人化。人们希望保存关于故去亲人的记忆，认为亲人即使在身体消解后依然存在，于是就想为他们供奉食物并——在某种意义上——崇拜他们。由此产生了被称为宗教的东西。

通过研究埃及、巴比伦、中国、美洲以及其他很多地方的古老宗教，我们发现了清楚的迹象，即祖先崇拜是宗教的开端。在古埃及人那里，第一个关于灵魂的观念是"卡"[1]。每一个人身体中都包含了另一个与它非常相似的存在，也就是"卡"，当一个人死去时，"卡"就会离开身体并继续存活。但"卡"的生命只有在死去的身体仍然保存完整的情况下才能延续，这就是为什么我们发现埃及人对如何保持尸体的毫发无损如此关切，也就是为什么他们要建造巨大的金字塔以在其内保存遗体。如果外部身体的任何部分受到损害，"卡"就会受到相应的损害。这显然是祖先崇拜。在古巴比伦人那里我们发现了同样观念的变种。古巴比伦人的"卡"失去了所有爱的感觉，它恐吓那些活人，让他们给自己提供饮食，通过各种方式帮助自己。它甚至失去了对自己妻儿的情爱。在古印度人那里我们同样发现了这种祖先崇拜的迹象。在中国人那里，宗教的基础也可以说是祖先崇拜，这至今仍然充斥在那个幅员辽阔的国家。事实上，在中国唯一真正兴盛的宗教

1　"卡"的原文是"double"，是英文中对古埃及人"Ka"一词的翻译。古埃及人认为人拥有不同的灵魂，"卡"是其中一种，具有和人一样的形象。在出生时"卡"进入人体内，而当"卡"离开身体时人就死亡了。

就是祖先崇拜。因此，一方面，我们似乎为坚称祖先崇拜是宗教开端的人提供了一种可靠的立场。

另一方面，有学者从古代雅利安文献中证明，宗教起源于自然崇拜。尽管我们在印度到处都发现了关于祖先崇拜的证据，但在最古老的记录中，却丝毫没有关于这一点的迹象。在雅利安族最古老的记录《梨俱吠陀本集》（Ṛgveda Saṃhitā）[1]中，没有关于这一点的任何迹象。现代学者认为，其中存在的是自然崇拜，而人类心灵似乎在努力窥视景象背后的东西。黎明、傍晚、飓风，这些大自然惊人而巨大的力量还有大自然的美，都锻炼了人类的心灵，它渴望超越，渴望对这些东西有所理解。在这样的努力中，心灵赋予这些现象人格属性，给予它们灵魂和身体，有时是美丽的，有时是卓越的。无论人格化与否，所有这样的努力都将终止于那些变得抽象的现象。在古希腊人那里也是如此，他们的整个神话系统不过就是抽象的自然崇拜。古代日耳曼人、斯堪的纳维亚人和其他所有雅利安种族也都不例外。因此，就这一方的观点而言，我们同样提供了非常可靠的案例，即宗教的源头在于自然力量的人格化。

尽管这两种观点看上去是相互矛盾的，却能够在另一个基础上得到调和，在我看来，这个基础才是宗教的真正萌芽，我将其

---

1 吠陀（veda）是婆罗门教和印度教最古老、最根本的经典。狭义的吠陀仅指四部吠陀本集（saṃhitā），即《梨俱吠陀》《娑摩吠陀》《夜柔吠陀》和《阿闼婆吠陀》，其中《梨俱吠陀》又是时间上最早的。广义的吠陀除了四部吠陀本集，还包括梵书（brāhmaṇa）、森林书（āraṇyaka）和奥义书（upaniṣad）等衍生文献。在本丛书中，当不加书名号时，表示不特指某一部吠陀文献；而加书名号时，则指的是某一部具体的本集、梵书或奥义书。

称为超越感官局限性的努力。人们要么去寻找其祖先的精神、死去之人的精神，也就是说，他们想看看在身体消解后还有什么存在；或者渴望去理解在惊人的自然现象背后起作用的力量。无论是哪种情况，都有一件事情是确定的，即他们试图超越自身感官的局限性。人们不可能满足于自己的感官，总是想要超越它们。这种解释并不需要什么神秘色彩。对我而言，通过梦境来第一次瞥见宗教是很自然的。关于不朽者的第一个观念也是可以通过梦境被获得的。这难道不是一种最绝妙的状态吗？我们还知道，孩子和未经教育的心灵几乎不会发现自己的梦境和清醒状态之间有什么不同。人们发现，即使在睡眠状态下，当身体看上去像是死了的时候，心灵也还在继续各种错综复杂的运作——还有什么比这更自然呢？由此得出当身体永远消解时同样的运作还会继续的结论，这又有什么奇怪的呢？在我看来，这是对超自然之物的更为自然的解释，而通过这种梦的观念，人类心灵会上升到越来越高的概念。当然，经过一段时间后绝大多数人会发现，这些梦境并未被他们的清醒状态证实，而且在梦境中人们并不拥有一种全新的存在，他们不过是在重复清醒状态下的体验。

但此时探寻已经开始了，这种探寻是向内的，不满足的人们深入到心灵的不同阶段继续探究，发现了比清醒和睡梦更高级的状态。我们在世界上一切有组织的宗教中都发现了与这种状态相关的东西，它们被称为狂喜（ecstasy）或启示（inspiration）。在一切有组织的宗教中，它们的创立者、先知和使者都宣称进入了一种既非清醒亦非睡眠的心灵状态，直面一系列与所谓的灵性王国有关的新事实。他们在那里意识到的事情，比处于清醒状态下的我们在身边意识到的事情要强烈得多。以婆罗门教为例，吠陀据说是由仙人（ṛṣi）所写，这些仙人是亲证（realised）了某些事实的智者（sage）。梵语中"仙人"一词的准确定义就是真言的见证者（Seer of Mantras），也即吠陀颂歌（Vedic hymns）中所传递出的思想的见证者。他们宣称自己已经亲证——或者说感觉到，如果这个词可以被用于超感官之物的话——某些事实，继而将这些事实记录下来。我们发现犹太教徒和基督教徒也宣称同样的说法。

在佛教徒中或许有一些例外，就像南传佛教呈现的那样。对此或许可以追问：如果佛教徒不相信任何神或灵魂，他们的宗教如何可能从超感官的存在状态中得出？答案是：佛教徒也发现了永恒的道德法则（moral law），这种道德法则并非从我们关于世界的感觉中推论而来，而是由佛陀在一种超感官状态下发现的。即使一个人只是通过《亚洲之光》[1]这首美丽而简单的诗歌了解过佛陀，他或许也会记得，佛陀一直坐在菩提树下，直到达到超感官的心灵状态。他所有的教诲都由此而来，而并不是通过理智上的考量。

因此，所有宗教都做出了这样精彩的陈述：人类的心灵在某些时刻不仅可以超越感官的限制，而且可以超越推理的力量。接

1　《亚洲之光》（*Light of Asia*）是英国诗人和记者埃德温·阿诺德爵士（Sir Edwin Arnold，1832—1904）的作品。该书副标题为"伟大的弃绝"（The Great Renunciation），初版于1879年7月，以叙事长诗的形式讲述了佛陀的生平、学说和所处的时代，被认为是对大乘经典《普曜经》（*Lalitavistara Sūtra*）的改写。在本书诞生之前，西方世界对佛陀和佛教知之甚少，因此它具有重要的历史意义。

着它就会直面自己从来不可能感受到的、从来不可能推论出的事实，这些事实正是世界上所有宗教的基础。当然，我们有权质疑这些事实，用理性来检测它们。但是，世界上所有现存的宗教都主张人类的心灵具有这种超越感官和理性限制的奇特力量，并把这种力量当作一种对事实的陈述。

除了对于诸宗教所宣称的这些事实在何种程度为真这个问题的考量外，我们还发现了这些事实的一个共同特征——与具体的物理学发现相比，它们都是完全抽象的。在所有高度组织化的宗教中，它们都呈现为最纯粹的抽象形式：要么是一种抽象的现存之物（Abstracted Presence），比如一个全在的存在者，一个被称作神的抽象人格，或一种道德法则；要么是潜藏于所有存在之下的抽象本质。在现代也是一样，在宣扬宗教时，人们虽然努力不诉诸心灵可能具有的超感官状态，却不得不采用古老的抽象概念，并将它们命名为"道德法则""理想的统一体"等，这表明这些抽象物并不在感官中。没有人见过"理想的人类存在者"[1]，但我们却被告知要相信它。没有人见过理想的完美的人，但没有这种理想我们就不能前进。于是，如下事实就从所有不同的宗教中凸显出来：存在着一个理想的抽象物，它的形式可能是一个人、一个非人格化的存在者、一种现存之物或一种本质。我们总是努力把自己带向那个理想。每一个人，无论他可能是谁或可能在哪里，都拥有一种关于无限力量的理想，都拥有一种关于无限喜悦

1　这里的"存在者"是对"being"一词的翻译，指作为人类而存在的东西。译者会视语境将"being"译作存在、存在物或存在者。

的理想。我们身边的大部分行动以及那些无处不在的活动，都源自朝向这种无限力量或无限喜悦的努力。但只有一部分人迅速发现，尽管自己在为了无限力量而努力，但它并不是能够通过感官达到的。他们很快发现，无限喜悦不能通过感官获得，或者换句话说，对于表达这种无限而言，感官和身体都太有限了。通过有限来显现无限是不可能的，人们迟早要学会放弃通过有限来表达无限的尝试。这种放弃、这种对上述尝试的弃绝（renunciation），就是道德伦理的背景。弃绝正是道德伦理的基础，没有一种道理法规不把它当作自己的基础。

道德常常说："不是我，而是你。"它的座右铭是："不是自己，而是非己。"人们在通过感官去尝试寻找无限力量或无限喜悦时会依附于空洞的个人主义观念，这种观念是必须被放弃的——这就是道德法则告诉我们的事情。你要最后考虑自己，优先考虑别人。感官会说："自己优先。"道德却说："必须最后再考虑自己。"所有道德伦理法规都以这种弃绝为基础，要在物质层面上毁坏而不是建造个体。无限绝不会在物质层面上得到表达，这既是不可能的，也是无法设想的。

因此，人们必须放弃物质层面并上升到其他领域，以寻找对无限的更深刻表达。各种道德法则都是以这种方式被铸就的，但它们都拥有一个核心观念，即永恒的自我弃绝（self-abnegation）。完全的自我湮灭（self-annihilation）是道德伦理的理想。如果人们被告知不要去考虑自己的个体存在，肯定会吓一大跳。他们看上去非常害怕失去所谓的个体性。与此同时，这些人会宣称道德伦理的最高理想是正确的，丝毫不会怀疑所有道德伦理的范围、目标和观念就是毁坏而不是建立个体性。

功利主义[1]的标准不能解释人们之间的道德伦理关系，这首先是因为，我们不能从对功利的考量中得出任何道德法则。如果没有所谓的超自然的许可——我更喜欢称之为对超意识的感知——就不可能有道德伦理。没有朝向无限的努力，就不可能有理想。任何想把人们束缚在他们社会局限性中的体系，都不可能提供对于人类道德法则的解释。功利主义希望我们放弃追寻无限的努力、放弃向超感官的层次生长的努力，因为那是不切实际和荒谬的。与此同时，它又要求我们接受道德伦理并做有益于社会的事。可我们为什么要做好事呢？做好事只是一种派生出来的想法，必须有一种理想存在。道德伦理自身并不是终点，而是通向终点的途径。如果终点并不在那里，我们为什么要做有道德的人？我为什么要做对他人有益的事情，而不是伤害他们？如果幸福是人类的目标，我为什么不能牺牲他人的幸福来换取自己的幸福？是什么阻止了我？功利主义不能解释道德伦理关系的第二个原因是，功利的基础过于狭隘了。目前所有社会性的形式和方法都来自社会自身的存在，但功利主义关于社会是永恒的假定有什么正当性呢？社会在很久以前并不存在，或许多年以后也不存在了。它很可能是我们借以走向更高级进化状态的一个短暂阶段，

1　功利主义（Utilitarianism）也被译作效益主义、功效主义，是一种伦理学主张，认为评判一种行为之好坏的标准在于其是否有助于带来幸福。功利主义者通常以所有人幸福或福祉的最大化为目的，代表人物有杰里米·边沁（Jeremy Bentham, 1748—1832）、约翰·斯图尔特·密尔（John Stuart Mill, 1806—1873）等。

而仅仅从社会中得出的任何法则都不可能是永恒的，不可能涵盖人类本性的全部领域。因此，功利主义理论至多只是在目前的社会条件下有效，超出这个范围就变得毫无价值。但从宗教或灵性（spirituality）中得出的道德或伦理法则的适用范围却是无限的。它适用于个体，但也与无限者有关，因而也适用于社会——因为社会不过就是那些个体的集合。因为适用于个体并且与永恒相关联，所以无论在何种条件下、无论在任何时候，它都必定适用于整个社会。由此可以看到，对人类而言，灵性宗教总是必要的。人们不能总是思考物质，无论这可能多么令人愉悦。

有人说，过于关注灵性的东西会扰乱我们在这个世界中实际的关系。早在中国的圣人孔子的时代就有这样的说法："让我们关心这个世界吧：当我们完成对这个世界的关心，就会再去关心另一个世界。"[1] 关心这个世界固然是很好的。但如果说，过于关注灵性会对我们的实际关系有些许影响，那么如果过分关心所谓的实际，则无时无刻不在损害我们，让我们变成物质享乐主义者。人的目标不应该是自然，而是更高级的东西。

人之为人就在于要努力超越自然，这种自然既是指内在的又是指外在的，不仅包含支配我们体外和体内的物质粒子的规律，还包括内在更精妙的自然，这种更精妙的自然实际上是支配外部世界的推动力。征服外部的自然是很好、很美妙的，征服内在的自然则更为美妙。知道支配恒星和行星的规律是很好、很美

1　不确定这句话的原文是什么，可能指的是《论语》中的："季路问事鬼神。子曰：'未能事人，焉能事鬼？'曰：'敢问死。'曰：'未知生，焉知死？'"

妙的，知道支配人类激情、情感、意志的规律则是无比好、无比美妙的。这种对内部的征服——理解人类心灵中那些精妙运作的秘密、知道其中的绝妙秘密——完全属于宗教的领域。人类的本性——我的意思是普通的人类本性——希望看到重大的事实，但普通人不可能理解任何精妙的东西。有句话说得好：民众会羡慕杀死了一千只羊羔的狮子，却丝毫不去想羊羔的死。狮子只取得了短暂的胜利，因为它们只能在身体力量的显现中找到快乐。人类的普通生活也是如此，他们对快乐的理解和寻求都局限于外部的东西。但每个社会中都有一部分人，他们的快乐不在这些感官中，而是超出了感官，而且他们会不时瞥见比物质更高级的东西，并努力达到它。如果阅读各民族的历史，就总是会在字里行间发现：一个民族的崛起伴随着这样的人的增加，而其衰落则开始于对无限的追求——无论功利主义者会把这说成是多么徒劳的事情——的终止。也就是说，每个民族的主要动力在于其灵性，而民族的死亡则从灵性衰减、物质主义生根发芽的那一天开始。

因此，除了我们可以从中学到的确凿事实和真理，除了我们可以从中得到的慰藉，作为一门学科和学问的宗教是人类心灵能够拥有的最伟大、最健康的练习。对无限者的追求、把握无限者的努力、超越感官局限性——可以说就是超越物质——并进化成有灵性的人、夜以继日地奋斗以使得我们的存在与无限者合而为一，这样的努力本身就是一个人能够做出的最壮丽、最荣耀的事情。一些人在吃吃喝喝中发现了最大的快乐，我们无权说他们不应该这样。另一些人在对某些东西的占有中发现了最大的快乐，我们也无权说他们不应该这样。但是，他们也无权对一个在灵性思想中发现了最高快乐的人说"不"。在整个结构中所处的层次越低，感官中的快乐就越大。没有什么人能像一只狼或一只老虎那样狼吞虎咽地去吃一块肉，但狼或老虎的所有快乐都是在感官中的。在所有民族中，较低层次的人都在感官中寻找快乐，而有文化、受过教育的人则在思想、哲学、艺术和科学中寻找快乐。灵性则是比所有这些都更高的层次，它的主题是无限的，它的层次是最高的，对于那些欣赏它的人而言，其中的快乐也是最高的。所以，即使在要去追求快乐这样一种功利主义的前提下，一个人也应该培育宗教思想，因为这是存在着的最高的快乐。因此在我看来，作为一门学问，宗教是绝对必要的。

我们可以看到它的影响，它是推动人类心灵的最伟大动力。没有其他理想能够像灵性的东西那样为我们注入如此大的能量。显而易见的是，它的力量并没有在人类历史中消亡。仅仅在功利主义基础上，人可以是很好、有道德的，我并不否认这一点。世界上有很多伟大的人仅仅以功利主义为基础，他们也是非常明智、有道德、善良的。但推动世界的人，或者说带给世界强大感召力的人，他们的精神在成百上千年中起作用，他们的生命用灵性的火焰点燃了他人——我们总是会发现，这样的人拥有灵性的背景，他们的推动力来自宗教。宗教是亲证无限能量的最大推动力，而这种无限能量是每个人与生俱来的东西和本性。在塑造善良和伟大的性格的方面，在为他人和自己都带来宁静（peace）的方面，宗教是最高的推动力，因此也应当从这个角度被研究。

宗教研究的基础必须比之前更广泛，而狭隘的、斗争性的宗教观念必须被抛弃。关于宗教的所有教派性、部族性或狭隘的民族性观念都必须被放弃，每个部族或民族都应该拥有自己独特的神、其他一切神都是错误的，这样的想法不过是过时的迷信，一切这样的观念都必须被放弃。

随着人类心灵的扩展，它的灵性步伐也迈得更大。在当今的时代，一种思想不传播到世界的每个角落，人们就不会记下它。仅仅通过物理手段我们就可以接触到整个世界，所以未来世界上的宗教一定会变成普遍的、广泛的宗教。

未来宗教的理想必须包容世上所有存在的宗教，必须是善良的、伟大的，同时还要有无限的范围以供将来发展。过去所有好的东西必须被保留下来，大门也必须敞开，以让将来的东西能够被添加到现有的宝库中。宗教也必须是包容性的，不会因为关于神的特定理念的不同就彼此轻视。在我的人生中曾见过很多有灵性的、明智的人，在我们使用"神"这个词的意义上，他们根本不相信神，但他们对神的理解或许比我们更好。人格化或非人格化的神的观念、无限者、道德法则、理想的人——所有这些都必须被归入宗教的定义之下。当各种宗教开始扩展，它们引人向善的力量也会成百倍地增加。但是，拥有惊人力量的宗教带给世界的伤害却常常大过它提供的好处，原因就在于其狭隘性和局限性。

即便在今日，我们也发现很多怀有几乎相同观念的教派和团体彼此争斗不休，只因为其中一方不想按照与另一方完全相同的方式陈述那些观念。因此，宗教必须扩展。宗教观念必须变得普遍、广阔、无限，只有这样才能充分发挥作用，而现在宗教的力量才刚刚开始在世界中显现而已。人们有时会说，宗教和灵性观念都正在消亡，可在我看来，它们才刚刚开始成长。经过扩展和净化的宗教力量即将渗入人类生活的每个部分。只要宗教还掌握在被选出来的一小部分人或一批神职人员手里，它就只存在于寺庙、教堂、书本、教条、礼仪、形式和仪式之中。但如果我们达到真正的、灵性的、普遍的概念，宗教就会——也只有这样才会——变得真实和鲜活。它会进入我们的本性中，活在我们的一举一动里，渗透到我们社会的每个缝隙内，拥有比以往任何时候都无限大的引人向善的力量。

我们需要的是一种不同类型宗教之间的共情（fellow-feeling），要看到它们是同呼吸共命运的。这种共情源自相互的敬意和尊重，而不是以居高临下、目中无人、小肚鸡肠的方式来表达善意（goodwill），不幸的是眼下这样的做法倒是很流行。这样的共情对于这样的人来说尤为重要：有些人通过心智现象的研究来进行宗教上的表达，却宣称只有自己的东西才能被称为宗教；有些人已经把头部伸到了天堂的秘密之中，脚却还是牢牢被束缚在地面上——我指的就是所谓的物质主义的科学。

为了实现这种和谐，双方都需要做出让步，有时是很大的让步，甚至是痛苦的让步，但每一方都会发现自己将因为这种牺牲而变得更好并真正取得进步。最后，局限在时空领域内的知识会与超越时空的东西——心灵和感官无法达到的绝对者、无限者、独一无二者（the One）——相遇，并融为一体。

第二章
人的真正本性

于伦敦

人对于感官的执着是非常强烈的。但无论他认为自己在其中生存和活动的外部世界是一个怎样实在的东西，在个人或族群生活的某个时间总会不由自主地蹦出这样的质疑："这是真实的吗？"对于从未质疑过自己感官可靠性的人来说，他生命的每个瞬间都被某种感官享受所占据，可是当死亡来临时，他还是要被迫去质疑："这是真实的吗？"宗教正是开始于这个问题，而终结于对它的回答。即便在没有历史记载的遥远过去，无论在充满神秘色彩的神话的笼罩下，还是在文明的昏暗的微光里，我们都发现了同样的问题："一切究竟会怎样？什么才是真实的？"

最富诗意的《伽陀奥义书》（*Kaṭha Upaniṣad*）开始于如下追问："当一个人死去时，会有争论出现。一派宣称那个人永远离开了，另一派则坚称他还活着。哪一派才是对的呢？"[1]对此有各种答案。整个形而上学、哲学和宗教领域都充斥着对这个问题的回答。与此同时，人们也尝试做出压制，不让心灵去追问如下问题："超越性的东西是什么？真实的东西是什么？"可只要死亡还存在，所有这些压制就总是会以失败告终。我们可以说没有看到任何超越性的东西，将所有希望和渴望都限定在现在这个当下，努力不去考虑任何超越感官世界的东西，所有外在的东西或许也都会帮助我们把自身限制在狭窄的范围内。整个世界可以联起手来阻止我们扩展到现在之外。但只要死亡存在，这个问题就会一再出现："对于我们执着的那些东西来说，对于看上去像是一切真实的东西中最真实的东西、所有实质性的东西中最实质性的东西来说，死亡是终结吗？"世界瞬间就消失了，并且一去不复返。站在绝壁的边缘，外面就是无数张着血盆大口的深渊；此时，就算一个心灵再冷若冰霜，也一定会畏缩地问道："这是真的吗？"终其一生的、被一个伟大心灵的全部能量一点点构建起来的希望，却在一瞬间都消失了。所以这一切都是真实的吗？这个问题必须被回答。时间永远不会减弱自己的力量，另一方面，它还在增加力量。

然后就会有渴望幸福的愿望产生。我们竭尽所能让自己幸福，在外部感官世界中追求自己疯狂的事业。如果你去问一个年轻的人生赢家，他会宣称那就是真实的，他也的确这么想。当他

1　参阅《伽陀奥义书》1.1.20。

变老并发现财富让自己感到困惑时，或许会改口说这都是命运。最终他会发现自己的愿望不可能被满足。无论走到哪里，都有一堵无法超越的铜墙铁壁。每种感觉活动都会引起相应的反作用力。一切都是转瞬即逝的，愉悦、痛苦、奢侈、财富、健康、权力、贫困甚至生命本身，概莫能外。

人类只剩下两种选择。一种是像虚无主义者那样相信一切都是虚无，承认我们其实一无所知，承认我们绝不可能知道关于未来、过去甚至现在的任何事情。我们必须记住，否认过去和未来却又执迷于现在的人不过是个疯子。从逻辑上看，这就好比主张孩子不需要父母就会出生。如果否认过去和未来，就也必须否认现在。这是虚无主义者的立场，可我从未见过一个人真的会成为一个虚无主义者，哪怕只有一瞬间。虚无主义说起来容易，做起来可就难了。

还有另一种立场——寻求一种解释，寻求真实的东西，在这个不断改变、转瞬即逝的世界中发现任何真实的东西。在这个作为物质分子聚合物的身体中，有什么真实的东西吗？这是贯穿整个人类心灵历史的探索。在最古老的时代，人们的心灵常常会瞥见光明。即便在那时，我们也看到有人超出了自己的身体，发现了一些不是这个外部身体的东西，尽管这个东西可能与身体非常相似，却更完整、更完美，即使在这个身体消解后还会存在。《梨俱吠陀》一首写给焚烧尸体的火神的颂歌说："火神啊，用你的手臂温柔地抱住他吧，给他一个完美的身体，一个光明的身体，把他带向父亲居住的地方，那里不再有悲伤、不再有死亡。"[1] 你会在每种宗教里都发现同样的观念，由此我们会获得另一种观念。一个重要的事实是，无论披着神话、哲学还是美丽诗歌的外衣，所有宗教都毫无例外地认为，人是自己本质的一种衰退。每部经典、每个神话都体现出的一个事实是：人是自己本质的一种衰退。这是犹太经典中关于亚当堕落的故事的核心真理，这在印度教的经典中也一再被重复。那个梦幻般的时代被称作真理时代[2]，在那时，除非想要死亡，否则任何人都不会死，人们可以随心所欲地保有自己的身体，他们的心灵是纯洁和强大的。那时没有邪恶和痛苦，而现在的时代就是那种完美状态的堕落。我们到处都可以找到关于大洪水的相似故事。这样的故事本身就是如下事情的证据：所有宗教都认为当今时代是之前时代的堕落。时代还会变得越来越堕落，直到大洪水席卷了大部分人类，然后上升的序列就又开始了。时代缓慢地上升，再次达到初期的纯洁状态。你们都知道《旧约》中大洪水的故事，同样的故事还出现在巴比伦人、埃及人、中国人和印度人那里。古代的伟大智者摩奴[3]在恒河岸边祈祷，此时有一条小鱼来寻求保护，然后他把它放进了自己面前的一壶水里。摩奴问道："你想要什么？"小鱼说自己被一条大鱼

1　这里的火神（God of Fire）指的是印度神话中的阿耆尼（Agni），为创世大神之一，在《梨俱吠陀》中有约两百首关于火神的颂歌。

2　"真理时代"（Age of Truth）是来自印度的观念，相传世界每次由诞生到毁灭的循环包括四个时代（yuga）：真理时代（Age of Truth/ kṛta yuga）、三分时代（tretā yuga）、二分时代（dvāpara yuga）和争斗时代（kali yuga）。

3　摩奴（Manu）是印度传说中人类的始祖，下文中辨喜说人是摩奴的后代，"人"一词在梵语中为"mānava"，字面意思就是摩奴的后代。

追捕，想寻求保护。摩奴把小鱼带回家，到了早上那条鱼已经变得和壶一样大了，它说："我没法继续住在壶里了。"摩奴把它放进一个水箱，第二天它又变得和水箱一样大，并声称自己没法住在那里了。摩奴只好把它带回河里，而在早晨那条鱼填满了整条河。摩奴又把它带到大海里，它则宣布道："摩奴，我是宇宙的创造者。我用这种方式来警告你，我将用大洪水淹没整个世界。你要建造一只方舟，把每种动物都放一对在里面，然后让你的家人都进入方舟，接着我的角将会伸出水面，你要把方舟系在上面。当大洪水退去，你们就出来，在大地上繁衍生息。"世界果然被大洪水淹没了，而摩奴拯救了自己的家人，每种动物都有一对获救，还有所有植物的种子。大洪水退去后，他们出来并在世上繁衍生息。我们都被称为"人"，因为我们都是摩奴的后代。

人类语言是表达内在真理的尝试。我完全相信如下说法：一个牙牙学语的婴儿是在试图表达最高级的哲学，只不过这个婴儿缺乏表达它的器官和方法。最高级的哲学家的语言和婴儿发出的声音之间的区别只是程度上的，而非种类上的。你们说现在的数学语言是最正确、最系统的，而古代的神话语言则是模糊的、神秘的，但它们之间的区别也只是程度上的。它们背后都有一个了不起的想法，都在努力表达自己。在古老的神话背后往往有真理的烙印，但遗憾的是，在现代那些精致、优美的表达背后常常都是些彻头彻尾的垃圾。所以，我们不必因为一样东西披着神话的外衣或并不符合当代某某先生、某某夫人的说法，就把它扔掉。如果大多数因为宗教宣称人们必须相信由某位先知传授的神话就应该被嘲笑，那么人们恐怕更应该嘲笑现代的东西。在现代，如果一个人引用摩西、佛陀或基督所说的话就会被嘲笑，但如果列举出赫胥黎、廷德尔[1]或达尔文的名字，人们就会不加区分地欣然接受。"赫胥黎这么说过"，这对于很多人来说就足够了。我们可真是一点都不迷信啊！前者是宗教式的迷信，后者则是科学式的迷信。只不过通过宗教的迷信我们获得了能带来生命的灵性观念，而通过现代的迷信我们获得的只是淫欲和贪婪，前一种迷信是对神的崇拜，后一种则是对铜臭、名望或权力的崇拜，差别就在这儿。

回到神话的问题。在所有这些故事的背后我们发现了一种至上的观念——人是自己本质的衰退。现代的研究似乎完全否定这种立场，进化论者的主张看上去与此完全矛盾。在他们看来，人从软体动物进化而来，因此，神话的陈述不可能是真的。但是，印度的一种神话能够调和这两种立场。印度神话有一种循环理论，认为所有前进都是波浪式的。每一股波浪都伴随着下落，而在下一个瞬间又会出现上升，如此往复不已。这种运动就是循环。当然，即便从现代研究的角度看，人类也不可能单纯就是一种进化。每次进化都预设了一次退化[2]。现代的科学工作者会说，你们只能从机器中获得事先放入其中的那些能量。一样东西不可

1　约翰·廷德尔（John Tyndall, 1820—1893），爱尔兰物理学家。

2　这里的退化一词是"involution"，在汉语中常被译作"内卷化"，指一种社会模式在达到某一阶段后便停滞不前，也有退化、萎缩的意思。此外，辨喜还使用了另一个与此相似的动词"involve"表示与进化（evolve）相对的退化。由于他对"involution""involve"这两个词的使用并无本质区别，所以均译为"退化"。

能从虚无中被制造出来。如果一个人是软体动物的进化，那么完美的人——佛陀、基督——也都被包含在软体动物中，否则，这些伟大的人格又来自哪里呢？还是那句话，一样东西不可能来自虚无。所以，我们需要调和古代经典与现代之光。一种能量经过各种阶段缓慢地让自己显现，直到成为完美的人，它不可能从虚无中来，肯定存在于某处。如果软体动物或原生质（protoplasm）是我们可以追踪到的原点，它们就一定以某种方式包含了那种能量。

关于如下问题正在进行着激烈的讨论：是我们称为身体的这团物质使灵魂、思想等力量得以显现，还是思想使身体得以显现。世界上的宗教当然认为，是被称为思想的力量使身体得以显现，而非相反。有些现代思想流派认为，所谓的思想不过就是对身体这台机器的各个部分进行调整的产物。灵魂或思想——或者随便你怎么称呼它——是第二位的，是那台机器的产物，是构成身体、大脑的那些物质在化学和物理上进行结合的结果。但是，这并没有解答我们的问题。是什么造就了身体？是什么力量把分子结合在一起形成身体？是什么力量从周围的物质中吸收材料并以一种方式形成我的身体，而以另一种方式形成另一具身体，等等？是什么造成了无尽的差别？说被称为灵魂的力量是身体中分子结合的产物，这完全是本末倒置。这样的结合是如何产生的？造就它们的力量在哪里？如果说其他某种力量是这些结合的原因，而灵魂是物质的产物，而且灵魂——它与特定的一团物质结合在一起——本身就是这种结合的结果，那我们就不可能获得答案了。即使不能解释全部事实，我们也应该采用那些能够解释大部分事实的理论，采用那些不与现存理论相抵触的理论。更符合逻辑的说法是：作用于物质并形成身体的力是相同的，它通过身体得以显现。因此如下两种说法都是没有意义的：通过身体而得以显现的思想力量是分子排布的产物，不具有独立的存在性；力可以从物质演化而来。其实，我们倒是可以证明所谓的物质根本不存在。物质不过是力的一种特定状态，固体性、坚硬性或任何其他物质状态都可以被证明是运动的结果。让液体做不断增强的漩涡运动，它们就会获得固体的力。在一场龙卷风中，大量的漩涡运动中的气体变成了像固体一样的东西，并通过自身的冲击力破坏或洞穿固体。如果蜘蛛网上的蛛丝能够以几乎无限的高速度移动，就会坚硬得像铁链，足以洞穿一棵橡树。如此看来，证明所谓的物质不存在才是更容易的，但我们无法证明思想不存在。

通过身体显现出来的那种力是什么？对我们所有人来说都显而易见的是，无论它是什么，它都在作用于微粒，从微粒中产生出形式，也就是人类的身体。没有其他人会替你我操控身体。我从未见过有人替我吃东西，我必须自己消化食物，制造血液、骨头和任何产生自食物的东西。这种神秘的力是什么呢？对于很多人来说，关于来生和前世的观念似乎是令人恐惧的，似乎仅仅是猜测。

继续现在的话题。此刻通过我们而起作用的力是什么呢？我们知道，在古代的所有经典中，这种力量及其显现被认为是以这具身体作为形式的光明的实体（bright substance），它在身体消亡后仍然存在。但是，后来我们发现了一种更高级的观念：这种光明的身体并不代表那种力。任何有形式的东西都必定是粒子结合的产物，而且需要背后的其他东西来推动自己。如果物质身体需要某个不是身体的东西来操控自己，那么同样，光明的身体也需要不是自身的东西来操控自己。这就是灵魂，在梵语中被称作真我（ātman）。是真我通过光明的身体在粗大的外部身体上起作用。光明的身体被认为是心灵的容器，而真我则超越于这之上。它甚至不是心灵；它使心灵运作，并通过心灵使身体运作。你拥有一个真我，我拥有另一个真我，我们每个人都拥有一个独立的真我和一个独立的精微身（fine body），通过它们我们可以使粗大的外部身体运作。我们可以追问关于真我及其本质的问题：这个既不是身体又不是心灵、作为人类灵魂的真我是什么？对此有很多出色的讨论。人们对此进行思辨，各种哲学探讨应运而生，而我会尝试向你们呈现关于真我的一些结论。

不同的哲学似乎都赞同说，无论这个真我是什么，它都没有形式或形状，而没有形式或形状的东西一定是全在的。时间开始于心灵，空间也在心灵中，因果关系不可能在时间之外。如果没有前后相继的观念也就不可能有因果关系的观念。因此，时间、空间和因果关系都在心灵中，而真我则是超越心灵的、无形式的，它必定超越时间、空间和因果关系，必定是无限的。接下来的部分就是我们哲学中最高级的思辨：无限者不可能是两个。如果灵魂是无限的，那么就只能有一个大的灵魂（Soul），任何关于存在着各种各样灵魂的观念——比如你拥有一个灵魂而我拥有另一个灵魂——都是不正确的。因此，真正的人（Real Man）是单一的、无限的、全在的灵体（Spirit）。表面上的人（apparent man）只不过是对那个真正的人的限定。在这种意义上，神话在如下问题上是正确的：表面上的人无论多么伟大，都不过是对那个超越的、真正的人的黯淡无光的反射。所以，超越原因和结果之上的、不受时空束缚的真正的人——或者说灵体——一定是自由的。祂[1] 从未被束缚，也不可能被束缚。而表面上的人，作为对真正的人的反射，却受到时间、空间和因果关系的限制，因此是受到束缚的。或者用一些哲学家的话说，他似乎受到束缚，但其实不然。这就是我们灵魂中的实在（reality），是全在、是灵性本质、是无限。每个灵魂都是无限的，因此不存在生和死的问题。假设一群孩子在接受测验，考官提出了非常难的问题，其中一个问题是："为什么地球不会向下落？"他希望获得关于万有引力的回答。大多数孩子根本不知道答案，一小部分则回答说这是源于万有引力或其他什么。一个聪明的小女孩则用另一个问题来回答："它应该落到哪里去？"这个问题是无意义的。地球应该落到哪里去？它既不会向下落也不会向上升。在无限的空间中不存在上或下，它们只是相对性的东西。无限从哪里来、到哪里去？它应该从哪里来、应该到哪里去？

　　因此，当人们停止去思考过去或未来、放弃了关于身体的观念——因为身体会产生又会消失、是有限的——这时，就已经上

升到一种更高的理想。身体并不是真正的人，心灵也不是，因为心灵像月亮一样有阴晴圆缺。只有超越性的灵体才能永生。身体和心灵都在不断变化，它们实际上不过是一系列充满变化的现象的名称，就像永远处在流动状态中的河流，呈现出不断流淌的样子。身体中的每个粒子都在不断变化，没有人在不同时间内拥有同样的身体，但我们却认为这是同一个身体。心灵也是如此：它一会儿开心、一会儿不悦，一会儿强大、一会儿软弱，是一个不断变化的漩涡。这不可能是无限的灵体，因为只有有限的东西才会变化。说无限会有任何变化，这是荒谬的，不可能如此。作为有限的身体，我们都可以移动。这个宇宙中的每个粒子都处于不断流动的状态，但作为一个整体的宇宙则是不可能移动、不可能改变的。运动总是相对的，比如我相对于另外某个东西在运动。宇宙中的任何粒子都可以相对于其他粒子发生改变。可如果把宇宙作为一个整体，它会相对于什么而发生移动呢？除了它之外就没有任何东西了。所以，这个无限的整体是不变的、不移动的、绝对的，这就是真正的人。因此，我们的实在在于普遍者，而不在于那些有限的东西。认为我们是不断变化的、微不足道的有限存在物，这样的想法无论听上去多么令人舒适，都是陈旧的妄想。当得知自己是普遍存在者、在当下存在于任何地方时，人们会感到害怕。你们通过一切东西行动、通过每一双脚移动、通过每一张嘴说话、通过每一颗心感受。

得知这一点时人们会感到害怕，他们会一再询问能否保留自己的个体性。可究竟什么是个体性呢？我倒很想看看它。一个婴儿当然没有胡子，当他长成大人时或许会留胡须；如果个体性存在于身体内，婴儿的个体性就随着胡子的长出而消失了。如果个体性存在于身体内，当我失去一只眼睛或一只手时，我的个体性就会消失。这样一来，一个醉鬼就不应该放弃喝酒，因为会失去自己的个体性。小偷也不应该成为一个好人，因为这样会失去自己的个体性。出于对这一点的恐惧，没有人应该去改变自己的习惯。但实际上，并不存在无限者之外的个体性。这是唯一不会改变的情况，其他任何东西都处于不断流动的状态中。个体性也不可能在记忆中。假设我由于头部遭受的一次打击而忘记了自己过去的一切，我就失去了所有个体性，就消失了。我不记得自己童年时最初的两三年，如果记忆就是存在的话，我忘记的所有东西就都不存在了，我没有记住的那部分生活就没有发生。这是非常狭隘的个体性观念。

其实我们还不是个体。我们正在努力走向个体性，那就是无限者，是人的真正本质。祂独自生活着，祂的生命就是整个宇宙，而我们越是让自己的生命专注于有限的东西上，就越迅速地走向死亡。只有当我们的生命既在宇宙之中也在他人之中时，我们才真正地在活着。这种微不足道的小生命的结局是死亡，而且只能是死亡，这就是为什么会有对死亡的恐惧。只有当人们意识到宇宙中只有一种生命的时候，对死亡的恐惧才能被克服，人们才真正在活着。当一个人能够说"我在所有东西中、在所有人中、在所有生命中，我就是宇宙"，他才会进入无所畏惧的状态。谈论不断变化的东西中的不朽是荒谬的。一位古代梵语哲学家说过：只有灵体才是个体性的，因为它是无限的。无限不可以被分割，不可能分裂成一些碎片。不可分割的东西永远是同一个东西，这就是个体的人、真正的人。表面上的人不过是在努力表达、显现那种超越的个体性，而进化并不发生在灵体之中。正在发生的变化——恶人变好、动物变成人或者任何你喜欢的形式——并不在灵体中。它们是自然的进化和灵体的显现。假设有一面帷幕，它把你们隐藏起来了，上面有一个小孔，通过那里我可以看到自己面前的一部分面孔，只是一部分面孔。现在假定这个小孔开始变得越来越大，与此同时，我面前的场景越来越多地展现出来，最后整个帷幕都消失了，我面对面地看着你们所有人。在这种情形下，你们并没有发生任何改变，不断演化的是那个小孔，而你们只是在逐渐地显现自己。灵体也是如此。完美是不可能被达到的，因为你们已经是自由和完美的了。既然如此，这些宗教和神的观念又是什么呢，寻求来生的观念又是什么呢？为什么人们要寻找一个神？为什么每个民族、每种社会形态下的人都渴望一种存在于某处的完美理想，它要么在人那里、要么在神那里、要么在别的地方？因为这种观念就在你之内，就是你自己的心跳，只是你不知道罢了，误以为这指的是什么外部的东西。是你自己之内的神推动着你去寻找祂、实现祂。经过在庙宇、教堂、尘世和天堂的漫长追寻，你最后终于回来了，完成了那个开始于你自己的循环，回到了自己的灵魂，发现你一直在满世界追寻的祂、在教堂和庙宇中为之哭泣和祈祷的祂、被你视作笼罩在云端的无比神秘的祂，就在离你近得不能再近的地方，那就是你的大我（Self），就是你生命、身体和灵魂的实在。那就是你自己的本性。说出它，让它显现。不用变得纯洁，你已经是纯洁的了。你不是一个需要完美的人，你已经是完美的了。自然就像是那块遮蔽超越性实在的帷幕。你思考的每一个好的想法、做出的每一个好的行为，都不过是在揭开面纱，而面纱背后的纯洁者、无限者、神，则越来越多地显现自己。

这就是人类的全部历史。面纱变得越来越精微，背后照耀着的光芒越来越明亮，因为它的本质就是照耀。这不可能被知道，尝试知道它是徒劳的。如果是可知的话，它就不会再是它了，因为它是永恒的主题。知识是一种限制，是一种对象化（objectifying）。祂是一切的永恒主题，是宇宙中永恒的见证者，是你们的大我。知识不过是一个较低的阶段，是一种衰退。我们已经是永恒的主体了，还怎么能知道它呢？它是每个人的真正本性，人们在努力以各种方式表达它，否则，为什么会有如此多的伦理准则？对这些道德伦理的解释何在？一种作为所有伦理体系核心的、以各种形式被表达出来的观念就是：要向他人行善。指引人类的动机应该是对人的慈爱、对所有动物的慈爱。但是这些都是对如下永恒真理的不同表达："我就是宇宙，宇宙是一。"不然还会有别的什么理由吗？我为什么要对同胞行善？为什么要对他人行善？是什么在驱使我这样做？肯定是同情，是我与其他一切都相同的感觉。最铁石心肠的心有时也会对其他存在者抱有同情。一个人在得知假定的个体性不过是一种妄想、执着于这种表面上的个体性是可耻的时候，会感到害怕，可即使这样一个人也会说，彻底的自我弃绝是所有道德的核心。什么是完美的自我弃绝呢？它意味着对这种表面上的自我的舍弃，对所有自私的舍弃。"我和我的"（me and mine）的观念——自我意识（ahaṃkāra）和以自我为中心（mamatā）——是过去迷信的结果。现在的自我消失得越多，真正的大我就越多地得到显现。这是真正的自我弃绝，是所有道德教育的核心、基础和精要。无论人们是否知道这一点，整个世界都在缓慢走向它，都在或多或少地实践它。只不过，绝大多数人在这样做时是无意识的。让他们有意识地去这样做吧。让他们做出牺牲，知道"我和我的"不过是一种限定，不是真正的大我。但是，对隐藏其后的无限实在的一瞥——那是万事万物的那团无限之火的火花——还是提醒了现在的人：无限者才是他的真正本质。

这种知识的效用、影响和结果是什么呢？在当今，我们不得不通过效用来衡量一切东西——看看它值几英镑、几先令、几便士。可人们有什么权利把效用或金钱作为判断真理的标准呢？如果没有效用，一个东西会就变得更不真实吗？效用不能被用来检验真理。不过，真理其实包含着最高级的效用。我们看到，每个人都在追求幸福，但大多数人却在转瞬即逝而又不真实的东西中寻找它。在感官中是不可能找到幸福的，从没有人在感官或感官的愉悦中找到幸福。它只能在精神中被找到。因此，对人类而言最高级的效用就是在精神中找到幸福。下一个要点是：无知是痛苦之母，而最根本的无知则是认为无限者会哭泣和哀嚎，认为祂是有限的。我们本是不朽的、永远纯洁的、完美的精神，而认为我们是渺小的心灵、渺小的身体则是一切无知的基础，是所有自私的源头。只要认为我是渺小的身体，就会想去保留它、保护它、让它保持美好，甚至不惜以其他身体为代价。这样一来你们和我就分离了。这种分离的观念一出现，伤害和痛苦的潘多拉魔盒就被打开了。如果今天一小部分人能够抛弃自私、狭隘、渺小的观念，明天地球就会变成天国，这就是效用。但仅仅通过机器和物质知识的改进，这一点是永远不会实现的。这些东西只会增加痛苦，正如火上浇油一般。离开了关于精神的知识，所有关于物质的知识都是在火上浇油，只会把更多的工具交到自私之人手上，帮助他们占有他人的东西、以他人的生命为生，不会让人们为了他人而放弃自己的生命。

可这是实际的吗？——这是另一个问题。这可以在现代社会中被实践吗？**真理不应当顺从任何社会，无论古代社会还是现代社会。相反，社会应当顺从真理，或者就这么消亡。**社会应当按照真理被塑造，而真理无需调整自己来适应社会。如果像无私这样高贵的真理都不能在社会中被实践，人们就还是放弃社会走进森林为好，这样才是勇敢的。勇气有两种：一种是面对大炮的勇气，另一种则是灵性上的信念。一位侵略印度的皇帝被他的老师告知，自己应该去见见那里的一些智者。经过漫长的寻找后，他发现一位坐在石头上的耄耋老人。皇帝与他交谈了一小会儿，对方的智慧给他留下了深刻的印象。他邀请智者一同前往自己的国家。智者却回答说："不，我对自己的森林非常满意。"皇帝说："我会给你钱财、地位和财富。我可是世界之王。"智者说："不，

31

我不在乎那些。"皇帝又说："如果不去就杀了你。"智者安详地笑着说："这是你说过的最愚蠢的话了，陛下。你不可能杀死我。太阳不能晒干我，火不能烧死我，刀剑不能杀死我，因为我是不生不死、永远存在的全能、全在的精神。"这就是灵性上的勇敢，相比之下，另一种勇敢则不过是狮子或老虎的勇气。在 1857 年的起义[1]中，有一位斯瓦米[2]，他是非常伟大的灵魂，一位穆斯林起义者狠狠地刺伤了他。印度教的起义者抓住了那个人，并把他带到斯瓦米面前，要杀死他。但斯瓦米平静地抬起头并说道："我的兄弟，你是就他，你就是他啊！"接着他就断了气。这是另一个例子。如果不能使自己的社会契合真理，如果不能建立一个符合最高真理的社会，谈论肌肉的力量或西方制度的优越性又能有什么好的呢？如果你站起来说"这种勇气是不切实际的"，这又能给你对自己庄严和伟大之处的吹捧带来什么好处呢？难道除了英镑、先令和便士，就没有实际的东西了吗？果真如此的话，为什么还要吹捧你们的社会？**只有最高的真理变成现实的社会才是最伟大的。**这就是我的想法。如果社会不符合最高真理，就要使它符合，越快越好。大家站起来吧，本着这样的精神，要敢于相信真理，敢于实践真理！世界呼唤数以百计的勇敢的男男女女。去实践那种勇敢吧，敢于知道真理、敢于在生命中展现真理、在死亡面前毫不动摇，不，甚至要欢迎死亡，要使人们知道自己就是

1　指 1857—1859 年的印度民族大起义。

2　"斯瓦米"（svāmi）是印度对修行有成就之人的传统尊称，意思为大师、导师。

那个精神，在整个宇宙中没有任何东西能杀死自己。这样你就会自由了。然后你就会知道自己真正的灵魂。"真我首先被听到，然后被思考，接着被冥想。"[1]

现代有一种巨大的潮流，即过多地谈论行动却谴责思想。行动当然是很好的，但行动来源于思考。行动就是通过肌肉而得以实现的能量的微小显现。没有思想的地方就不会有行动。因此，请用最高级的思想、最高级的理想填充大脑，夜以继日地把它们摆在自己面前，这样才会有伟大的行动产生出来。不要谈论不纯洁的东西，要说我们是纯洁的。我们用如下想法催眠了自己：我们是渺小的、我们诞生了、我们将要死亡；于是便陷入一种持续的恐惧状态。

有一个关于身怀六甲、四处觅食的母狮的故事。它找到一群羊并扑向它们，却就在这样的努力中死去了。小狮子也出生了，但没有母亲，羊群照顾它并把它养大，它吃草，像羊一样咩咩叫。尽管后来它变成了一只成年的大狮子，却认为自己是只羊。一天，另一只捕猎的狮子惊讶地发现羊群中有一只狮子，而且在危险来临时会逃跑。它尝试接近这只"羊狮"，告诉它，它不是羊而是狮子，那可怜的动物却夺路而逃。但狮子还是等到了机会，有一天羊狮在睡觉，它走过去并说道："你其实是狮子。""不，我是羊。"那只羊狮喊叫着，不能相信这一点，还在那里咩咩地叫着。狮子把它拖到湖边并说道："看看吧，这里是我和你的倒

1　参阅《大森林奥义书》2.4.5。

影。"羊狮做了一番比较，它先看看狮子的倒影，然后再看看自己的，瞬间明白了两个倒影都是狮子，于是它开始吼叫，不再咩咩地叫了。你们都是狮子，是灵魂，是纯洁的、无限的、完美的。宇宙的威力就在你们之内。"你为什么哭泣，我的朋友？你既没有出生也没有死亡。你为什么哭泣？你既没有疾病也没有痛苦，就像是无限的天空。各种颜色的云朵飘荡在空中，逗留片刻然后消失。但天空一直都是永恒的蓝色。"

我们为什么会看到罪恶？假设黑暗中有一棵树桩，一个小偷会说"那是个警察"，一个等待心上人的青年会把它当成自己的小甜心，一个刚听过鬼故事的小孩会把它当成鬼，吓得瑟瑟发抖，但它自始至终都是树桩。我们会按照自己的样子来看世界。假设房间里有一个婴儿，房间的桌子上还有一袋黄金，有个小偷来偷黄金。婴儿会知道黄金被偷了吗？我们的内心有什么，我们就在外部看到什么。婴儿的心中没有小偷，所以不会看到外部的小偷。所有知识都是如此。不要谈论世界的罪恶和罪过，还是为你注定会看到罪恶而哭泣吧。为你注定到处看到罪过而哭泣吧，如果想要帮助世界，就不要谴责它，不要进一步削弱它了。什么是罪过、什么是痛苦，所有这些难道不都是软弱的结果吗？世界每天都被这样的教导弄得越来越软弱。人们从小就被教导说自己是软弱的、是罪人。应该教导他们说，即便在显现中看上去最软弱的孩子，也都是光荣的不朽之子。让乐观、强壮、有帮助的思想自幼就进入他们的脑海里吧。让自己对这些思想敞开心扉，而不是对使人软弱无力的思想敞开心扉。对自己的心灵说："我就是祂，我就是祂。"让这句话如歌声一样日夜响彻在耳边，在死亡来临时宣布"我就是祂"。这就是真理，世界的无限力量是你的。驱散那些遮盖你心灵的迷信吧，让我们变得勇敢。目标可能很遥远，但我们要觉醒、提升，不达目的誓不罢休。

第三章
摩耶与幻象

于伦敦

你们几乎都听说过摩耶（māyā）这个词。尽管并不完全正确，但它通常被用来指代幻觉、妄想或类似的东西。摩耶理论是吠檀多（vedānta）的支柱之一，因此，恰当地理解它是很必要的。希望你们耐心一点，因为它很可能被误解。在吠陀文献中找到的最古老的摩耶观念指的是对妄想的感觉，但那还不是真正的理论。我们可以找到这样的段落："因陀罗[1]通过自己的摩耶设定出各种形式。"这里"摩耶"一词指的就是魔术之类的东西，而我们还发现其他段落也表达了同样的意思。然后"摩耶"这个词就从我们的视野中完全消失了，可与此同时，相应的观念却一直在发展。随后出现的问题是："我们为什么不能知道宇宙的秘密？"答

1　因陀罗（Indra）是印度教神明，最初被认为是雷神和众神之首，后来地位逐渐衰落。他在佛教中被称为帝释天（Śakra）。

案非常重要："因为我们徒劳地进行谈论，满足于感官事物，追逐欲望，因此，我们仿佛用迷雾遮盖了实在。"这里根本没有使用"摩耶"这个词，但我们理解了如下想法：我们之所以无知，是因为有一层迷雾出现在我们和真理之间。又过了很久，在最晚的奥义书中，我们又重新遇到"摩耶"这个词，可这次它发生了转变，获得了很多新的含义。理论被提出并重复，还有些其他东西被吸收进来，直到最后摩耶的观念得到了确立。在《白螺奥义书》（Śvetāśvatara Upaniṣad）中我们读到："知道自然就是摩耶，摩耶的支配者就是万物之主（Lord）自己。"[1]到了哲学家这里，我们发现"摩耶"这个词被以各种方式使用，直到伟大的商羯罗出现。摩耶理论一定程度上也被佛教徒借用，但在他们那里，摩耶变得非常像所谓的唯心论，而这也就是现在通常所谓的摩耶的含义。当印度教徒说世界是摩耶时，人们马上想到的是：世界是一种幻觉。这种解释有一定的根据，比如佛教哲学家就是这样看的，还有些哲学家根本不相信外部世界的存在。但就吠檀多最新的形式而言，它所说的摩耶既不是唯心论也不是实在论[2]，甚至都不是一种理论。它不过是对事实的陈述——我们是什么，我们在周围看到了什么。

1　参阅《白螺奥义书》4.10，黄宝生的译文是"应知幻力是原初物质，/ 有幻力者是大自在天，/ 正是他的各个部分，/ 遍布整个世界的所有一切"。"摩耶"在黄译本中被译为"幻力"，其他文字也与辨喜的英文略有出入。

2　这里所说的唯心论（Idealism）和实在论（Realism）是来自西方哲学的术语。简单地说，唯心论也被译为"观念论"，主张观念而非外部事物才是知识的对象，而对象和性质是依赖于我们心灵的；实在论则认为对象和性质是客观存在的，独立于我们的心灵。

正如我之前说的那样，吠陀来自这样一些人：他们决心要遵循原则、发现原则。他们没有时间去关注细节，而是想要深入事物的中心。一些超越性的东西仿佛在呼唤他们，而且他们已经迫不及待了。奥义书中散落着一些如今被称作现代科学的主题，它们在细节方面常常包含严重的错误，但与此同时，它们的原则却是正确的。例如，以太（ether）观念是现代科学最前沿的理论之一[1]，它在古代文献中的形式要比在现代科学中发达得多，但它只是原则上的东西。当人们试图证明该原则的工作原理时，就会犯很多错误。有一种主张生命无处不在的原则说，宇宙中的所有生命只是不同的显现，人们在吠陀时代就是这么理解的。在梵书[2]中也可以找到这样的原则。吠陀本集中有一首赞美生命气[3]的长篇颂歌，说一切生命不过是一种显现。顺便说一下，你们有些人可能会对如下事情感兴趣：吠陀哲学关于地球上生命起源的理论与一些现代欧洲科学家提出的理论非常相似。当然，你们都知道，有一种理论说生命来自其他行星，而一些吠陀哲学家坚信的原则便是生命来自月亮。

回到这些原则，我们发现吠陀思想家勇敢且出色地提出了宏大而具有概括性的理论。他们从外部世界出发做出的对宇宙之谜

1　辨喜在此说的是当时的情况，这个概念后来已被科学抛弃。

2　梵书是吠陀的一部分，附在吠陀本集之后，主题是对吠陀本集的讲解，通常借助神话和传说来解释并指导吠陀仪式，神秘色彩较浓，但也包含着一些关于天文学、几何学等方面的知识。

3　"生命气"（prāna），又译气息、呼吸，是一个较为复杂的概念，大致意思是推动生命活动的能量或活力，可参阅本丛书卷三《从冥想到三摩地——辨喜论王瑜伽和〈瑜伽经〉》中对生命气的解释。

的解答是令人满意的。现代科学在细节上的工作丝毫没有推动问题的解答，因为其原则是成问题的。如果以太理论在古代未能解答宇宙之谜，那么钻研其细节也不会让我们更接近真理。如果生命无处不在的理论不是成功的宇宙理论，那么钻研其细节也是没有意义的，因为细节不会改变宇宙的原则。我的意思是，在对原则的探索中，印度的思想家是勇敢的，有时甚至比现代思想家还要勇敢得多。他们提出了一些未曾有过的最宏大的概括，其中一些仍然作为理论保留了下来，现代科学需要把这些变成自己的理论。比如，这些印度思想家不仅提出了以太理论，而且超越了心灵，把心灵归结为一种更精细的以太。在此之上，他们还发现了更精细的以太。但这并不是答案，没有解决问题。任何关于外部世界的知识都不可能解决问题。科学家会说"但我们才刚开始了解一点皮毛了，再等上几千年，就会找到答案"；吠檀多主义者则说"不是这样的"，因为他们已经确凿无疑地证明了心灵是有限的，也不可能超越某些限制——时间、空间和因果关系。正如没有人可以跳到自我之外，也没有人可以超越时空法则的限制。任何想解决因果关系、时间和空间法则的尝试都将是徒劳的，因为这样的尝试必定会假定它们三者的存在。那么关于世界存在的陈述究竟在说些什么呢？"这个世界不存在"是什么意思？意思是，它不是绝对的存在。它的存在仅仅与我的心灵、你的心灵或任何其他人的心灵有关。我们用五种感官观察这个世界，但如果我们的感官不同，看到的世界就会不一样。如果我们还拥有另一种感官，世界也会呈现为不同的样子。因此，世界不是真正的存在，不是不变、不动、无限的存在。它也不能被称为非存在，毕竟我们看到它存在，而且还被驱使着在世界之内行动。世界是存在与非存在的混合物。

从抽象的东西到日常生活的普通细节，我们发现自己的整个生活都是矛盾的，是存在和非存在的混合物。在知识中也存在这样的矛盾。只要人们想知道，似乎就可以知道任何事情，可没走出几步，就会发现面前有一堵无法越过的铜墙铁壁。人的一切行动都处在一种循环中，无法被超越。最贴近、最亲近的问题压迫着人们，迫使他们日夜不停地呼唤答案，但这是徒劳的，因为人们不能超越自己的理智。然而，这种渴望被深深植入了人们心中。我们还知道，善只能通过自我掌控和自我控制来获得。每一次呼吸、每一次心脏的跳动都要求我们做个自私的人。可与此同时，还有超越于我们之上的力量说，只有无私才是善的。每个孩子天生就是乐天派，他们沉浸在金色的梦乡中。在青年时代，他们会变得更加乐观。年轻人很难相信有死亡、挫败或衰退这样的事情。随着老年的到来，生命成了一片废墟，梦想消散在空气中，人们开始变成悲观主义者。我们就这样从一个极端到另一个极端，被自然推来操去，完全不知道自己要去哪儿。我想起佛陀传记《普曜经》中的一首名歌。经中说，佛陀作为人类的救星降生了，但他在宫殿的奢华中迷失了。一些天使到来并用歌声唤醒他。整首歌的主旨是：我们在不断变化的生命之河中漂流，从不停留，从不休息。我们的生命也是这样，无穷无尽而没有片刻的休息。我们应该做什么呢？吃饱喝足的人会是个乐天派，不去谈论任何痛苦，因为这会让他害怕。不要告诉他世界的悲伤与苦难，要告诉他一切都很好。他会说："是的，我很安全。看看我吧！我有一座很好的房子住，不畏惧饥寒，所以不要把那些可怕的景象呈现在我面前。"但另一方面，还有其他人饥寒交迫而死。如果你去告诉他们说一切都很好，他们可不会听你的。当这些人身处苦难中时，怎么可能希望他人幸福呢？我们就这样在乐观和悲观之间摇摆不定。

还有关于死亡的无可逃避的事实。全世界都在走向死亡，一切都会死去。我们的所有进步、虚荣、变革、奢华、财富、知识，都逃不开那个终点——死亡。这是唯一确定的事情。城市出现又消失，帝国崛起又毁灭，行星裂成碎片并化为尘埃，又被其他行星的大气吹散。因此，死亡一直都存在，没有开端，是一切的终结，是生命、美丽、财富、权力和德性的终结。圣徒和罪人、国王和乞丐都会死去，所有人概莫能外，但对生命的巨大执着从未消减。不知为什么，我们就是执着于生命，不可能放弃生命。这就是摩耶。

母亲在小心翼翼地照顾孩子，她所有的灵魂、所有的生命都被倾注在孩子那里。孩子长大成人，或许会成为一个无赖或野蛮之徒，每天都踢她、打她，可母亲还是执着于这个孩子。当理性觉醒时，她就用爱的念头盖住理性。她几乎不可能认为这不是爱，不可能认识到这是一种控制了她神经的、无法摆脱的东西。无论怎么进行尝试，她都不能摆脱自己身上的束缚。这就是摩耶。

我们都在追寻金羊毛[1]。每个人都认为这将是自己的。每个有理智的人都看到自己的机会或许只是两千万分之一，可大家还是在为它奋斗。这就是摩耶。

死亡日夜绕行在我们的地球上，但与此同时我们都认为自己会永生。曾经有人问国王坚战[2]："世上最奇妙的东西是什么？"他回答说："我们身边的人每天都在死去，可人们却认为自己永远不会死。"这就是摩耶。

在我们的理智、知识甚至生活的方方面面，这样巨大的矛盾无处不在。一位改革者出现，想要补救一个国家中现存的罪恶，但在他成功之前，已经又有成千上万的罪恶在别处出现。这就像一座将要倒塌的老房子，你在修补一个地方，另一个地方却塌了。在印度，我们的改革者哭喊着反对强迫寡居[3]的罪恶。在西方，不结婚就是大罪。去帮助未婚者吧，他们正在受苦。去帮助鳏寡者吧，他们也在受苦。就像慢性风湿病一样：把它从头部赶走，它来到了躯干；把它从躯干赶走，它又来到了脚上。改革者现身并鼓吹说，学识、财富和文化不应该被掌握在少数人手里，他们会尽其所能让大家都拥有这些东西。这些东西的确可能给某些人带来更多的幸福，但随着文化的积累，身体上的幸福倒可能会减弱。关于幸福的知识带来的却是不幸。我们应该走哪条路呢？我们所享受的最低程度上的物质繁荣，正在其他地方引起同

1　金羊毛（Golden Fleece）源自希腊神话，象征着财富、意志和对理想的追求。

2　坚战（Yudhiṣṭhira）是史诗《摩诃婆罗多》中的主要人物，为般度族首领。

3　强迫寡居（enforced widowhood）指的是印度一种不允许寡妇再婚的习俗。

样程度的不幸，这是规律。年轻人也许不能清楚地看到这一点，但那些已经活得足够长、已经足够努力的人会理解的。这就是摩耶。这些事情日夜不停地发生着，要解决它是不可能的。为什么会这样？这是无法回答的，因为这个问题不可能得到符合逻辑的表述。其实，不存在关于"怎么样"或"为什么"的问题，我们只知道就是如此，而且无能为力。我们甚至都无力把握它，或在心灵中绘制一幅关于它的精确图像，怎么还可能解决它呢？

摩耶是对宇宙事实的陈述，是对宇宙中发生了什么的陈述。当人们知道这些事实的时候，通常都会感到害怕，但我们必须勇敢起来。隐藏事实可不是补救之法。众所周知，被猎狗追逐的野兔会低着头，还认为自己很安全。当沉浸在乐观中时，我们就像野兔一样，但这不是补救之法。对此可能会有一些反对的声音，但你们或许知道，这些声音通常来自那些过着美好生活的人。在这个国家（英国）人们很难成为悲观主义者。每个人都告诉我，世界运转得多么奇妙，前途多么光明，可是他把自己当成了整个世界。古老的问题又出现了：基督教必定是世上唯一真正的宗教，因为信奉它的国家都是繁荣昌盛的！可这样的主张是自相矛盾的，因为这些国家的繁荣昌盛恰恰依赖于非基督教国家的不幸。必须有猎物存在。假设全世界的人都成了基督教徒，基督教国家就会变得贫穷，因为没有可供捕猎的非基督教国家了。那种乐观的论点站不住脚。动物以植物为食，人类以动物为食，最糟糕的是人类还自相残杀、弱肉强食。到处都是这样。这就是摩耶。对此你们有什么解决方案吗？我们每天都会听到很多解释，并且被告知说从长远来看一切都会好的。即便假定这是可能的，可为什么要有这样糟糕透顶的行善方式呢？善为什么不能通过善来实现，而必须通过这些糟糕透顶的方式呢？今天人类的后代将会幸福，但为什么现在必须要有一切苦难呢？对此并没有解答。这就是摩耶。

我们还经常听到这样的说法：进化的一个特征就是它会消灭邪恶，邪恶会不断地被从世上消除，最后只有善存留下来。这听上去很好，也迎合了那些占有了世上足够多财物的人的虚荣心，他们每天不需要艰苦奋斗，也不会被所谓进化的车轮碾压。对于这些幸运儿来说，那样的说法的确不错，的确令他们感到慰藉。芸芸众生可能会受苦，但他们可不关心这个，让众生自生自灭吧，这也没什么影响。很好，但这种论点是彻头彻尾的谬论。它首先想当然地假定了，在这个世界上显现为善和恶的是两种绝对的实在。其次，它更糟糕地假定了善的数量在增加而恶的数量在减少。如果邪恶可以通过所谓进化的方式被消除，就总会有那么一天，所有的邪恶都会被消除，剩下的只有善。说起来容易，可我们能够证明邪恶在减少吗？比如有一个住在森林里的人，他不知道如何培育自己的心灵，不能读书，也没听说过写作之类的事情。但如果他受了重伤，很快就会康复，而我们受了点小伤就会死去。机器让东西变得便宜，有利于进步和进化，但无数的人被机器碾压，几百万人里只有一个人可能变成富翁。在一个人变成富翁的同时，数以千计的人却越来越贫穷，整个人类都在沦为奴隶——世界就是这样运转的。一个像动物一样的人生活在感官之中，如果他无法得到足够的食物就会痛苦，如果身体出了问题也会痛苦。他的痛苦和幸福都开始于感官，也终结于感官。一旦他取得了进步，幸福的领域就会越来越开阔，而不幸的领域也会成比例地增加。住在森林里的人不知道何为嫉妒、何为法庭、何为纳税、何为被社会指责、何为被人类这种妖魔邪祟所能创造出的最残酷的暴政日夜统治——这种暴政试图窥探每个人内心的秘密。他不知道一个人可以凭借自己空洞的知识和傲慢而变得比任何动物都要糟糕一千倍。因此，当摆脱了感官的时候，我们就会发展出更高的享乐能力，而与此同时也必定会发展出更高的受苦能力。神经会变得更精微，能感受更多的苦难。我们常常发现，在任何社会中，无知的凡夫在遭受辱骂时并不觉得怎么样，绅士却不能忍受哪怕一句辱骂，他的神经已变得非常敏感。随着他对幸福的敏感，痛苦也在增加。这不太能证明进化论者的案例。当变得幸福的能力在增加时，遭受苦难的能力也会增加。有时我甚至倾向于认为，如果变得幸福的能力以算术级数增长的话，变得痛苦的能力就以几何级数增长。我们这些正在进步的人知道，越是进步，通向痛苦和快乐的道路就都会越多地敞开。这就是摩耶。

所以我们会发现，摩耶并不是一种对世界进行解释的理论。它不过是对如下事实的如实陈述：我们存在的基础是自相矛盾的，无论在哪儿我们都要穿过这个巨大的矛盾。只要有善的地方就一定也会有恶，只要有恶的地方也就一定会有善；只要有生命的地方死亡就会如影随形；任何欢笑的人都一定会哭泣，反之亦然。事物的这种状态是无法被补救的。我们可以真切地想象一个地方，那里只有善没有恶，我们只会欢笑而从不哭泣。但就事物的本质而言，这是不可能的，因为条件并没有改变。哪里有让我们欢笑的力量，哪里也就潜藏着制造眼泪的力量。哪里有制造幸福的力量，哪里就潜藏着让我们痛苦的力量。

因此，吠檀多哲学既不是乐观主义也不是悲观主义。它同时宣称这两个方面，并如实地对待事物。它承认这个世界是善与恶、幸福与痛苦的混合物，而增加其中一方就一定会增加另一方。永远不会存在一个完全善或完全恶的世界，因为这种观念在语词上就是矛盾的。我们的分析所揭示的一个重大秘密就是：善与恶并不是两个既成的、相分离的存在。在我们的世界中、在这个宇宙中，没有一个东西是只能被标记为善或恶的。一个今天看上去是善的现象，明天或许就变成恶的了。同一件事情对一个人来说是痛苦，而对另一个人来说就是幸福。火可以烧死孩子，也可以为一个饥肠辘辘的人做一顿美餐。带来痛苦感觉的神经也会带来幸福的感觉。因此，阻止恶的唯一方法就是也阻止善，别无他途。为了阻止死亡，我们就必须阻止出生。没有死亡的生命和没有痛苦的幸福都是矛盾的，不可能被单独发现，因为它们中的每一方都不过是同一样东西的不同显现。昨天我还认为一样东西很好，今天就不觉得好了。当回顾自己的生命并看到不同阶段的理想时，我发现的确如此。我的理想一度是骑一对儿健壮的马，在另一段时间我想要是能做某种甜食就太好了，随后我又设想如果有妻儿和很多钱的话自己该多满足。而现在我把所有这些理想都当作幼稚的鬼话加以嘲笑。

吠檀多说，一定会有那么一天，我们将回顾并嘲笑那些让我们害怕放弃自己个体性的理想。每个人都想在无限的时间内保留自己的身体，以为这会非常幸福，但总有那么一天，我们会嘲笑这样的想法。如果这是真的，我们现在就会处于一种毫无希望的矛盾状态中——既不是存在也不是非存在，既不痛苦也不幸福，而是它们的混合物。那么，吠檀多和其他所有哲学、宗教的用途是什么呢？而且最重要的是，行善的用途是什么？这是自然会浮现出来的问题。既然不作恶就不可能行善、每当试图创造幸福时就总会有痛苦，人们就会问："行善还有什么用呢？"答案首先在于：我们必须为减少痛苦而行动，因为那是使自己幸福的唯一方法。每个人迟早都会在生命中发现这一点。明智之人稍早一点发现，愚钝之人则稍晚一点。愚钝之人为了发现这一点会付出非常高昂的代价，明智之人付出的则少一些。其次，我们必须尽自己的职责，因为这是摆脱矛盾的生命的唯一方法。善与恶的力量都会为我们维持宇宙的存在，直到我们从迷梦中醒来并放弃自己的海市蜃楼。我们必须学习这一课，而且这会花很长很长时间。

　　在德国，有些哲学家尝试在变成了有限之物的无限者的基础上构建哲学体系。在英国也有这样的尝试。这些哲学家的立场应当被分析为：无限者试图在宇宙中表达自己，而且总有一天会成功地做到这一点。这些都非常好，我们还使用了"无限者""显现""表达"这样的语词，但是，哲学家自然会寻求如下陈述的逻辑基础：有限的东西可以充分地表达无限者。绝对者和无限者只能通过限制而成为这个宇宙。任何通过感官、心灵或理智的东西都一定是受到限制的，而有限的东西成为无限的东西则是荒谬的、永远不可能的。另一方面，吠檀多说，绝对者和无限者的确试图在有限的东西中表达自身，但总有一天会发现这是不可能的，然后人们就不得不退却，这种退却就意味着弃绝——这就是宗教的真正起点。如今谈论弃绝是非常难的。有些美国人说我是从一片已经死了而且又被埋了五千年的土地上来的、到处谈论弃绝的人，英国的哲学家或许也会这么说。但断绝和放弃的确是通向宗教的唯一路径。基督怎么说？"为我失丧生命的，将要得着生命。"[1] 他一再宣扬弃绝是通向完美的唯一途径。总有一天，心灵会从漫长而沮丧的梦中醒来——孩子放弃了自己的游戏，想要回到母亲身边。我们会发现如下陈述的真理性："欲望永远不会因为欲望的愉悦而满足，它只会越来越多，就像火上浇油一样。"

感官、理智和人类心灵能达到的所有愉悦都是如此。它们什么都不是，它们在摩耶中，在我们不可能超越的网里。我们可能在其中度过无限的时光，发现这没有尽头，而每当我们努力获得一点点愉悦时，都会有大量的痛苦降临在自己身上。真是可怕啊！每当想到这些时，我都不得不认为主张一切都是摩耶的理论才是最好的、唯一的解释。世上的痛苦有多少？如果在不同的国家旅行，你会发现一个国家试图用一种手段来治愈自己的邪恶，另一个国家用另一种。不同民族都有同样的恶，然后又尝试用各种方式来控制它，可没有一个获得了成功。如果它在某个时刻达

---

1 《新约·马太福音》10.39。

到了最小化，那么在另一个时刻就会有大量的恶充斥世间。情况就是如此。为了保持民族的贞洁水平，印度教徒允许童婚，可从长远来看这反而使民族堕落。同时，我并不能否认说这种童婚使民族更加贞洁。换作你们会怎么做？如果想让自己的国家变得更贞洁，就需要通过童婚在身体上削弱男人和女人。另一方面，你们在英国做得更好吗？不，因为贞洁是一个民族的生命。你们难道没有发现吗：在历史上，一个民族最先出现的死亡迹象就是不贞？当不贞出现时，民族的尽头就要到了。可我们在哪里能找到解决这些痛苦的办法呢？如果父母为自己的孩子选择配偶，这种恶就可以被最小化。印度的女儿并不多愁善感，她们非常实际，可她们的生命中几乎没有什么诗情画意。同样，如果人们自己选择配偶，似乎也不会带来很多幸福。印度的女人通常很幸福，夫妻之间并不经常吵架。另一方面，在人们拥有最大程度自由的美国，却有很多不幸的婚姻和家庭。不幸无处不在，这表明了什么？这些理想其实并没有带来多少幸福。我们都在为幸福奋斗，可只要在一个方面获得了一点点幸福，就马上会在另一个方面遭遇不幸。

可我们难道不应该努力行善吗？我们应该带着比以往更多的热忱去行动，而这种知识带给我们的将是对狂热的破除。英国人将不再是狂热的、不再诅咒印度教徒，会学着尊重不同国家的习俗。狂热会减少，真正的行动却会增多。狂热的人是无法行动的，他们浪费了四分之三的能量。头脑冷静、泰然自若、实事求是的人才能行动，这些观念将增加行动的力量。知道了这就是事物的状态，人们就会更有耐心。痛苦或邪恶的景象将无法让我们失衡，不会误导我们去追寻阴影。因此，如果知道世界一定会按照自己的方式运转，我们就会获得耐心。比如，如果所有人都变得善良，动物就也会进化成人，而且也会经过同样的状态，植物也是如此。但只有一件事情是确定的：大河流向海洋，汇聚成河流的所有水滴早晚都会汇入那无边的大海。所以，在充满了痛苦和悲伤、充满了喜怒哀乐的这一生中，有一件事情是确定的：万事万物都在朝向自己的目标，你和我、植物和动物、生命的每个粒子，一定会达到无限的完美之海，一定会达到自由、达到神，这不过是时间问题。

我再重复一遍：吠檀多的立场既不是悲观主义也不是乐观主义。它并没有说这个世界全都是恶的或全都是善的。它只是说，我们的恶丝毫不比我们的善更卑劣，我们的善也丝毫不比我们的恶更高贵，它们是紧紧绑在一起的，这就是世界。知道了这一点，你就可以带着耐心去行动。为什么？我们为什么要行动？如果事物就是如此，我们应该做什么？为什么不应该成为不可知论者？现代的不可知论者也知道，没有解决那个问题的方法，或者用我们的话说，人们无法摆脱邪恶的摩耶，因此他们告诉我们要感到满足并享受生活。这里又出现了一个错误，一个巨大的错误，一个完全不合逻辑的错误——所谓的生命是什么？仅仅是指感官构成的生命吗？在这个方面，我们每个人与野蛮人都没什么区别。可以肯定，在座的各位没有一个人的生命仅仅在感官中。既然如此，生命的意思就远不止于感官。我们的感觉、思想、愿

50

望都是生命不可或缺的部分，而朝向理想领域、朝向完美的努力，难道不也是生命最重要的部分之一吗？在不可知论者看来，我们必须如实地享受生命。但生命首先意味着对理想的追求，生命的本质是朝向完美的。因此，我们不可能成为不可知论者，也不可能按照世界呈现出来的样子去看待这个世界。不可知论者把生命减去理想后的部分当作所有存在的东西。他们声称，理想是不可能实现的，因此必须放弃追寻。这就是所谓的摩耶——自然、宇宙。

所有宗教或多或少都尝试超越自然——最原始或最发达的宗教，通过神话或象征，通过关于神祇、天使或魔鬼的故事而得到表达的宗教，或者通过圣徒和预言家的故事、通过伟人或先知的故事、通过哲学的抽象而得到表达的宗教——所有宗教都有一个目标：超越那些限制。总之，它们都在努力朝向自由。人们有意或无意地感到自己是被束缚的，并不是自己要成为的样子。在开始环顾四周的那一刻他就明白了这一点，明白了自己是被束缚的，而且他之内有什么东西想要去超越，去到那个身体无法跟随的地方，但被各种限制束缚住了。在最低等级的宗教观念中，故去的祖先和其他灵体——大多是暴力和残忍的灵体，它们潜藏在朋友的房子里，嗜血酗酒——被崇拜，即便在这样的宗教里，我们也发现了共同的因素，那就是自由。想要崇拜神祇的人，首先要在神祇那里看到更大的自由。如果一扇门是关闭的，他会认为神祇可以穿过这扇门，而墙也完全无法限制神祇。这种自由的观念不断增强，直到变成一种人格化的神的理想，这种理想的核心观念是：祂是一种超越自然界限、超越摩耶的存在。据我所知，古代印度居住在森林中的隐修者和智者热衷于讨论这个问题，而当最年长、最神圣的智者也无法给出回答的时候，一位年轻人站起来宣称说："听啊，不朽之子；听啊，住在最高处的人，我已经找到了道路。通过认知那个超越黑暗的祂，我们可以超越死亡。"[1]

摩耶无处不在，这可真糟糕。但我们必须通过它行动。如果一个人说自己会在世界完全变好后再开始行动，然后享受欢喜，那就好比一个坐在恒河边的人说："当所有水都流到大海后，我再渡河。"我们的道路不是与摩耶同向的，而是与它相反。这里还有另一个事实要了解。我们天生就不是给予大自然帮助的人，而是与大自然竞争的人。我们本是它的主人，却束缚了自己。这座房子为什么在这儿？大自然并没有建造它。大自然说，去森林里生活吧；人类却说，我要建造房屋并与大自然斗争，而且他们也这样做了。整个人类的历史就是与所谓的自然法则不断斗争的历史，而人类最终是有所收获的。在内在世界，同样的斗争也在进行，这是作为动物的人和灵性的人之间的斗争，也是黑暗和光明的斗争。人最终也会是胜利者，从大自然中开辟出通向自由的道路。

我们看到，吠檀多哲学家在超越摩耶之上的地方发现了不受摩耶束缚的东西，如果我们能够到达那里，就不会再受摩耶的束

---

1 参阅《白骡奥义书》3.8，黄宝生的译文是："我知道这位伟大的原人，/色泽如同太阳，超越黑暗；/知道了他，就能超越死亡，/前往那里，别无他路。"

缚。这种观念可以采取各种形式，它是所有宗教的共同财富。但在吠檀多中，这只是宗教的开端而非终点。人格化的神、宇宙的支配者和创造者、摩耶的支配者、自然，这些观念都不是吠檀多观念的终点，而只是开始。这样的观念不断成长，直到吠檀多主义者发现了祂；我们本以为祂在我们之外，最后却发现祂就在我们之内、就是我们自己。祂是自由的，却被有限的东西认为是受束缚的。

第四章
摩耶与神的观念的进化

于伦敦　1896 年 10 月 20 日

我们已经看到了作为吠檀多不二论（advaita）基础性原则之一的摩耶观念是什么意思，它的萌芽甚至在吠陀本集中就有。实际上，那些在奥义书中得到发展的观念已经在吠陀本集中以某种形式存在了。你们大多数人现在已经熟知摩耶的观念，而且知道它有时被错误地解释为幻觉，结果当宇宙被说成是摩耶时也会被理解为幻觉。这种翻译既不令人愉悦，也是不正确的。摩耶不是一种理论，它不过是对宇宙中事实的如实陈述。为了理解摩耶，我们必须回到吠陀本集，从这个概念的萌芽入手。

我们已经看到了天神的观念是如何出现的。与此同时我们知道这些天神最初不过是强大的存在物而已。在阅读古老的经典——无论是希腊人的、希伯来人的、波斯人的还是其他人的经典——时，你们多数人都会感到恐惧，因为你们发现古代的神祇有时会做令我们非常反感的事情。可是在阅读时，我们完全忘记了自己是十九世纪的人，而这些神祇是数千年前的存在物。崇拜这些神祇的人并没有在神祇的性格特征方面发现什么不协调的地方，不会觉得恐惧，因为这些神祇就像他们自己一样。我还要指出，这是我们一生中都必须学习的伟大一课。我们总是根据自己的理想来评判他人，但这是不应该的。每个人都应该根据自己的理想而非任何其他人的理想得到评判。在与同类打交道时我们不断地犯这样的错误，而我的看法是，我们彼此间绝大部分的争吵都不过是出于如下原因：我们总是试图通过自己的神祇来评判他人的神祇，通过自己的理想来评判他人的理想，通过自己的动机来评判他人的动机。在某些环境下我可能会做某件事情，而当看到另一个人采取同样的行动时，我就会认为这也是源自同样的动机。我们很少想到，尽管结果是相同的，但这很可能出于众多别的原因。他这样做的动机可能与我们非常不同。所以，在评判那些古老的宗教时，我们一定不能采取自己所倾向的立场，必须设身处地地站在那个时代的思想和生活的立场上。

《旧约》中残酷无情的耶和华让很多人感到恐惧——但为什么要这样呢？他们有什么权利假定古代犹太人的耶和华必须符合当今关于上帝的约定俗成的观念？同时我们一定要记住，后人同样会嘲笑我们关于宗教和上帝的观念，就像我们嘲笑古人一样。但有一条金线贯穿所有这些不同的观念，吠檀多的目的就是发现这条线。克里希那说："我就是贯穿所有这些不同观念的线，每个观念都像是一颗珍珠。"[1] 吠檀多的责任就是找出这条线。无论按照今天的观念看来这些观念多么不协调或令人作呕，在过去它们就是和谐的，丝毫不比我们当下的观念更丑陋。只有当我们试图把它们从相应的背景中抽离出来并放置在当今的环境中时，这种丑陋才开始变得明显，毕竟旧的环境一去不复返了。正如古代犹太人演变成了敏锐的现代犹太人，古代雅利安人演变成了明智的印度人，耶和华和天神同样在演变。

最大的错误是，在认识到崇敬神的人在进化的同时，我们却没有承认那个被崇敬的神在进化。祂的虔诚信徒取得的进步却并未被归到祂身上。也就是说，作为一种观念，你和我都成长了；而作为一种观念，那些神祇也成长了。对你们来说这或许有些奇怪——上帝竟然可以成长。但其实并不是祂在成长，祂是不会变化的。在同样的意义上，真正的人也从不成长。不断改变和扩展的是人们关于上帝的观念。随后我们将看到，每个人不过是一种显现，他背后的真正的人是不会移动、不会改变、纯洁且一直完美的。同样，我们形成的上帝观念也不过是一种显现，是我们自己的创造。在这背后是永远不变、永远纯洁的真正的上帝。但显现总是在变化，越来越多地揭示背后的实在。如果它更多地揭示背后的事实，就被称为进步；如果更多地隐藏背后的事实，就被称为退步。神祇会随着我们的成长而成长。从日常的角度看，正

1　克里希那（Kṛṣṇa，也译作"奎师那""黑天"）是印度最重要的神祇之一，被认为是毗湿奴的化身。这里的引文出自《薄伽梵歌》7.7，黄宝生的译文是："没有比我更高的存在，/ 所有一切与我相连，/ 犹如许许多多珍珠，/ 它们串在一根线上。"

如我们通过进化来揭示自己一样，神祇也以这种方式揭示自己。

现在我们能够理解摩耶理论了。在世上所有地方都被讨论的问题是：宇宙中为什么存在着不和谐？为什么存在着邪恶？在原始宗教观念的开端，我们并没有发现这样的问题，因为对那时的人来说世界并不显得不协调。对他们而言环境不是不和谐的，不存在意见的冲突、善与恶的对立。他们心中只有这样一种感觉：某个东西说是，而另外某个东西又说不是。那时的人是冲动的人。他做任何想做的事情，并且试图通过肌肉来践行任何浮现在自己心灵中的想法。他们从不停下来去做评判，也很少去尝试检查自己的冲动。他们的神祇也是冲动的生物。因陀罗出现并粉碎了魔鬼的力量，耶和华喜欢某个人而不喜欢另一个人，但人们不去思考或追问其中的原因是什么，那时还没有追问的习惯，神祇所做的一切都被认为是正确的，不存在善或恶的观念。在我们使用"邪恶"这个词的意义上，天神做了很多邪恶的事情。因陀罗和其他神祇一再做出非常邪恶的行为，但对崇敬因陀罗的人来说，恶的观念并不存在，所以他们不会产生质疑。

随着道德伦理观念的发展，争斗出现了。人类之中出现了某种感觉，这在不同语言和不同民族中被冠以不同的名称。有人把它称为神的声音，或之前所受教育的结果，或任何他们喜欢的名称。但由此产生的后果是，它对人类的自然冲动产生了抑制作用。我们的心灵中有一种冲动说：去做吧；在它背后则出现了另一个声音说：别去做。在我们的心灵中总是有一组观念在努力通过感官的渠道涌出去，而在这背后，却总有一个微弱无力的声音在那里说：别去做。梵语里有两个美丽的语词来描述这样的现象："pravṛtti"和"nivṛtti"，即"外循环"（circling forward）和"内循环"（circling inward）。外循环通常支配我们的行为，宗教则开始于内循环。宗教开始于"别去做"，灵性也开始于"别去做"。只要这个"别去做"不存在，宗教就尚未开始。尽管崇拜的是相互争斗的神祇，这个"别去做"的出现却让人们的观念开始成长。

一点微小的爱在人类心中醒来。它的确非常微小，甚至现在也不大。最初它仅限于一个部落，守护着该部落的成员。这些神祇爱着自己的部落，每个神祇都是部落的神祇，是部落的保护者。有时，一个部落的成员会认为自己是神祇的后裔，正如不同国家的氏族都认为自己是氏族创始人的共同后代一样。在古代甚至当下，一些人声称自己不仅是这些部落神祇的后裔，还是太阳和月亮的后裔。你们在古老的梵语书籍中可以读到关于太阳王朝和月亮王朝帝王的伟大史诗。[1]他们最初是崇敬太阳和月亮的人，并逐渐认为自己是太阳神和月亮神的后裔。当这种部落式的观念开始发展的时候，就出现了一点微小的爱，出现了关于相互之间的责任、对小型社会组织的责任的观念。由此自然就出现了如下想法：我们如何可能在没有担当、没有容忍的情况下共同生活？一个人如何可能与另一个人共同生活，而与此同时又不去抑制自己的冲动、约束自己、忍住不去做自己的心灵督促自己去做的事情？这是不可能的。由此，约束的观念就产生了。整个社会结构

1　太阳王朝（Solar Dynasty/ sūryavaṃśa）和月亮王朝（Lunar Dynasty/ candravaṃśa）是传说中印度王族的两大世系，分别以太阳和月亮为祖先。

都基于约束的观念，而且我们都知道，没有学习过关于担当和容忍的伟大课程的人，一定会陷入最悲惨的境地。

当这些宗教观念出现时，人类理智便瞥见了更高级、更道德的东西。古老的神祇被发现是不协调的——它们吵闹、好斗、酗酒、吃牛肉，欢愉就局限在这些东西上。有时因陀罗会喝得太多，以至于跌倒在地、胡言乱语。这些神祇真是不能再被容忍了。于是，进行追问的想法出现了，这些神祇也必须被追问。各种行动的理由必须被发掘出来。因此，人们放弃了这些神祇，或者说发展出了关于祂们的更高级观念。人们似乎对神祇的所有行为和品质做了勘察，丢弃了那些无法协调的神祇，然后保留下自己可以理解的东西并将其融合在一起，给它起了个名字：众神之神。这个被崇拜的神祇不再只是力量的象征，而是在这之上。祂是一位道德之神，热爱人类，对人类做善事。但神祇的观念还是被保留了下来。人们增加了祂在道德伦理上的重要性，也增加了祂的力量。祂成为全宇宙最有道德的存在，几乎是全能的。

但东拼西凑达不到目的。这种解释包含了太多假设的成分，所以需要解决的困难就更多。如果神祇的性质按照算术级数增加，困难和怀疑就会按照几何级数增加。除了作为宇宙之神的困难外，在耶和华那里就几乎没有什么困难了，而宇宙之神这个问题直到今天也还存在。一个在全能、全爱之神统治下的宇宙，为什么允许恶魔般的东西存留？痛苦为什么比幸福多得多，恶为什么比善多得多？我们可以对所有这些视而不见，但事实仍然是：这是一个十分丑陋的世界。它最好的情况也不过是坦塔罗斯的地狱[1]。在这个世界上，我们满怀着对感官愉悦的强烈冲动和渴望，但不可能获得满足。尽管我们有自己的意志，但有一股波浪在推动我们，而只要我们迈出一步就会受到打击。我们都注定像坦塔罗斯一样生活在这里。理想进入我的心灵，远远超出感觉的限制，可当我们试图表达它们时却做不到了。另一方面，我们被周围涌动的东西碾压着。但如果放弃所有理想而仅仅在这个世界之内努力，我们的存在就是野蛮的，会衰退并堕落。以上两者都不是幸福之路。如果有人对在这个世上的生活感到满意，不幸就是他们的命运，他们生下来就是如此。而对那些敢于为真理和更高级的东西挺身而出、敢于要求比单纯的野蛮存在更高级的东西的人来说，命运中要多出一千倍的痛苦。事实就是如此，但并没有任何解释，也不可能有任何解释。但是，吠檀多却指明了出路。你们必须记住我不得不告诉你们的那些事实，它们有时会让你们感到恐惧，但如果记住并思考我说的话，这些话就会变成你们自己的东西，会把你们带到更高的地方，使你们能够理解真理并生活在真理中。

现在的事实是：这个世界是一个坦塔罗斯的地狱，我们对宇宙一无所知，同时又不能说自己一无所知。如果我认为自己不知道这条锁链，就不能说它存在。它可能完全是我大脑的错觉，而我可能一直都在做梦。我梦到在和你们谈话，梦到你们在倾听，没人能证明这不是梦。或许我的大脑本身就是一个梦，况且没人

1　坦塔罗斯（Tantalus）是希腊神话中的宙斯之子，因藐视众神的权威被打入冥界，永远忍受饥渴之苦，面对着头上随时可能落下的巨石，永远身处恐惧之中。

曾见过自己的大脑。我们却把各种这样的事情当作是理所当然的。我认为自己的身体是理所当然的，同时又不能说自己不知道这一点。这种位于知识和无知之间的处境、这种神秘的微光、这种真与假的混合，没有得到清楚的认知。我们穿行在梦境的迷雾中，半睡半醒，一生都笼罩在雾霭中，这是我们每个人的命运，是所有感官知识的命运，也是所有哲学、所有自吹自擂的科学和人类知识的命运。这就是宇宙。

不管使用所谓的物质、精神、心灵还是任何其他你喜欢的名称，事实都是一样的：我们不能说它们是，也不能说它们不是。我们不能说它们是一，也不能说它们是多。这种光明与黑暗的永恒游戏——它是无法被分辨的、无法被区分的、无法被分离的——始终存在。一个事实同时又不是事实，醒着的同时又睡着了——这才是对实际情况的陈述，这就是所谓的摩耶。我们出生在这个摩耶中，在其中生活、在其中思考、在其中做梦。我们是摩耶中的哲学家、摩耶中有灵性的人类，不，我们既是摩耶中的魔鬼、又是摩耶中的神祇。尽可能地延展你们的观念，让它们越来越高级，把它们称作无限或任何你喜欢的名字——可即便这样的观念也在摩耶之内。一定是这样的，整个人类知识都是对摩耶的概括，以尝试知道它本来的样子。这就是名色（nāma-rūpa）——名称和形式——的作用。任何有形式的东西、任何在你心灵中唤起一个观念的东西，都在摩耶之中，因为任何受到时间法则、空间法则和因果法则束缚的东西都在摩耶之中。

让我们简单回顾一下早期关于神的观念，看看它们发生了怎样的变化。我们会立即意识到关于如下这样的一种存在观念是不可能被满足的：祂永远爱我们、永远无私、全能、支配着这个宇宙。哲学家问道："公正的、仁慈的神在哪里？"祂难道没有看到自己的孩子——以人或动物的形式出现——在死亡吗？谁能在不杀死其他生命的情况下在这里生存片刻？你们可以在不毁灭成百上千的生命的情况下完成一次呼吸吗？你们之所以活着，就是因为成百上千的生命死了。你们生命中的每个片刻、所做的每次呼吸，对成百上千的生命来说就是死亡。你们所做的每个动作，对于成百上千的生命来说就是死亡。你所吃的每一小口东西，对于成百上千的生命来说就是死亡。它们为什么该死去？一种古老的诡辩说，它们是非常低级的存在。即便如此，也仍然是有问题的——谁知道究竟是蚂蚁比人更伟大，还是人比蚂蚁更伟大——谁能证明情况究竟是怎样的？除此之外，就算它们都是非常低级的存在物，可它们到底为什么该死去呢？如果它们很低级，那么就有更多的理由存活下去，不是吗？因为它们更多地存活在感官中，它们感到的快乐和痛苦比你我要大上千倍。我们中有谁吃饭时像狗或狼那样狼吞虎咽？没有，因为我们的能力并不集中在感官上，而是集中在理智、精神上。但对动物而言，它们的整个灵魂都在感官中，它们会变得疯狂，体验到人类做梦都想不到的愉悦，但其痛苦也是同愉悦相应的。愉悦和痛苦是等量的。如果动物感受到的愉悦比人类更热切，人类在将死之时感到的痛苦在动物那里就会被放大一千倍，可我们却在未被它们的苦难打扰的情况下杀死了它们。这就是摩耶。假设存在着一个像人类一样的人格化的神创造了一切，那么任何试图证明善是从恶中来的解释和理论就都是站不住脚的。假设有两万件好的事情出现，为什么它们应当是从恶中来的呢？依据这样的原则，我可以割断别人的喉咙，因为我想要自己的感官获得充分的愉悦。这是毫无道理的。善为什么要经由恶而来？这个问题需要回答，却无法被回答。印度哲学不得不承认这一点。

吠檀多曾经是（现在也是）最大胆的宗教体系。它不在任何地方停下脚步，而且还有一个优点：它的神职人员不会试图压制想要说实话的人，总是允许绝对的宗教自由。在印度，迷信带来的束缚是一种社会性的束缚，西方社会在这一方面则是很自由的。在印度，社会事务非常严格，宗教领域却是自由的。在英国，人们想穿什么就穿什么，想吃什么就吃什么——没有人会反对，但如果他错过了教堂活动，卫道士们就会对他怀恨在心。他首先必须遵守全社会在宗教上的习俗，然后才能思考真理。另一方面，在印度，如果有人与不同种姓的人一同进餐，全社会都会调动自己可怕的力量让他粉身碎骨。如果有人想穿与祖先多年前的穿着不同的衣服，他就完蛋了。我曾听说有一个人被社会驱逐了，因为他走了好几英里去看第一列行驶的火车。好吧，我们很难相信这是真的！但在宗教领域，我们可以看到无神论者、物质主义者和佛教徒百家争鸣，看到五花八门的宗教纲领、意见和思辨百花齐放，其中有一些可是最令人吃惊的。所有教派的传道者都在四处度化信徒，而在神庙的大门处，婆罗门甚至允许物质主义者站出来发表自己的意见，这样的做法是值得称道的。

佛陀圆寂时已是高龄。我的一位朋友是一位伟大的美国科学家，非常喜欢阅读佛陀的生平，可他不喜欢佛陀的圆寂，因为佛陀没有被钉上十字架。多么愚蠢的想法啊！一个人为了变得伟大就必须被谋杀！这样的想法在印度从未流行过。伟大的佛陀足迹遍及全印度，公开谴责印度的诸神甚至宇宙之神，却颐享天年。他在八十年的生命中改变了半个国家。

然后还有顺世论者（cārvākas），他们宣讲可怕的东西，宣讲最臭名昭著、不加掩饰的物质主义，这些东西即便在十九世纪都很难被公开宣讲。顺世论者被允许在寺庙与寺庙之间、城市与城市之间进行宣讲，宣讲宗教全都是胡说、是宗教权谋[1]，宣讲吠陀都是愚者、恶棍和恶魔留下的言论，宣讲既没有神也没有永恒的灵魂。如果有灵魂，那么它在死后为什么不出于对妻儿的爱而回来呢？顺世论者的观念是，如果有一个灵魂存在，它死后必定仍然在爱，仍然想吃好东西、想穿好衣服。但没有人伤害过这些顺世论者。

因此，印度总是秉持宗教自由这种了不起的观念，而你们必须记住，自由是成长的首要条件。如果没有自由，就永远不会有成长。有人认为自己可以帮助其他人成长，可以指导或引导他们，自己可以保有当老师的自由——这样的观念完全是胡说，是阻碍世上无数人成长的危险的谎言。让大家拥有自由之光吧，那才是成长的唯一条件。

1　这个词原文是"priestcraft"，意为祭祀或神职人员的阴谋、权术、把戏。

在印度，我们允许灵性方面的自由，即便今天我们在宗教思想上也拥有巨大的灵性力量。你们在社会性事务上则享有同样的自由，并拥有出色的社会组织。我们并没有任何扩展社会性事务的自由，我们的社会是一个狭隘局促的社会。你们从未给予宗教性事务任何自由，而是用刀剑增强自己的信仰，这样的结果是，宗教在欧洲人心灵中的成长是迟缓的，甚至在衰退。在印度，我们必须摆脱来自社会的束缚，而在欧洲，大家必须挣脱捆绑着灵性进步的枷锁，然后才会有了不起的成长和发展。如果我们发现，在所有灵性、伦理和社会性的发展中有一个一以贯之的统一体，我们就会明白，宗教必须进入社会和日常生活的方方面面。在吠檀多之光的照耀下你们会理解：所有科学不过就是宗教的显现，而且世界上存在的一切都不过如此。

可以看到，科学是通过自由才得以建立的。科学中存在着两组意见：一组是物质主义和谴责性的，另一组则是积极的和建设性的。最奇怪的是，它们存在于每个社会中。假设社会中存在一种恶，你会立即发现有一群人揭竿而起、以报复性的方式谴责它，而这有时会堕落为狂热。在每个社会中都会有狂热分子，一些妇女也常常会出于易冲动的本性而参加这样的抗议。每个揭竿而起并进行谴责的狂热分子都会有一批追随者。破坏是很容易的，疯子也可以破坏任何自己喜欢的东西，但很难建造什么。在狂热分子看来自己或许做了一些好事，实际上危害却更大。社会机构可不是在一天就建成的，要改变它们就意味着必须消除其原因。假设有一种恶存在，谴责是不会消除它的，所以我们必须追根溯源，首先要找出原因，然后消除它，接着结果才会被消除。单纯的抗议不会带来任何正面效果，只会带来不幸。

另一些人在心中怀有同情，还有一些人知道必须深入原因，他们都是伟大的圣者。大家必须记住的一个事实是，这个世界上所有伟大的老师都宣称自己不是来摧毁的，而是来实现的。很多时候他们并未得到理解，他们的宽容甚至还被认为是一种对现存流行观念的不值当的妥协。即便现在，你们偶尔也会听说那些先知和老师是胆怯的，他们不敢去说、不敢去做自己认为正确的事情。但其实并非如此。这些伟大的智者把世上的居民视作自己的孩子，可狂热分子几乎从不理解他们心中无限的爱的力量。他们是真正的父亲、真正的神祇，对每个人都充满了无限的同情和耐心，他们准备好去承担和忍耐。他们知道人类社会应该如何发展，并且耐心地、缓慢地、满怀信心地运用自己的补救良方；不是去谴责和恐吓大家，而是温柔、和善地一步一步带领人们进步。奥义书的作者就是这样的人。他们完全知道关于神的陈旧观念如何与先进的伦理观念相抵触，也完全知道无神论者所宣扬的东西中有不少真理，不，是巨大的真理。但与此同时，他们也理解如下事情：那些希望斩断串起珍珠的丝线的人们，那些想要凭空建立一个新社会的人，注定会完全失败。

我们从不另起炉灶，只是做出改变；我们不可能拥有任何新的东西，只能改变事物的配置。种子耐心而温和地成长为树木，我们也必须像这样把自己的能量集中到真理上，让存在的真理实现，而不是试图制造新的真理。因此，古代的智者并不谴责那些古老的神的观念，说它们不适合现代，相反，他们开始寻找这些观念中真实的部分。这样做的结果就是吠檀多哲学的诞生，而从古代的神明（deities）中、从一神教的神中、从宇宙的支配者中，他们发现了越来越高级的观念，也就是所谓的非人格化的绝对者（the Impersonal Absolute）。他们在整个宇宙中发现了一体性（oneness）。

他在这个充满多样性的世界中看到那个一（One）在一切中穿行，在这个充满死亡的世界中发现那个一是无限的生命，在这个无知觉、愚昧的世界中发现那个一是光和知识。永恒的宁静只属于这样的人，不属于其他任何人。

第五章
摩耶与自由

于伦敦　1896 年 10 月 22 日

有诗人说:"我们曳着荣耀的云彩而来。"[1] 但毫无疑问的是,我们并不都是曳着荣耀的云彩而来,有些人到来时像是曳着黑雾。然而,我们每个人都像是进入战场一样到这个世界来战斗。我们来到这里,竭尽所能,一边哭泣一边开创自己的道路,闯出一条让自己通过无限生命之海的道路。随着前进的步伐,我们身后已经有漫长的岁月和巨大的空间。我们就这样继续前进,直到死亡来临并把我们带离这战场——我们不知道结局是胜利还是失败。这就是摩耶。

在孩子的心中,希望占据主导地位。在孩子眼中,整个世界

1　出自英国诗人威廉·华兹华斯（William Wordsworth, 1770—1850）的诗作《颂诗：忆童年而悟不朽》(*Ode: Intimations of Immortality from Recollections of Early Childhood*)，又译《不朽颂》。

都是金色的梦乡，他认为自己的意志是至高无上的。在自己前进的每一步，自然都像铜墙铁壁般矗立着，阻挡着他未来的进步。他可能一再尽力去冲破阻碍，努力做出突破。他走得越远，就越是远离理想，直到死亡来临，那时或许会获得解脱。这就是摩耶。

一位科学工作者出现了，他渴望知识。对他而言，没有什么牺牲是不值得的，没有什么努力是毫无希望的。他继续去发掘自然秘密背后的秘密，从自然的最深处发掘其秘密，而这是为了什么呢？这一切都是为了什么？我们应当授予他怎样的荣耀？他为什么应该获得名誉？自然做的事情难道不是人类完全不能比拟的吗？——自然是无生气的、没有感知力的。模仿无生气的、没有感知力的东西为什么是荣耀的？自然可以将任何量级的雷电投送到任意远的距离上去。如果有人能够在很小的程度上做到这一点，我们就应该对他倍加赞扬。为什么？我们为什么应该为了模仿自然、模仿死亡、模仿无生气的和没有感知力的东西而称赞一个人？万有引力可以把存在着的最大块物质拉得粉碎，但这是没有感知力的，而模仿没有感知力的东西有什么荣耀呢？可我们却都在为了这样的事情努力。这就是摩耶。

感官把人类灵魂拉了出来。人类正在追求绝不可能被获得的愉悦和幸福。在无数的时代，我们都被教导说这是徒劳无益的，这里没有幸福。但除非通过自己的经验，否则我们无法真正学会这一点。我们进行尝试，然后挫折就会出现。可我们学会这一点了吗？甚至在这时也没有学会。就像飞蛾扑火那样，我们一再投身于感官的愉悦，希望在那里找到满足。我们带着新的能量一再返回，就这样继续下去，直到衰老、死亡。这就是摩耶。

我们的理智也是如此。在渴望解答宇宙的奥秘时，我们不可能停止自己的质疑，我们觉得自己一定可以获得知识，也不能相信不存在任何知识。没走出几步，就出现了无始无终的时间之墙，这是无法越过的；再走出几步，又出现了无始无终的空间之墙，这也是无法越过的；而一切还都无法逃避地被因果之墙束缚着。我们无法超越它们，但我们在努力，而且必须努力。这就是摩耶。

在每一次呼吸、每一次心跳、每一个动作中，我们都认为自己是自由的，而与此同时事实又证明并非如此。被束缚的奴隶、自然的奴隶，就在我们的身体中、心灵中，就在所有思想和感觉中。这就是摩耶。

没有母亲不认为自己的孩子是天才，是有史以来最杰出的孩子。她溺爱自己的孩子，把整个灵魂都倾注在孩子那里。孩子长大了，或许变成一个酒鬼或野蛮人，虐待自己的母亲，而越是如此，母亲的爱就越多。全世界都称赞说这是母亲无私的爱，却几乎没有想过母亲是天生的奴隶，对此无能为力。她本应一千次放弃这些负担，但她不能。她就这样用鲜花掩盖了真相，并称之为伟大的爱。这就是摩耶。

全世界都是这样。有一个传说讲述了那罗陀[1]对克里希那说

1　那罗陀（Nārada）相传是《梨俱吠陀》中一些真言的作者，是神和人之间的使者。参阅季羡林译《罗摩衍那》第一篇注释2。

的话："万物之主啊，请向我展示摩耶。"几天后，克里希那让那罗陀和自己一起去沙漠旅行。在走了几英里后，克里希那说："那罗陀，我渴了，能不能帮我取一些水？""我马上去取。"那罗陀去了。不远处有一座村庄，他进入村庄寻水并敲了一扇门，开门的是位非常美丽的年轻女子。一看到女子，他立即忘记了自己的主人在等待取水，甚至可能因为缺水而死。他把什么都忘了，开始和那个女子攀谈。一整天他都没有回到自己的主人那里。第二天，他又去了那座房子跟女子攀谈。这样的攀谈发展成了爱情，他请求女子的父亲将女儿许配给自己。他们就这样结婚了，住在那里并生儿育女。十二年过去了，岳父去世，他继承了遗产。正如自己认为的那样，他和娇妻爱子过着幸福的生活，享有田地和牲畜，等等。随后却发生了洪水。一天夜里，河水暴涨，直到漫过堤岸，淹没了整座村庄。房屋倒塌、人畜无存，一切都漂在洪流中。那罗陀不得不逃走。他用一只手拉住妻子，一只手拉住两个孩子，把另一个孩子扛在肩膀上，试图渡过洪流到对岸去。没走几步，他就发现洪流太大，肩膀上的孩子掉下去被冲走了。那罗陀绝望地哭喊着。在试图救起那个孩子的时候，他又松开了另外两个孩子，他们也被冲走了。最后，他拼尽全力抓住的妻子也被卷入洪流之中，他自己被冲到岸上，撕心裂肺地痛哭流涕。此时在他身后，有一个温柔的声音响起："我的孩子，水在哪儿啊？你去取水，我一直在等你，你都走了半个小时了。""半个小时！"那罗陀惊呼道。他的心灵可是经历了整整十二年，所有场景却只发生在这半小时之内！这就是摩耶。

无论以何种形式出现，我们都在摩耶之中。这是事物最难以理解、最错综复杂的状态。它在所有国家被宣讲、到处被教授，但只有一部分人相信，因为除非自己获得相应的经验，我们是不可能相信它的。这表明了什么呢？表明了非常可怕的东西，因为一切都是徒劳。时间是一切的复仇者，它来了，什么都不会剩下。它吞噬了圣徒和罪人、国王和农民、美人和丑人，不会留下任何东西。一些都在奔向那个目标：毁灭。我们的知识、艺术、科学，一切都在奔向它。没有人能够阻止这种趋势，一分钟也不行。我们可以尝试忘记它，就像在遭受瘟疫的城市里，人们通过饮酒、跳舞和其他徒劳的尝试来遗忘并变得麻木一样。我们就这样试图去遗忘，试图通过各种感官愉悦去遗忘。这就是摩耶。

有两条道路可走。一条道路是众所周知的："这或许是真的，但不要去想它，正如谚语所说：'及时行乐。'[1]这是真的，是事实，但不要介意它。抓住那些可以抓住的愉悦，做那些你能做的事情，不要去看世界的阴暗面，总是去看有希望的、积极的那一面。"这样的说法有些道理，但也有危险。有道理的地方在于，这提供了一种很好的推动力。希望和积极的理想是我们生活的巨大推动力，但其中包含着一定的危险——我们会放弃绝望中的努力。有些人宣扬说："让世界保持原样，尽可能平静而舒适地坐着，对所有的痛苦感到满足。在受到打击时，你就说它们不是打击而是鲜花。在像奴隶一样被驱赶时，你就说自己是自由的。夜

1　原文为"趁着有太阳的时候晒草料"（Make hay while the sun shines）。

以继日地向别人和自己的灵魂撒谎，因为那是通向幸福生活的唯一道路。"这就是所谓的实践智慧，它从未像十九世纪这样流行，因为从未有过像现在这样多的沉重打击，从未有过像现在这样激烈的竞争，人们对待同胞也从未像现在这样残酷，因此必须为他们提供这样的慰藉。现在这种道路以最有力的方式被推进着，但它是失败的，因为它总是注定失败。我们不可能用玫瑰掩藏腐肉，这样的做法管不了多久，玫瑰很快就会凋零，而腐肉会变得比之前更糟。生活也是如此。我们可能试图用绫罗绸缎掩盖自己陈旧而溃烂的伤口，但这些东西总有一天会被移除，伤口的丑陋总会完全暴露出来。

难道就没有希望了吗？我们的确都是摩耶的奴隶，出生在摩耶之中，生活在摩耶之中。可难道就没有出路和希望了吗？我们都是悲惨的，这个世界可真是座监狱啊，再美丽的东西（trailing beauty）也不过是牢房，甚至我们的理智和心灵也是牢房，这在很久以前就为人所知了。从没有一个人或灵魂未曾感受到这一点，无论他嘴上可能会怎么说。老人的感受最真切，因为他们积累了一生的经验，不可能轻易被自然的谎言骗到。难道没有出路吗？我们发现，即便一切都是如此，即便面对着这样恐怖的事实，在悲伤和痛苦中，在这个生命和死亡不过是同义词的世界中，甚至就在这里，还是有一个微弱的声音在所有时代、所有国家、所有心灵中回响着，它说："我的摩耶是神圣的，由不同性质组成，很难穿过。但那些来到我这里的人，却越过了生命之河。""凡劳苦担重担的人，可以到我这里来，我就使你们得安息。"[1] 这是引导我们前进的声音。人们已经听到了它，而且世世代代都在聆听它。当一切似乎都消失、希望也落空，当人类对自己力量的依赖土崩瓦解、一切似乎都在指间融化，当生命成为令人绝望的废墟，那个声音就会在耳边响起。大家听到了它，这就是宗教。

因此，一方面是那个勇敢的断言，说一切都是无意义的、都是摩耶，但与此相伴的还有一个充满希望的断言，说在摩耶之外还有出路。另一方面，讲究实际的人会告诉我们："不要让宗教和形而上学之类的胡说困扰自己的心灵。就在这里生活，这的确是一个很糟糕的世界，但还是要最充分地利用它。"用通俗易懂的语言来讲，这就是说：过一种虚伪、充满谎言的生活，过一种不断欺骗的生活，尽自己所能去掩盖伤口。补丁摞补丁，直到一切都迷失，而你自己也成了一大团补丁——这就是所谓的实际的生活。对这种补丁感到满意的人绝不可能走向宗教。宗教开始于对事物当前状况和我们生活的巨大不满，开始于对那种打在生命上的补丁的强烈憎恶，开始于对欺骗和谎言的无限反感。正如伟大的佛陀在菩提树下说的那样，一个人在那种实际的观念出现时能看到它是胡说，却无法找到出路，只有这样的人才可以走向宗教。他被诱惑去放弃对真理的追寻，返回世界并过着充满欺骗的生活，用错误的名称称呼事物，向自己和所有人撒谎；此时，他勇敢地征服了这些并说道："死亡也比半死不活的无知生活要好，

---

1 《新约·马太福音》11.28。

死在战场也胜过失败地活着。"这就是宗教的基础。当一个人采取了这种立场，就走上了寻求真理的道路，走上了通向神的道路。这种决心就是朝向宗教的第一推动力。我会为自己开辟道路。我会知道真理，或是在尝试中放弃自己的生命。毕竟一切都是虚无，终会消逝，而且每天都在消失。今天还是美丽、充满希望的年轻人，明天就会变成老油条。希望、欢喜和愉悦就像霜冻中的花朵那样逝去。这是一方面。另一方面，还存在着征服带来的巨大魅力：战胜生命中所有疾病的胜利，战胜生命本身的胜利，对宇宙的征服。人们也可以站在这样的立场上。因此，那些敢于为了胜利、真理和宗教而努力的人，就走在正确的道路上。这就是吠陀宣扬的东西：道路非常艰难，就像行走在剃刀的边缘；但不要失望，起来吧，觉醒吧，去找到那个理想、那个目标。

宗教在现在的所有显现，无论以何种形状或形式来到人类这里，都拥有共同的核心基础，那就是对自由的宣扬，对离开这个世界的出路的宣扬。我们不应该调和世界与宗教，而是要切断戈耳狄俄斯之结[1]，在自己的理想中建立宗教，不对世界做出妥协。这是所有宗教都宣扬的东西，而吠檀多的职责就是调和所有这些渴望，使得世上所有宗教——无论是最高级的宗教还是最初级的宗教——的共同基础得以显现。最臭名昭著的迷信和最高级的哲学其实都有一个共同的目标：指明摆脱同样困境的道路，而在绝

---

1 戈耳狄俄斯之结（Gordian knot）是一个关于亚历山大大帝的传说。这个结是没有绳头的，看似无法解开，亚历山大大帝却用剑将其斩断了。切断戈耳狄俄斯之结通常用来比喻通过特殊的方法解决看似不可解决的问题。

大多数情形下，这是借助自身不受自然法则束缚的人——也就是自由的人——的帮助来实现的。那个自由之人的本性是什么，是人格化的神还是像人一样具有感知力的存在者，是男性、女性还是中性——尽管在这些问题上有各种不同意见，而且这些纷争永无尽头，但基本的观念都是一样的。尽管不同体系之间的矛盾几乎是令人绝望的，但我们还是发现了在它们中一以贯之的那根金线，而在吠檀多哲学中，那根金线已经被一点一点地揭示出来。通向这种揭示的第一步，就是所有朝向自由前进的东西的共同基础。

在我们所有的快乐和悲伤、困难和努力中，有一个奇怪的事实：我们的确都在走向自由。问题实际上是："宇宙是什么？它是从哪里产生的？会到哪里去？"而答案就是："它从自由中产生，在自由中停留，最后消融在自由中。"你们不可能舍弃这种自由的观念。离开了它，你们的行动甚至生命都会迷失。每时每刻，自然都在证明我们是奴隶而不是自由的。但同时另一种想法却浮现了，那就是我们还是自由的。在每一步上我们似乎都被摩耶击倒，这表明我们是被束缚的。但与此同时，伴随着这种击倒、伴随着被束缚的感觉，还会出现另一种感觉，那就是我们是自由的。某个内在的声音告诉我们，我们是自由的。但如果尝试去实现那种自由、让它得以显现，我们就会发现其中的困难几乎是无法克服的。尽管如此，它还是在内心深处宣称："我是自由的，我是自由的。"如果研究世上的各种宗教，你们就会找到这种观念的表达。不仅是宗教——你们一定不能狭隘地理解这个词——而且整个社会生活，都在宣扬那条关于自由的原则。所有运动都是对那种自由的断言。无论知道还是不知道，所有人都听到了那个声音，它宣称说："凡劳苦担重担的人，可以到我这里来。"说出它的语言或表达方式可能各不相同，但无论形式如何，那个呼唤自由的声音都与我们同在。是啊，我们是因为那个声音才出生在这里，我们的任何举动都是出于那个声音。无论是否知道，我们都在冲向自由，都在追随那个声音。就像村里的孩子被吹笛之人的音乐吸引，我们就是这样追随着那个声音的音乐，却并不知道这一点。

当遵循那个声音时，我们是有道德的。不只是人类的灵魂，从最低级到最高级的所有生物的灵魂，都听到了那个声音并冲向它。在这样的努力中，大家要么彼此结合在一起，要么相互推搡以挤出一条路。因此便有了竞争、欢乐、努力、生活、愉悦和死亡，而整个宇宙不过就是朝向那个声音的疯狂努力的结果。这是本性的显现。

然后会发生什么呢？场景会开始转变。一旦知道那个声音并理解了它是什么，整个场景都会改变。那个曾经是恐怖战场的摩耶世界，现在却变成了美好的、美丽的地方。我们不再诅咒大自然，不再说世界是可怕的或徒劳的，不再需要哭泣和哀嚎。一旦理解了那个声音，我们就会明白这样的努力为什么会存在，会明白那些争斗、竞争、困难、残酷和那些渺小的愉悦、欢乐。我们会看到这些东西就在事物的本性中，因为没有这些东西我们就不会被引向那个声音，不会达到我们注定会达到——无论我们是否知道这一点——的目标。因此，人类的全部生命和整个自然都是在努力达到自由。太阳朝着那个目标移动，绕着太阳运转的地球和绕着地球运转的月亮也都如此。为了达到那个目标，行星在运行，空气在移动。万事万物都在努力朝向那个目标。圣徒走向那个声音——他不能不这样做，这对他来说其实并不是什么荣耀；罪人也是如此。慈善之人径直走向那个声音，不可能被阻碍；吝啬鬼也走向同样的终点。最伟大的行动者在内心听到同样的声音，不可能抗拒它，必须走向它；最懒惰的懒汉也是如此。一个人比另一个人走得更跌跌撞撞，我们把这样的人称为坏的，而把走得比较好的人称为好的。好与坏绝不是两个不同的东西，它们其实是一回事。差别不是种类上的，而是程度上的。

如果这种自由力量的显现真的支配着整个宇宙，我们就会发现这种观念在各种宗教中是一以贯之的，我们独特的研究也不例外。有的宗教采取最初级的形式，包括对逝去的祖先、某种力量或残暴神祇的崇拜。其中隐含的这种主要观念是什么呢？那就是：逝去的祖先或神祇是超越自然的，不受它的限制。毫无疑问，崇敬这些的人只拥有关于自然的非常有限的观念。他自己不能穿墙而过、不能御风而行，但他崇拜的神祇可以做到这些。这在哲学上意味着什么呢？意味着自由的存在，意味着他所崇拜的神祇超越于他所知道的自然之上。对于崇拜更高级存在物的人来说也同样如此。随着自然观念的扩展，超越于自然之上的灵魂观念也在扩展，直到我们到达一神教。一神教认为，存在着摩耶（自然），也存在着一个作为摩耶支配者的存在。

吠檀多开始于这些一神教观念第一次出现的地方，但吠檀多想要进一步的解释。有一个超越了摩耶的所有显现的存在，祂超越摩耶，独立于摩耶，吸引我们走向祂自身，而且我们也正在走向祂自身——吠檀多说这样的解释是很好的，但我们对它的感知并不清晰，我们看到的样子是模糊而朦胧的，尽管并不直接与理性相抵触。正如你们的赞美诗中所说："让你与主更亲近"[1]，同样的赞美诗也完全适用于吠檀多主义者，只不过我们会改变一个词，把它变成"让我与主更亲近"。我们的观念是：目标很遥远，远远超越自然，吸引我们所有人朝向它，我们一定会离它越来越近，不会令它堕落或衰退。天堂中的神成为自然中的神，自然中的神又成为就是自然本身的神，就是自然本身的神接着成为居住在身体这座庙宇之内的神，居住在身体这座庙宇之内的神再成为庙宇自身，成为灵魂和人类——在那里它达到了最终的教导。智者们一直在到处寻找的祂就在我们自己心里。吠檀多说，你们听到的那个声音是正确的，但你们给出的方向是错误的。你们感知到的自由理想是正确的，却把它投射到自身之外，这是你们的错误。把它带得离你们越来越近，直到发现它一直都在你们之内，发现它就是你们自己的大我。自由就是你们自己的本性，摩耶永远不会束缚你们。自然从不拥有对你们的控制权。就像一个受到惊吓的孩子那样，你们梦到自然正在扼住你们的咽喉，而从这样

1　"让你与主更亲近"（Nearer my God to Thee）是一首十九世纪的基督教诗歌，作者是英国诗人莎拉·亚当斯（Sarah Flower Adams，1805—1848），蓝本是《旧约·创世记》28.11—15 雅格做的梦，在梦里，耶和华对雅格做出了应许。

的恐惧中摆脱出来就是我们的目标。不仅要在理智上知道它，还要感知它、实现它，这比我们对这个世界的感知要确定无疑得多。然后我们就会知道自己是自由的。只有这样，一切困难才会消失，心中的困惑才会被一扫而光，一切扭曲才会变得直白，多重的幻象和自然才会消失。摩耶不再是一场可怕的、令人绝望的梦境，它会变得美丽；我们的地球也不再是牢房，而是会变成乐园；甚至所有的危险、困境和苦难都会变得神圣，向我们显示自己真实的本质，向我们显示隐藏在万物背后的、作为万物基体（substance）的东西。祂就在那里，是唯一真正的大我。

第六章
绝对者与显现

于伦敦　1896 年

（a） 绝对者 The Absolute
（c） 时间 Time 空间 Space 因果关系 Causation
（b） 宇宙 The Universe

对不二论哲学的理解中，有一个问题是最难把握的，也是一再被提出，而且会一直存在的：无限者、绝对者如何变成了有限

的东西？现在我们就来处理这个问题，为了说明它，我会使用一个图示。（a）是绝对者，（b）是宇宙。绝对者成为了宇宙。这不仅指的是物质世界，也包括精神世界、灵性世界——包括苍穹和大地，实际上还包括一切存在的东西。心灵是一种变化的名称，身体则是另一种变化的名称，以此类推，所有这些变化构成了我们的宇宙。通过时间、空间和因果关系（c），绝对者（a）变成了宇宙（b）。这是不二论的核心思想。时间、空间和因果关系就像一面玻璃，透过它可以看到绝对者，而当它在较低的方面被看到时，就呈现为宇宙的样子。由此立即可以得知：在绝对者中不存在时间、空间或因果关系。如果没有心灵或思想，时间观念就不可能存在。没有外部的变化，空间观念就不可能存在。在只存在那个一的地方，不可能有运动或因果关系。我们必须理解如下事情并铭记在心：所谓的因果性开始于绝对者衰退为现象性的东西之后——如果可以这样说的话——而不是在这之前，而我们的意志、愿望和所有这些东西都出现在这之后。我认为叔本华的哲学在解释吠檀多时犯了一个错误，因为它试图让意志成为一切。叔本华让意志取代了绝对者的位置。但绝对者不可能像意志那样呈现，因为意志是某种可改变的、现象性的东西，但在时间、空间和因果关系所构成的那条线之上，并不存在改变或运动，只有在那条线之下才有外部和内部的运动，所谓的思想才出现。在那条线之上不可能存在意志，因此意志不可能是宇宙的原因。如果观察得更仔细就会发现，即便在身体中，意志也不是每个运动的原因。我移动这把椅子，我的意志是这个运动的原因，而这个意志会在另一端显现为肌肉运动。但移动椅子的力量其实就是让心脏、肺部等活动的力量，后面这些活动并不是通过意志来进行的。既然这种力量是相同的，那么只有当它上升到意识层面时才能成为意志，而在此之前称它为意志是一种误用。这在叔本华哲学中造成了极大的困惑。

　　一块石头掉了下来，我们会问：为什么？这个问题只有在如下假定的前提之下才是可能的：任何事情在没有原因的情况下都不会发生。大家必须清楚地理解这一点，因为每当我们在问为什么某事会发生时，都想当然地假定了每件发生的事情一定有一个"为什么"，换句话说，假定了在它之前一定有另外某件事情作为其原因而起作用。这种前后相继（precedence and succession）就是所谓的因果法则。它意味着宇宙中的任何事情都处在原因和结果的交替中。一件事情是其之后发生的某件事情的原因，而它自身又是之前发生的某件事情的结果。这就是所谓的因果法则，是我们一切思维的必要条件。我们相信，宇宙中的每个粒子——无论它是什么——都处在与其他所有粒子的关系中。关于这种观念的产生已经进行了非常多的讨论。在欧洲，有些从直觉出发的哲学家相信它来自人性中的结构，另一些则相信它来自经验，但问题还是没有解决。我们随后会看到吠檀多是如何谈论这一点的。但首先我们必须理解如下问题：对"为什么"的提问，预设了我们身边的每件事情都以某些事情为先导，并以另一些事情为后继。这个问题涉及的另一条信念是：宇宙中没有任何东西是独立的，一切都受到自身之外某物的作用。相互依存是整个宇宙的法则。在询问是什么导致了绝对者时我们犯了多大的错误啊！为了问这个问题，我们必须假定绝对者也受到某物的束缚，假定它依赖某物，而在做出这样的假定时，我们就把绝对者拉低到了宇宙的层面上。但是，在绝对者中不存在时间、空间或因果关系，它完全就是一。独自存在的东西不可能有任何原因。自由的东西不可能有任何原因，否则它就不是自由的，而是受到束缚的。具有相对性的东西不可能是自由的。因此可以看到，无限者为什么变成了有限的东西这个问题，是一个不可能的问题，因为这是自相矛盾的。当试图了解绝对者如何变成相对的东西时，我们需要从细枝末节的层面上升到逻辑和常识的层面，从不同的角度来考虑。假设我们知道了答案，绝对者还会是绝对者吗？祂会变成相对的东西。从常识来看所谓的知识是什么意思呢？只不过是被我们的心灵限定的东西、是我们知道的东西，而当一样东西超越了我们的心灵时，就不会是知识了。如果绝对者被心灵限定，就不再是绝对者了，而是变成了有限的东西。所以，"知道绝对者"在语词上就是自相矛盾的。这就是为什么那个问题从未被解答，因为如果被解答了，也就不再会有绝对者了。一个被知道的神就不再是神了，祂已经像我们一样变成了有限的东西。祂不可能被知道，永远是不可知的一。

吠檀多的主张是：神超越于可知的东西之上。这是我们需要了解的伟大事实。你们一定不要陷入这样的观念中：在不可知论者所主张的那种意义上，神是不可知的。例如，这里有一把椅子，我们已经知道它的存在了。但"以太之外是什么？""人们是否存在？"这样的问题或许是不可知的。然而，神并不是在这种意义上是未知或不可知的。祂是比知道更高的东西，这才是神未知也不可知的意思。人们可以说一些问题是未知也不可知的，但上述表达并不是在这样的意义上被使用的。神比知道更高级。这把椅子为人所知，但神比这高级得多，因为我们必须在祂之内、必须通过祂才能知道这把椅子本身。祂是见证者，是所有知识的永恒见证者。我们知道的一切都是在祂之内并通过祂才被知道的。祂是我们的大我的本质，是自我（ego）的本质，也是我的本质，除非在祂之内或通过祂，否则我们不可能知道任何东西。也就是说，你们必须在梵（brahman）之内、通过梵才能知道一切，必须在神之内、通过神才能知道那把椅子。因此，与椅子相比，神无限地接近我们，但祂仍然是无限高的。既不是已知也不是未知，而是比这都要高级得多。祂就是你的大我。"如果那个有福祐的一（Blessed One）没有填满这个世界，谁能够存活哪怕一秒钟，谁能够呼吸哪怕一秒钟？"因为我们在祂之内、通过祂来呼吸，在祂之内、通过祂才存在。这不是说祂站在某处并让我的血液在循环，而是说：祂是所有这些的本质，是我灵魂的灵魂。你们绝不可能说自己认识祂，这会是对祂的贬低。你们不可能摆脱自己，因此不可能知道祂。知识总是对象化的。例如，你们在记忆中让很多东西对象化，把它们投射到自身之外。所有记忆、所有我们见过和知道的东西都在我们的脑海里。所有图像、一切东西的印象都在我们的脑海里，当试图思考、知道它们时，获取知识的第一步就是把它们投射到我们自身之外。对神却不能这样做，因为祂是我们灵魂的本质，不能被投射到我们自身之外。吠檀多中最深刻的段落之一就是："祂是你灵魂的本质，祂是真理，祂是大我，汝即那，希婆多盖杜。"[1] 这就是"汝即神"的意思。你不可能用任何别的语言来描述祂。所有语言上的尝试，比如称呼祂为父亲、兄长、最亲爱的朋友，都是在尝试把神对象化，而这是不可能做到的。祂是一切的永恒主体。我是这把椅子的主体，因为是我看到这把椅子，而神才是我灵魂的永恒主体。你们怎么可能把祂、把自己灵魂的本质、把一切东西的实在对象化？所以我再说一遍，神既不是可知的，也不是不可知的，而是比这两者都高的无限。祂与我们合而为一，既不可知也不是不可知，正如我们的自我一样。你们不可能知道自己的自我，不可能把它移到自己之外并成为一个可观察的对象，因为你们就是它，不可能把自己同它相分离。但这难道不也是可知的吗，毕竟还有什么比你自己更知道自己呢？这才是我们知识的真正的核心。在完全同样的意义上，神既不是不可知的也不是已知的，而是比这两者都高的无限，因为祂就是我们真正的大我。

首先我们看到，"是什么导致了绝对者？"这个问题是自相矛盾的。其次我们发现，不二论中神的观念是一体性的，因此我们不可能把它对象化，因为我们都一直在祂之内生存和移动——无论我们是否知道这一点。我们所做的一切一直都是通过祂在进

1　参阅《歌者奥义书》6.8。黄宝生的译文与此略有不同。希婆多盖杜（Śvetaketu）是阿卢尼（Āruni）仙人之子，关于他的故事，请参阅《歌者奥义书》的相关部分和本丛书卷一《古老智慧的现代实践——辨喜论吠檀多》中的《实际的吠檀多（一）》。"汝即那"（tat tvam asi / Thou art That）表示自我与作为至高实在的梵是同一的。

行的。现在的问题是：时间、空间和因果关系是什么？不二论的意思就是非二元（non-duality）：不存在二，只有一。但我们在这里看到的却是：绝对者通过时间、空间和因果关系的面纱把自身显现为多。因此这里似乎有二存在，即绝对者和摩耶（时间、空间和因果关系的总和）。说存在着二，这似乎是非常有说服力的。不二论对此的回答是：这不能被称为二。为了有二，我们必须拥有两个绝对独立的存在，它们都是不能被其他东西导致的。首先，时间、空间和因果关系不能说是独立的存在。时间完全是一个依存性的存在，随着我们心灵的改变而改变。我们有时在梦里会想象一个人已经活了好几百年，而在另一场梦里几个月的时间转瞬即逝。所以，时间完全依赖于我们心灵的状态。其次，时间观念有时会完全消失，而空间观念也是如此。我们不可能知道空间是什么，但它就在那里，是无法被定义的，而且不可能与任何其他东西相分离而存在。因果关系也是如此。

我们在时间、空间和因果关系中发现的一个独特属性是，它们都不可能与其他东西相分离而存在。试着思考没有颜色、没有界限或与周围事物没有任何关联的空间吧——单纯的抽象空间。这是做不到的，你们必须把它思考为两个界限之间或三个对象之间的空间。它必须与某个对象相关联才能存在。时间也是如此，你们不可能拥有任何抽象的时间观念，而是必须参考两个事件，一个在先而另一个在后，然后通过前后相续的观念把这两个事件结合起来。时间依赖于两个事件，就像空间必定与外部物体有关一样。因果关系的观念也是与时间、空间不可分的。它们的奇特之处在于，都不具有独立的存在性。它们甚至不具有椅子或墙那样的存在，仿佛只是无法捕捉到的万事万物的影子。它们不具有真正的存在，但也不是非存在，不要忘了，万事万物通过它们才显现为这个宇宙。因此可以看到：首先，时间、空间和因果关系的结合既不是存在也不是非存在；其次，它们有时会消失。我们以海洋中的波浪为例。波浪当然与海洋相同，但我们知道它是波浪，因此又是与海洋不同的。是什么造成了其中的差异？是形式和名称，也即形式和心灵中的观念。我们可以认为波浪这种形式是某种与海洋相分离的东西吗？当然不能。它总是与海洋的观念联系在一起。如果波浪退去，这种形式瞬间就消失了，但形式本身并不是妄想。只要波浪存在，形式就存在，而且你们也一定会看到这种形式。这就是摩耶。

因此，整个宇宙仿佛都是一种奇特的形式，绝对者就是海洋，而你们和我、太阳和星星以及其他一切东西都是海洋的各种波浪。是什么使得波浪之间彼此不同？不过就是形式，而形式就是时间、空间和因果关系。一切都依赖于波浪，只要波浪消失，一切就都消失了。只要个体放弃了摩耶，对他而言摩耶就消失了，他就是自由的。我们全部的努力就是要摆脱对时间、空间和因果关系的执着，它们始终是我们道路上的障碍。什么是进化论？两种因素是什么？[1] 那就是试图表达自己的巨大的潜在力量，

1　这里指的是进化论所主张的在进化过程中起作用的两种因素，即遗传漂变（genetic drift）和自然选择（natural selection）。辨喜在此借用了这种说法，来阐述自己认为的在人走向自由的过程中起作用的两种因素。

以及压制这种力量、禁止这种表达的环境。所以，为了抗争这些环境，那种力量一再采用新的身体。在这样的努力中，一只阿米巴虫（amoeba）获得了另一种身体并克服了一些障碍，接着再获得另一种身体，如此下去，直到变成人类。这种观点在逻辑上的结论是：一定会有一个时间点，在那时，在阿米巴虫中存在并且进化为人类的那种力量，将会克服大自然设置的一切障碍并从所有环境中摆脱出来。如果用形而上学的方式来表达这种观念，那就是：每个行动中都有两种成分，一是主体，一是对象，而生命的目的就是让主体成为对象的主人。例如，我因为一个人的咒骂而感到不快。我的努力会使我强大到足以克服环境，再遇到他的咒骂时不会感到不快。我们就是这样在尝试克服障碍。道德是什么意思？就是通过使主体与绝对者相一致来使主体变得更强大，从而让有限的自然不再控制我们。我们的哲学在逻辑上的结论是：因为自然是有限的，所以一定会有这样一个时间点，在那时我们会克服所有的环境。

　　还有另一件要了解的事情。我们怎么知道自然是有限的呢？只能通过形而上学知道这一点。自然就是受到限制的无限者，因此是有限的。所以，一定会有这样一个时间点，在那时我们会克服所有的环境。可我们如何克服它们呢？我们不可能去克服所有客观的环境，这是做不到的。一条小鱼想从自己在水中的天敌那里脱身而出，它是如何做到的？通过进化出翅膀并变成一只鸟。鱼并没有改变水或空气，改变是发生在它自己身上的。改变总是主体这一侧的事情。看看整个进化的过程就会发现，对自然的克服来自主体中的改变。把这一点运用于宗教和道德上，就会发现对恶的克服也只能来自主体中的改变。不二论体系的全部力量都在于人的主体性方面。谈论恶与苦难是毫无意义的，因为它们并不存在于外部。如果我对一切愤怒都免疫，就永远不会感到愤怒。如果我能经得起所有仇恨，就永远不会感到仇恨。

实现克服的过程就是不断完善主体。我可以大胆地说，无论就物理还是道德方面而言，唯一契合于现代研究，甚至比现代研究还要更进一步的宗教，就是不二论，这就是它如此吸引现代科学家的原因。他们发现陈旧的二元论是不够的，不能满足他们的需求。一个人不能仅仅拥有信仰，还必须让信仰符合理智。现在，在十九世纪下半叶还有这样的观念：除了自己世代传习的宗教外，任何产生自其他来源的宗教都必定是错误的。这样的观念必须被抛弃，它表明人类仍然有软弱之处。我并不是说这样的情况仅仅发生在这个国家，实际上到处都是这样，而没有哪里比我的国家的情况更糟了。我们的吠檀多从没有来到人们面前。最初一些僧侣掌握了它并将它带到森林中，因此它被称作"森林哲学"。凭借万物之主的怜悯，佛陀出现了，向大众传道，那时全国的人几乎都成了佛教徒。多年之后，当无神论者和不可知论者再次摧毁了那个国家时，人们发现不二论是让印度摆脱物质主义的唯一途径。

因此，吠檀多两次将印度从物质主义中解救出来。佛陀出现前，物质主义的蔓延已经到了令人恐惧的程度，虽然与现在的形式不同，但那时的物质主义是最骇人听闻的，比现在还要糟糕得多。在某种意义上我也是一个物质主义者，因为我相信存在着唯一的一。这也是物质主义者想要你们相信的东西，只不过他们将其称为物质，而我将其称为神。物质主义者承认，所有的希望、宗教和其他一切都从物质而来，我则说所有这些都来自于梵。但佛陀之前盛行的物质主义是那种粗俗的物质主义，宣扬的是："吃吧、喝吧、享乐吧；不存在神、灵魂或天堂；宗教不过是邪恶的祭祀编造出来的东西。"它宣扬的道德是：只要活着，你们就必须享乐，就算必须借钱去买食物也得吃，永远不要关心还钱的事。这就是古代的物质主义，这种哲学传播得如此广泛，以至于直到今天还顶着"受欢迎的哲学"的光环。佛陀点燃了吠檀多[1]，把它传播给大众，拯救了印度。佛陀圆寂后一千年，类似的情况再次出现。暴徒、乌合之众和各种种族都摇身一变成了佛教徒，佛陀的教导自然随着时间流逝而衰退，因为绝大多数人都很无知。佛陀不宣扬神或宇宙的支配者，结果大众逐渐又祭出自己的神祇、魔鬼和妖怪，而佛教在印度反而被搞得一团糟。物质主义就这样再次脱颖而出，呈现为上层阶级的放纵和下层阶级的迷信。然后商羯罗大师（Śaṃkarācārya）出现了，再次复兴了吠檀多哲学，让它成为一种理性主义哲学。奥义书中的论证常常很模糊，佛陀强调的是这种哲学的道德方面；商羯罗强调的则是其理智方面，他让不二论的奇妙体系变得融贯，使之理性化，并呈现在人们面前。

1　这是辨喜自己的理解，未必契合历史事实。

在当今的欧洲，物质主义盛行。你们可以祈祷让现代怀疑论者获得救赎，但他们并不屈服，他们想要理性。欧洲的救赎依赖于一种理性主义的宗教，而不二论——它宣扬非二元的、一体性的、非人格化的神的观念——是唯一能够吸引有理智之人的宗教。每当宗教开始消失而非宗教的东西开始盛行时，吠檀多就会到来，这就是它能够在欧洲和美国生根发芽的原因。

我还要说一件与这种哲学有关的事情。我们在古老的奥义书中发现了崇高壮丽的诗歌，是由诗人创作的。柏拉图说，启示通过诗歌来到人们这里，那些古代的仙人、真理的见证者似乎是从人类中被挑选出来的，以通过诗歌的形式彰显真理。他们从不传道，不思考哲学，也不写作，音乐从他们的心中流淌出来。佛陀拥有伟大的、普世的心灵和无限的耐心，让宗教变得实际并来到每个人的门前。在商羯罗那里我们看到巨大的理智力量，把理性耀眼的光芒投向一切。我们今天想要的是把理智的光芒同佛陀的爱心融合在一起，想要一颗充满爱与慈悲的无限的心。这种融合会带给我们最高级的哲学。科学和宗教将相遇并握手，诗歌与哲学会成为朋友。这将是未来的宗教，如果能够实现它，我们或许可以确保它能适用于所有时代、所有人。这是一种现代科学可以接受的方式，因为它几乎已经来到科学身边了。当讲授科学的老师声称一切东西都是一种力的显现时，你们难道没有想起奥义书说到的那个神吗："如同一团火进入宇宙并以各种形式表达自身，那个唯一的灵魂也在每个灵魂中表达自身，而它比这还要无限得多"？你们难道没有看到科学的发展趋势吗？印度民族通过研究心灵、形而上学和逻辑来进步，欧洲民族则从外部的自然开始，现在大家达到了相同的结论。我们发现，通过在心灵中进行探索，我们最终达到了一体性，达到了那个普遍的一，达到了那个一切东西的内在灵魂，达到了那个一切东西的本质和实在，达到了那个永远自由者、永远欢喜者、永远存在者。通过物质科学，我们也达到了同样的一体性。如今的科学告诉我们，一切不过是一种能量的显现，这种能量是一切存在的东西的总和，而人类的趋势是朝向自由而非束缚的。人们为什么应该是有道德的？因为朝向自由的路是经过道德的，而不道德则会导向束缚。

吠檀多体系的另一个特质是：它从最开始就是不带有破坏性的。它宣讲的勇敢是另一种荣耀："不要扰乱任何人的信仰，即使对那些由于无知而执着于低级崇拜形式的人也应如此。"它就是这样说的：不要去扰乱，而要去帮助每个人变得越来越高级，这适用于整个人类。这种哲学宣扬一个作为一切之总和的神。如果你们在寻求一种适合于每个人的普遍宗教，它一定不能由其中的某些部分组成，而必须始终是所有部分的总和，包含宗教发展的所有层级。

任何其他宗教体系都没有对这种观念的清晰表达，但它们同样是为了达到那个整体而做出的努力的一部分，这些部分存在的意义就在于此。所以从一开始，不二论就不会与印度存在的各种教派产生对抗。如今的二元论者，其数目在印度历史上是最多的，因为二元论自然会吸引那些没有得到足够教育的心灵。它是一种关于宇宙的非常方便、自然且符合常识的解释。但吠檀多并不与这些二元论者争吵。一方认为神在宇宙之外的某个地方、在天堂中的某个地方，另一方认为祂就是自己的灵魂，而且称祂为任何更遥远的东西都是亵渎。任何关于分离的观念都是可怕的。祂是离我们最近的。除了一体性之外，没有其他语词能够表达这种距离了。不二论对任何其他观念都感到不满，就像二元论者会对不二论的概念感到震惊并认为这是亵渎一样。与此同时，不二论者知道其他观念的存在有其必然性，因此不与走在正确道路上的二元论者争吵。从不二论的立场来看，二元论者注定会看到多，这是其立场的必然结果。就让他们这样吧。不二论者知道，无论对方的理论可能是什么样子，都在走向与自己同样的目标。他与二元论者最根本的区别在于，后者的观点迫使他们认为所有与自己不同的看法都是错误的。全世界的二元论者自然都信仰一个人格化的神，它完全是拟人化的，像这个世上一位了不起的当权者似的，对某些人感到满意而对另一些人感到不满。这个神任意地对某些人或某些种族感到满意，为他们降下祝福。二元论者自然会得出这样的结论：神是有喜好的，他们自己则希望成为这些喜好中的一部分。你们几乎会在所有宗教中都发现这样的想法："我们是神偏爱的人，只有通过与我们同样的信仰才能得到神的青睐。"一些二元论者狭隘地认为，只有少数命中注定得到神的青睐的人才能得救，其他人可以竭尽全力去尝试，但仍然不会被接受。恐怕你们没法举出一种或多或少没有这种排他性的二元论宗教。因此，二元论宗教注定会相互争斗不休，而且它们的确一直都陷于这样的境地。这些二元论者通过借助未受教育之人的虚荣来赢得大众的欢心，那些人喜欢感到自己享有特权。二元论者认为，除非有一个手中握有权杖、随时准备做出惩罚的神，否则人们就不可能是有道德的。缺乏头脑的大众通常都是二元论者，可怜的同胞们啊，他们在每个国家都遭受了几千年的迫害，因此，他们的救赎观念其实就是对摆脱惩罚的自由的向往。一位美国的牧师问我："什么！你们的宗教中竟然没有魔鬼？那怎么可能？"但我们发现，世上已有的最出色、最伟大的人都带着那种最高的、非人格化的观念在行动。那个说"我与父原为一"[1]的人，他的力量已经在无数人中流传开。数千年来，这种力量一直运转得很好。我们还知道，还是这个人，因为他是一位不二论者，所以对其他人都同样仁慈。他对那些不能设想任何比人格化的神更高级的东西的大众说："向我们在天上的父祈祷。"[2]他对那些能够把握更高级观念的人说："我是葡萄树，你们是枝子。"[3]但对那些能够更充分理解自己的门徒，他宣扬最高级的真理："我与父原为一"。

正是那位伟大的佛陀，他从不关心二元论的神，甚至被称作无神论者和物质主义者，但他却随时准备好去为了一头可怜的山羊放弃自己的身体。那个人[4]则开启了任何民族所能拥有的最高级

1　指耶稣，出自《新约·约翰福音》10.30。

2　参阅《新约·马太福音》6.9："所以你们祷告，要这样说，我们在天上的父，愿人都尊你的名为圣。"

3　《新约·约翰福音》15.5。

4　指耶稣。

的道德观念，任何存在道德准则的地方都有他的光芒。我们不可能迫使这个世上的伟大心灵局限在狭隘的限制内，把它们困在那里，特别是在人类历史上的这样一个时刻——之前做梦都想不到的巨大理智进步出现了，科学知识兴起，这样的巨变即使在五十年前也没人能想到。试图把人们局限在狭隘的限制内，会使大家堕落成动物和没有头脑的群氓，会杀死他们在道德上的生命。现在我们需要的是把最伟大的心灵与最高级的理智结合在一起，把无限的爱与无限的知识结合在一起。吠檀多主义者把三种属性归属给神：祂是无限的存在，祂是无限的知识，祂是无限的欢喜——这三者被视为一体。[1]没有知识和爱的存在不可能是祂，没有爱的知识和没有知识的爱也不可能是祂。我们想要的是存在、知识和欢喜的和谐，这就是我们的目标。我们想要和谐，而不是片面的发展。我们可以既拥有商羯罗的理智又拥有佛陀的心，希望我们都能够努力去实现这种神圣的结合。

1　辨喜这里说的是"saccidānanda"概念，由"sat"（存在）、"cit"（知识、意识）、"ānanda"（欢喜、幸福）三个词复合而来，指梵或神的属性。本书第十章"灵魂的自由"也提到并解释了这个概念。

第七章
万事万物中的神

于伦敦　1896 年 10 月 27 日

　　我们已经看到自己生命中的大部分注定是充满恶的，无论如何抗拒，这样大量的恶对我们而言实际上是近乎无限的。我们从一开始就一直在努力对此做出修正，但一切似乎还是照旧。我们做出的修正越多，就越是被更微妙的恶困扰。我们还看到，所有宗教都主张有一个神，以此作为摆脱这些困境的唯一道路。所有宗教都告诉我们，如果大家都让世界保持原样，就像大多数实际的人在如今建议我们去做的那样，那么除了恶之外什么都不会留下。这些宗教进一步断言说，在这个世界之上存在着些什么东西。五感官中的生命、物质世界中的生命并不是全部，而只是很小的一部分，仅仅是表面上的。在此之后、在此之上则是无限者，其中不再有恶。有的人称其为上帝，有的称其为安拉，有的称其为耶和华或朱庇特，等等。吠檀多主义者则称其为梵。

从宗教所给予的忠告里能获得的第一印象是：我们最好终止自己的存在。关于如何治愈生命中的恶的问题，答案似乎就是放弃生命。这让我们想起一个古老的故事。一只蚊子落在一个人的头上，一个想打死蚊子的朋友狠狠地拍了那个人的脑袋，结果把那个人和蚊子都打死了。对恶的修正似乎在要求我们去做同样的事情。生命充满了疾病，世界充满了邪恶，这是任何一个对认识世界有足够经验的人都不能否认的事实。

但所有这些宗教提出了怎样的修正呢？似乎是：这个世界就是虚无，而超越于这个世界之上的是某种非常真实的东西。可在这里困难就出现了，因为这样的修正似乎摧毁了一切。这怎么还能叫修正呢？难道没有其他出路了吗？吠檀多说，所有宗教的发展都完全是正确的，但需要被恰当地理解。它们常常被误解，因为宗教的真正含义其实并不清楚。我们真正想要的是头脑和心的结合。心的确是伟大的，关于生命的伟大启示正是通过心而来。我宁愿没有大脑而仅仅拥有一点点心，也不愿意拥有完整的大脑却没有心。对于拥有心的人来说，生命是可能的、进步是可能的，但没有心只有大脑的人会干枯而死。

与此同时我们知道，一个仅仅有心的人肯定会遭受很多麻烦，因为他时常会落入陷阱里。心与大脑的结合才是我们想要的。我的意思并不是说，一个人应该为了自己的大脑而让心做出妥协，反过来也是一样；而是说，要让每个人在拥有无限的心和感觉的同时，也拥有无限的理性。我们在这个世界上想要的东西有什么限制吗？世界难道不是无限的吗？存在着无限的感觉的空间，因此也存在着无限的文化和理性的空间。让它们不受限制地结合在一起，彼此并行着奔向前方吧。

大部分宗教都理解上述事实，但它们似乎陷入了相同的错误，都因为心和感觉而迷失了。世上存在恶，所以就放弃这个世界吧——毫无疑问，这是伟大的教导，也是唯一的教导。放弃这个世界吧。为了理解真理，我们每个人必须放弃谬误，对此不可能有什么争议。为了获得善每个人必须放弃恶，对此不可能有什么争议。为了拥有生命每个人都必须放弃死亡，对此也不可能有什么争议。

可是，如果这样的理论涉及放弃我们所知的感官中的生命，那么剩下的还有什么呢？生命还有什么别的含义吗？如果我们放弃了这些，剩下的是什么？

当更多地深入吠檀多的哲学部分时，我们会更好地理解这一点。但即便现在我也可以说，只有在吠檀多中我们才能找到合理的解答。在此我只能把吠檀多想教授的东西呈现给你们，那就是世界的神圣化（deification）。吠檀多并不真的谴责世界。在其他任何地方，弃绝的理想都没有达到吠檀多教导的那种高度。但与此同时，这里绝没有任何带有自杀性倾向的建议。它的意思其实是世界的神圣化——放弃那个我们所认为的、所知道的世界，放弃它看上去的样子——要知道它真正的样子。要让它神圣化，要知道它只是神。我们在一部最古老的奥义书的开篇读到："宇宙中存在的一切都被万物之主覆盖。"

我们必须用万物之主自身来覆盖一切，而不是通过虚假的乐观主义，不能对恶视而不见，要真正在万事万物中看到神。我们的确必须放弃世界，而当世界被放弃后剩下的是什么呢？是神。这是什么意思呢？你可以拥有自己的妻子，放弃世界并不意味着你要抛弃她，而是说你要在妻子那里看到神。放弃你的孩子们，这是什么意思？难道是像每个国家中的野蛮之人那样把孩子扔到门外去吗？当然不是。那是妖魔邪祟，不是宗教。要在孩子们那里看到神。就这样，在一切中看到神。在生命和死亡中、在幸福和苦难中，万物之主都是同样存在的。整个世界都充满了万物之主，睁开眼睛看到祂吧——这就是吠檀多的教导。放弃那个你臆想出来的世界，因为你的臆想不过基于一种非常片面的经验、基于非常贫瘠的理性和自己的软弱。放弃这些吧，放弃我们一直以来思考的世界，放弃我们一直以来执着的世界，那不过是我们自己创造出来的虚假世界。放弃它吧，睁开眼睛，看到那样的世界其实从不存在，那是一场梦，是摩耶。存在的只是万物之主本身。祂就在孩子中、在妻子中、在丈夫中；祂在善中，也在恶中；祂在罪恶中，也在罪人中；祂在生命中，也在死亡中。

这可真是惊人的主张啊！但这就是吠檀多想要展现、教导和宣扬的。这不过是序曲。

这样我们就避免了生命的危险和其中的恶。不要欲求任何东西。是什么让我们不幸？我们经受的一切苦难的根源都是欲望。你欲求某个东西，而欲望没有得到满足，结果就是悲伤。没有欲望就不会有痛苦。但在这里同样存在误解的危险。有必要解释一下什么叫通过放弃欲望而从所有苦难中解脱出来。墙没有欲望，从不痛苦，的确如此，但它们也从不进化；椅子没有欲望，从不痛苦，但它始终就是一把椅子。幸福中有荣耀，痛苦中也有荣耀。甚至可以说，恶也包含着自己的效用。我们都知道苦难带给我们的伟大教训。我们在一生中做过很多恨不得从未做过的事情，但与此同时，这些事情也是伟大的老师。对我来说，我高兴自己做了很多善事和恶事，高兴自己做了正确的事，也高兴自己犯了很多错误，因为每件这样的事都是一次伟大的教训。正如现在的我一样，我就是自己所做、所想的一切事情的结果。每个行动和想法都会有自己的影响，这些影响就是我进步的总和。

我们都理解欲望是错误的，但究竟什么叫放弃欲望呢？生命该如何继续呢？杀死欲望似乎跟杀死一个人一样是在建议自杀，这并不是解决之道。不是说你们不应该拥有财产，不是说你们不应该拥有必要的东西甚至是奢侈品。拥有你想要的东西吧，甚至比这还要多，但要知道真理并亲证它。财富并不属于任何人，不要拥有所有权或占有的观念。你们、我和其他人都什么也不是，一切都属于万物之主，奥义书开篇处的那句话已经告诉我们要把万物之主放在一切之中。神在你所享受的财富里，在你心头生起的欲望里，在你买来用以满足自己欲望的东西里，在你美丽的服装里，在你美丽的首饰里。这才是我们的思路。一旦开始这样看待事物，一切理解就会发生质变。如果把神放在你的每个动作里、每次交谈里，放在你的形式里，放在一切东西里，整个场景就会改变，世界不再呈现为充满哀叹和苦难的样子，而是会变成天堂。

耶稣说："神的国就在你们心里。"[1] 吠檀多和任何伟大的老师也都会这么说。"有眼可看的，就应当看，有耳可听的，就应当听！"[2] 吠檀多证明了我们一直在寻找的真理是存在的，而且一直就在我们心中。由于无知，我们认为自己失去了它，哭喊哀嚎着在世界中来回奔走，努力去找寻真理，可实际上它一直就停留在我们心中。只有在那里才能发现它。

如果在陈旧、粗俗的意义上理解何为放弃世界，那就意味着：我们一定不要行动，必须无所事事，像尘土一样什么都不做，既不思考也不做事情，必须变成宿命论者，被任何环境驱使，听从自然法则的命令，被从一个地方拖拽到另一个地方。结果不过就是如此，但这并不是我的意思，相反，我们必须行动。普通人被虚假的欲望到处驱使着，他们对行动有任何了知吗？一个被自己的感觉和感官推着走的人知道什么叫行动吗？一个行动的人不应被自己的任何欲望或私心驱使，没有任何别有用心的动机，不从行动中获得任何东西。

喜欢画作的是商人还是欣赏者？商人忙于自己的生意，盘算着收益，考虑自己靠这幅画能获得多少收入。他满脑子想的都是这些，盯着的是拍卖槌，关心的是出价上涨得有多快。那个没有任何买卖意图的人关心的则是那幅画本身，看着那幅画并欣赏

1　《新约·路加福音》17.21。

2　新约中有多处类似的表达，参阅《新约·马太福音》11.15、13.9，《新约·马可福音》4.9，但通常只有后面半句"有耳可听的，就应当听"。

它。整个宇宙就是这样一幅画，当欲望消失的时候，人们才开始欣赏和享受世界，然后买卖和愚蠢的占有观念才会消失。放贷者消失，买家消失，卖家消失，这个世界仍然是图画，一幅美丽的画作。我从未读到过比如下说法更美丽的关于神的构想了："祂是伟大的诗人，是古代的诗人，整个宇宙都是他的诗作，有诗行、有韵律、有节奏，在无限的欢喜中被书写。"[1] 只有当放弃了欲望时，我们才能阅读和欣赏神的宇宙，然后一切都会变得神圣化。无论僻静处还是角落，无论阴暗处还是小路，那些之前被认为是黑暗和邪恶的地方都会变得神圣化。它们都会展现自己真正的本质，而我们也将对自己微笑，认识到所有哭泣与哀嚎都不过是孩子们的游戏，我们只是站在一旁驻足观望。

所以吠檀多说，去行动吧。它首先建议我们通过放弃而去行动，放弃那种表面上的、虚幻的世界。这是什么意思呢？在任何地方都要看到神，就这样去行动。如果愿意的话，就去渴望活上一百年，去拥有一切尘世的欲望，只是要把它们神圣化，把它们转化为天堂。可以拥有在尘世间过上充满帮助、欢喜和活力的长久一生的欲望。只要这样行动，你们就会找到出路——别无他途。如果一个人在不知道真理的情况下一头栽进愚蠢的奢华中，就会迷失，不会达到目标。如果一个人诅咒这个世界，一头扎进森林过苦行的生活，通过饥饿一点点自杀，让自己的心变成不毛之地，扼杀所有的情感，变得冷酷、严厉和无情，就也会错过正

1　不清楚辨喜所引句子的出处，但《薄伽梵歌》8.9 中有类似的比喻，将原人比喻为诗人。

途。这是两种极端，它们都是错误的，都会令人迷失，令人与目标背道而驰。

吠檀多说，就这样行动吧，把神放在万事万物中，在万事万物中了知祂。不断行动，让生活变成神圣的东西，变成神本身，而且要知道这就是我们需要做的全部事情，就是我们应该要求的全部事情。神在万事万物中，我们还要去别的地方寻找祂吗？祂已经在每一次行动中、每一个想法中、每一种感觉中了。因此要知道，我们必须行动——这是唯一的道路，别无他途。行动的影响并不会束缚我们。我们已经看到虚假的欲望是一切苦难和邪恶的原因，但如果它们变得神圣、纯洁，就不会再带来邪恶和苦难。那些没有洞悉这个秘密的人不得不生活在一个凶恶的世界里，直到明白这一点。很多人不知道自己之中有无限欢喜的宝藏，不知道这些欢喜就在他们身边而且到处都是——他们并没有发现这条秘密。什么是凶恶的世界？吠檀多说，就是无知。

我们就坐在最宽阔的河流岸边，却快要渴死了。我们就坐在一堆食物边上，却就要饿死了。充满欢喜的宇宙就在这里，我们却找不到它。我们一直都在它之内，却总是错误地看待它。宗教告诉我们如何找到答案。对这个充满欢喜的宇宙的渴望存在于所有人心中，是所有民族追求的目标，也是宗教的目标，以各种不同的语言表达在各种宗教中。所有表面上的分歧只是语言的差异造成的。一个人用一种方式表达一个想法，另一个人的方式略有不同，但其实他们的意思恰恰都是对方用不同语言所表达的意思。

更多与此有关的问题出现了。这并不难说明。从童年起我就听说过，要在任何地方和万事万物中看到神，然后我就真的可以享受这个世界，可只要我与这个世界混在一起并从中受到一些打击，那样的观念就消失了。我走在街上，想着神在每个人中，可一个强壮的人走过来狠狠推了我一把，我跌倒在人行道上。接着我迅速站起身来，紧紧握着拳头，热血涌上我的头，此刻也没有什么反思了，我立即变得疯狂起来。一切都被抛在脑后了，我非但没有遇到神，反而看到了魔鬼。自从出生以来，我们就被告知要在一切中看到神。所有宗教都教导说要在万事万物中、在任何地方看到神。你们难道不记得在《新约》中基督是怎么说的了吗？我们都是这样被教导的，可一到了实践中就难了。你们都记得伊索寓言里的故事吧。一头雄鹿看着自己在湖面的倒影，对自己的孩子说："我多么有力啊，看看我雄壮的头颅，看看我的四肢，多么强健的肌肉啊，看我跑得多么快啊。"突然它听到远处的狗吠声，便立即撒开腿跑出好几英里远，然后在那里气喘吁吁。它的孩子说："你才告诉我你有多强壮，怎么狗一叫你就跑了？""是啊，我的儿子。可是一听到狗叫我的信心就荡然无存了。"我们可不就是这样吗？我们把人类看得很高，感到自己强大而勇敢，可以下定巨大的决心，可只要那条名叫试探或诱惑的"狗"开始吼叫时，我们就像那头鹿一样撒腿跑开了。既然如此，所有那些教导又有什么用呢？它们其实有最大的用途，那就是：尽管没有什么能够一蹴而就，但不屈不挠的毅力终将获胜。

"大我首先被听到，接着被思考，然后被冥想。"[1]每个人都可以看到天空，即使在地面爬行的蠕虫也可以看到天空，但这距离可有多远啊！我们的理想也是如此。它无疑非常遥远，但与此同时，我们也知道自己必须拥有它。我们甚至必须拥有最高级的理想。不幸的是，绝大多数人都在没有任何理想的情况下摸爬滚打着度过了黑暗的一生。如果一个有理想的人会犯一千次错误，那么我相信没有理想的人就会犯五万个错误。所以，最好是拥有一个理想。而且，我们必须尽可能多地倾听这个理想，直到它进入我们的心脏、大脑甚至毛细血管，直到它沁入每一滴血液并渗透到身体的每个毛孔里。我们必须冥想它。"因为心里所充满的，口里就说出来"[2]，同样，因为心里所充满的，身体就会去做出相应的行动。

这是我们之内的推动力。用最高级的思想填满心灵，日复一日地倾听它们，年复一年地思考它们。永远不要担心失败，失败是很自然的事情，是生命的美丽之处。没有了它们生活会怎样？如果不是为了努力，就不值得拥有。生命的诗歌在哪里？不要担心努力和错误。我从未听过一头奶牛说谎，但它也不过就是一头奶牛而已，绝不会成为人。所以不要担心这些失败和微不足道的退步，要一千次地去坚持理想，哪怕失败了一千次，也要继续尝试。人类的理想就是在万事万物中看到神。如果你们不能在万事

1　参阅《大森林奥义书》2.4.5。

2　《新约·马太福音》12.34，《新约·路加福音》6.45。

万物中看到祂，就尝试在一样东西中看到祂，在你们最喜欢的东西中看到祂，然后再去尝试另一样东西。就这样继续下去。灵魂有无限的生命。不要着急，你们一定会达到目的。

"祂，那个一，比心灵振动得更快，比心灵能达到的速度更快，甚至神祇都无法触及，甚至思想都无法把握。祂移动，万事万物移动。一切都存在于祂之内。祂在移动，又是不可移动的。祂既在眼前又在远方。祂在万事万物之内，又在万事万物之外，渗透进万事万物。任何在万事万物中看到真我的人，任何在真我中看到万事万物的人，都绝不会远离真我。只有当所有生命和整个宇宙都在真我中被看到时，一个人才能获得那个秘密。对他而言再也没有虚幻了。对于一个看到宇宙中一体性的人而言，怎么还会有任何痛苦呢？"

这就是吠檀多的另一个伟大主题：生命的一体性、万事万物的一体性。我们将看到它如何表明我们的一切痛苦均来自无知，而这种无知其实就是关于多的观念，就是人与人之间、民族与民族之间、地球与月亮之间、月亮与太阳之间的分离。从原子和原子之间的分离观念产生出一切痛苦。但吠檀多说，这种分离并不存在，是不真实的。这种分离仅仅是表面上的，是外表上的。统一性一直都在一切存在者心中。如果你们深入外表之下，就会发现人与人之间、种族与种族之间、高级与低级之间、富裕与贫穷之间、神祇与凡人之间、人类与动物之间的统一性。如果你们足够深入，一切就只会被视作那个一的变体，而已经达到一体性观念的人不会再有任何妄想。还有什么可以欺骗他呢？他知道了一切的真相，知道了一切的秘密。对他来说怎么可能还有痛苦呢？他还会欲求什么呢？他把一切的真相追溯到万事万物之主、之中心、之统一性那里，那是永恒的存在、永恒的知识、永恒的欢喜。不存在死亡或疾病，不存在悲伤、痛苦或不满。一切都是完美的结合、完美的欢喜。他还会为谁而哀悼呢？在实在中，没有死亡、没有痛苦；在实在中，没有需要为之哀悼、为之遗憾的人。祂已经渗入万事万物中，是纯洁的一、无形式者、无形体者、无瑕疵者。祂是知者（Knower），是伟大的诗人，是自存者，祂给予每个人应得的东西。崇拜这个无知世界的人则在黑暗中摸爬滚打，这个世界从无知中产生，他们认为这个世界是存在的，一辈子都生活在这个世界中，从不寻找任何更好、更高级的东西，就这样在更深的黑暗中摸爬滚打。但一个知道了自然的秘密的人，通过自然的帮助看到了超越于自然之上的那个东西，他穿过了死亡，又通过那个东西的帮助超越了自然，享受着永恒的欢喜。"太阳用金色的圆盘遮盖住真理，你要掀开面纱，让我能够看见你之内的真理。我已经知道真理就在你之内，我已经知道你的光芒和荣耀的真正意义，已经看到在你之内闪耀的那个东西。我看到真理在你之内，那个东西在你之内，也在我之内，我就是那个东西。"[1]

1　在洛杉矶洛菲利兹大道（Los Feliz Boulevard）和格里菲斯公园大道（Griffith Park Boulevard）交会处的一座花岗岩雕像上刻着这段话，但和辨喜所说的略有不同。

第八章
亲　证

于伦敦　1896 年 10 月 29 日

我将为你们读一部奥义书,《伽陀奥义书》。你们有人或许已经读过埃德温·阿诺德爵士的译本，名为《死亡的秘密》[1]。在之前的演讲中我们看到，开始于世界起源和宇宙诞生的探究为什么无法获得令人满意的答案，以及这种探究是如何转向内部的。这本书在心理上接受了这种建议，去探寻人的内在本性。一开始问题的形式是：是谁创造了外部世界，它是如何开始存在的。现在问题则是：人之内的东西是什么，是什么使得人生存和活动，那个东西在人死后又变成了什么？最初的哲学家研究物质实体，试图由此达到终点，却至多找到了一个人格化的宇宙统治者——一个像人类一样的存在者被无限放大了，但在一切意图和目的方面

1　《死亡的秘密》(*The Secret Of Death*) 出版于 1885 年。

仍然是人类。这不可能是全部真理，至多只是真理的一部分。我们把宇宙视作人类一样的存在者，我们的神就是从人类的角度提出的对宇宙的解释。

如果一头奶牛可以思考哲学并拥有宗教，它将拥有一个奶牛的宇宙，从奶牛的角度对相关问题作出解答，它不可能看到我们的神。如果猫成了哲学家，就会看到一个猫的宇宙，从猫的角度对相关问题作出解答，而且支配宇宙的肯定是一只猫。由此可以看到，我们对宇宙的解释并不是全部的解答，我们的观念也并没有覆盖整个宇宙。接受人们所青睐的那种极为自私的立场，将是一个巨大的错误。我们从外部作出的对宇宙问题的解答面临的困难是：我们看到的宇宙首先是我们自己特定的宇宙，是我们自己关于实在的看法。我们不可能通过感官直接看到实在，不可能完全理解它。我们只能从拥有五种感官的存在者的视角来了知宇宙。假设拥有另一种感官，整个宇宙对我们来说肯定会非常不同。假设我们拥有一种带磁性的感官，就很可能会发现无数现在并不为人所知的力量，而且我们现在没有关于这些力量的感知或感觉。我们的感官是有限的，而且实际上非常有限。我们所谓的宇宙就存在于这些限制之中，我们的神是对这样的宇宙的解答，但不可能是对整个问题的解答。但我们不可能在此驻足不前，人类是有思想的存在者，想要找到一种能够全面解释所有宇宙的解答。我们想看到一个属于人类、神祇和所有可能存在者的世界，并找出一种能够解释所有现象的解答。

可以看到，我们必须首先找到那个包含了所有宇宙的宇宙，必须找到这样一个东西，它自身就贯穿了存在的所有层面，无论我们能否通过感官把握它。如果能够找到这样的东西，它是我们所知道的低级和高级世界的共同属性，问题就能得到解决。即便仅仅通过逻辑的力量我们就可以知道，必定存在着一个所有存在的基础，然后我们的问题或许就可以获得某种解答。但这种解答当然不可能仅仅通过我们看到、知道的世界来获得，因为那只是整体的局部视图。

唯一的希望就在于进一步的深入。早期思想家们发现，当他们走得离中心越远，变化和差异就越明显；而离中心越近，就越接近统一性。越接近圆心，我们就越接近所有半径相交的那个共同点；而离圆心越远，径向线（radial line）就彼此离得越远。外部世界离中心很远，因此那里没有一切存在现象相交会的共同点。外部世界至多是整个现象的一部分。还有其他部分，比如心智、道德和理智，这些是存在的各个层面，而仅仅站在一个层面上寻找对整体的解答，自然是不可能的。因此，我们首先要找到一个中心，所有其他层面似乎都从那里开端，而我们也将从那里开始尝试寻找解答——这就是我们的主张。那个中心在哪里呢？就在我们之内。古代的智者走得越来越深入，直到发现人类灵魂的最深处就是整个宇宙的中心。所有层面都指向那个点。这就是共同点，只有以此为出发点我们才能找到一种共同的解答。因此，谁创造了这个世界的问题并不是很哲学，对它的解答也毫无价值。

这就是《伽陀奥义书》用非常形象化的语言表达的意思。古代有一位富豪，他要进行一场祭祀，这要求他把自己拥有的一切都布施出去。可这个人并不真诚，他想要祭祀带来的名声和荣耀，却只愿献出对自己无用的东西——一头衰老的奶牛，又不产奶、又瞎、又瘸。他有一个名叫那吉盖多[1]的儿子，他看到父亲没有做正确的事情而违背了誓言，但并不知道该怎么对父亲说。在印度，父母对孩子们来说就是活着的神祇。于是这个男孩带着最大的尊敬靠近父亲并恭敬地问道："父亲，您打算把我献给谁呢？毕竟这场祭祀要求把一切东西都献出去。"这个问题让父亲感到棘手，他回复说："孩子，你是什么意思呢？父亲难道会献出自己的儿子吗？"孩子又第二次、第三次问了这个问题，愤怒的父亲回答说："我把你献给死神阎摩（Yama）。"在后来的故事里，那个孩子真的去了阎摩那里，他是死亡之神。阎摩是第一个死的人，他来到天堂并成为一切祖先灵魂[2]的统治者，所有死去的好人都会去和他一起生活很久。他其实是一个非常纯洁、神圣的人，高雅又善良，正如他的名字"阎摩"[3]暗示的那样。

　　于是那个孩子就去了阎摩的世界。可有些时候连神祇也会不在家，所以那个孩子不得不等了三天。三天后阎摩回来了，他说："有知识的人啊，你已经饿着肚子在这里等了三天，真是位值得尊敬的客人。向你致敬，婆罗门，你能来真是我的福佑！很抱歉我不在家。但我会做出补偿。你可以要求三个恩惠，每天一

1　那吉盖多（Naciketa）的译名采用了黄宝生的翻译。

2　这里用的词是"pitr"，字面意思是父亲，用来指祖先的灵魂。

3　"阎摩"一词包含道德规则、控制等意思。

个。"孩子说道："我想要的第一个恩惠是，父亲对我的愤怒能够烟消云散，当你允许我离开时，他能够认出我并友善地对待我。"阎摩欣然应允。下一个恩惠是，他想了解一种能够把人带到天堂的祭祀。现在我们知道，在吠陀本集最古老的观念中，在天堂的人们拥有明亮的身体，并且与自己的父亲生活在一起。其他观念逐渐出现，但并不令人满意，仍然需要更高级的东西。天堂的生活与世间的生活并没有很大的不同，至多是一种非常健康的富人的生活，拥有大量的感官愉悦，拥有一个不会生病的可靠的身体。这仍然是物质的世界，只不过略微精致一些，而我们已经看到了外部物质世界永远无法克服的问题。因此，这样的天堂是不能解决问题的。如果这个世界不能解决这个问题，那么再去增加这样的世界也无济于事——我们必须记住，物质只是自然现象微不足道的部分。我们实际看到的大部分现象都不是物质的。例如，与外部的物质现象相比，思想和感情可是在我们生活的每时每刻都扮演着重要角色！拥有巨大活力的内部世界何其广阔啊！相比之下，感官现象是微不足道的。天堂这个解答方案犯了这样的错误：它坚称，整个现象不过就在触觉、味觉、视觉等感官中。所以天堂的观念并不让所有人完全满意。那吉盖多要求的第二个恩惠是一种祭祀，通过它人们可以到达那种天堂。吠陀中有这样的观念：这类祭祀让神祇感到愉悦，从而把人类带到天堂。

　　在研究所有宗教时你们会注意到这样的事实：任何古老的东西都会变得神圣。例如，印度人的祖先曾在桦树皮（birch bark）上书写，后来他们学会了如何造纸，可桦树皮仍然被认为是非常神圣的。当古代用来煮东西的器皿得到改进之后，之前的老物件就变得神圣了——没有什么地方比印度更坚持这种观念。一种肯定已经有九千或一万年历史的旧方法还在被遵循，那就是摩擦两根棍子来生火。在进行祭祀时不能采用别的方法。亚洲雅利安人的另一个分支也这样做，直到现在，他们的后代仍然喜欢从闪电中获取火种，这表明他们曾习惯于这样做。[1] 即便学会了其他习俗，他们仍然保留旧的传统，这些传统变得神圣了。希伯来人也是如此。他们习惯于在羊皮纸上书写。他们现在也在纸上书写，但羊皮纸是非常神圣的。所有民族都是如此。每一种你们现在认为是神圣的仪式都不过是一种古老的习俗，而吠陀的祭祀就是这样。随着时间的流逝，由于找到了更好的生活方法，人们的观念取得了极大的进步，但旧的形式仍然存在，仍然不时被实践，并且获得了神圣的意义。

然后，一些人把这样的祭祀当作职业，成了神职人员。他们深入地思考这些祭祀，这些祭祀对他们来说变成了一切。神祇享受祭祀的香气，而人们开始认为世上的一切都可以通过祭祀的力量达到。如果供奉特定的祭品，唱诵特定的赞美诗，建造特定形式的祭坛，神祇就会恩准任何事情。所以那吉盖多才问，通过何种形式的祭祀能够把人带到天堂。第二个恩惠也得到了阎摩的恩准，他承诺说这种祭祀今后将以那吉盖多的名字来命名。

接着是第三个恩惠，这部奥义书恰恰是从这里开始的。那个

1　可能指的是伊朗的琐罗亚斯德教（祆教）。

孩子说道："让我困惑的是，当一个人死去时，有人说他还存在，有人说他不存在了。我渴望在你的引导下理解这一点。"阎摩却感到害怕。他在恩准前两个恩惠时很高兴，现在却说："古代的神祇也在这个问题上感到困惑。这条微妙的法则并不容易理解。请选择其他恩惠吧，那吉盖多，不要在这个问题上为难我，饶了我吧。"

那个孩子却下定决心说道："死神啊，你说的是真的，即使神祇都对此表示怀疑，这的确不是件容易理解的事情。但我不可能遇到另一个像你这样的指导者，也不可能再有能与此相比的恩惠了。"

死神说："你还是要求子子孙孙都能长命百岁吧，要求很多牛、象、马和黄金。你还是要求一个存在于大地上的帝国吧，想要它存在多久都可以。或者选择任何其他可以与财富和长寿相比的恩惠。那吉盖多啊，或者要求成为一个统治着广袤土地的国王。我将让你享受一切欲望。请要求获得那些世上最难以得到的欲望吧。美丽的天女、战车与音乐，这些都是人类无法企及的，它们都可以是你的。让它们为你服务吧。那吉盖多啊，只是不要问我死后会发生什么。"

那吉盖多说："死神啊，这些不过是转瞬即逝的东西，它们消耗着所有感官的能量。即便最长寿的生命也是非常短暂的。这些马匹和战车、舞蹈与歌曲，最后也都是与你同在。人类不可能对财富感到满足。当见到你的那一天，我们哪还能保留财富呢？只有你想让我们活着的时候我们才能活着。我只会选择自己要求的那个恩惠。"

阎摩对这样的回答感到很满意，说道："完美是一回事，享受则是另一回事，它们拥有不同的终点，吸引的人也不同。那些选择完美的人变得纯洁，选择享受的人则会错过真正的终点。完美和享受都把自身呈现在人们面前，明智的人仔细考察它们，把它们区分开。他选择比享受更高级的完美，可愚者却为了身体的愉悦而选择享受。那吉盖多啊，你在考虑了那些不过是表面上值得拥有的东西之后，明智地放弃了它们。"接着，死神给了那吉盖多更多的教导。

现在，我们获得了一种关于弃绝和吠陀式道德的非常高级的观念：除非一个人已经征服了享受的欲望，否则真理之光永远不会照耀到他身上。感官中那些虚空的欲望一直在蠢蠢欲动，每时每刻都在把我们向外拖拽，让我们成为一切外部事物的奴隶——成为微不足道的色彩、味道和触感的奴隶——这样的我们，就算是再自命不凡，又如何可能让真理在我们心中得到表达呢？

阎摩说："如果一个轻率孩童的心灵被那些关于财富的蠢话迷惑，超越性的东西就绝不会出现。'这个世界存在，其他世界都不存在'，他们就是这样认为的，因此一次次在我力量的支配下来到这里。理解这条真理是非常困难的。即便不断地听到它，很多人也仍然无法理解。演讲者必须是了不起的，听众也必须是了不起的；老师必须是了不起的，学生也必须是了不起的。心灵不会被空洞的论证扰乱，因为这不再是关于论证的问题，而是关于事实的问题。"

我们一直都知道，每种宗教都坚称我们要拥有信仰。我们曾被要求盲目地去相信什么。好吧，盲目信仰的观念无疑是令人反感的，但通过分析，我们会发现它背后隐藏着非常伟大的真理。它真正的意思就是我现在阐释的内容。心灵不应该被空洞的论证扰乱，因为论证无法帮助我们知道神。这是一个关于事实而非论证的问题。一切论证和推理一定都是基于特定感知的，离开了这些感知就不可能有论证存在。推理是一种方法，用来在我们已经感知到的事实之间做出比较。如果这些事实不存在了，就不可能有推理存在。如果外部现象如此，那么内部现象难道不是一样吗？化学家采用特定的化学试剂制造出特定的结果，这是一种事实；你们看到它、感知它，然后以此为基础来建构所有化学上的论证。物理学和其他所有科学都是如此。一切知识都必须立足于对特定事实的感知，而我们必须以此为基础来建构自己的推理。但非常奇怪的是，绝大多数人——特别是在现在——认为：在宗教中不可能有这样的感知，宗教只能通过空洞的论证来加以领悟。所以我才告诫大家不要用空洞的论证去扰乱自己的心灵。宗教是关于事实而非关于空谈的。我们必须分析自己的灵魂，找出其中有什么。我们必须理解它，并且亲证那个被理解的东西，这才是宗教。任何空谈都不能制造出宗教。所以，关于神是否存在的问题不可能通过论证来得以证明，也难怪论证中的双方从来都是旗鼓相当。[1]但如果上帝存在，祂一定就在我们自己心里。你们见过祂吗？关于这个世界是否存在的问题从未有定论，唯心主义者和实在论者会无休止地争吵下去。可我们知道世界是存在的，

1　辨喜这里指的应该是西方哲学史上关于上帝存在证明的争论，尤其是其中的"先天证明"，即仅仅从上帝这个观念本身出发来证明上帝的存在。

而且还会继续存在下去，那些争论只是在玩弄语词。所以，为了解决生命中的一切问题，我们必须面对事实。正如在科学领域中一样，在宗教领域中也存在着特定的宗教事实，这些事实必须被感知到，在此基础上才能建立宗教。当然，一种极端的主张是：你们必须相信一种宗教的每一个教条，但这样的主张对人类心灵是有害的。那个要求你们去相信一切的人其实正在堕落，如果你们这样做了就也会堕落。智者的权利不过是：把他们对自己心灵的分析和发现的事实告诉我们。如果我们也像他们那样做，就会相信他们相信的东西，不这样做就不会。宗教其实就是这么一回事。但你们必须始终牢记：事实上，在攻击宗教的人里，有百分之九十九点九从未分析过自己的心灵，从未努力去了解那些事实。因此，他们的论证对宗教毫无影响，就像一个盲人在那里叫喊："你们都是些相信太阳的傻瓜。"

了解并坚持那种关于亲证的理想，是了不起的想法。只有明白宗教并不在书本和庙宇中，宗教中的混乱、争斗和差异才会消失。这是一种实际的感知，而只有实际感知到神和灵魂的人才能拥有宗教。滔滔不绝的最高级的教会巨擘与最低级、最无知的物质主义者之间并没有什么真正的差别。我们都是无神论者，让我们对此忏悔吧。单纯的理智上的赞同并不能使我们变得虔信。看看基督教徒、穆斯林或世上任何其他宗教的信徒吧。任何真正亲证了登山宝训[1]中真理的人都会是完美的，立即会变成神祇。据

1　登山宝训（Sermon on the Mount）指《新约·马太福音》第5至第7章中记载的耶稣在山上所说的话，被认为是基督教徒生活言行的准则。

说世上有无数的基督教徒，可如果基督教徒的意思是指一个在某个时刻试图亲证宝训的人，那么两千万人里也不会有一个真正的基督教徒。

据说印度有三亿吠檀多主义者。可如果一千个人里有一个真的亲证了宗教，这个世界立即就会大不一样。我们都是无神论者，却试图去与承认这一点的人争斗。我们身处黑暗之中，对我们而言，宗教不过是理智上的赞同，不过是空谈，不过是虚无。我们通常认为一个能够讲得很好的人就是虔信的，但这并不是宗教。"出色的遣词造句技巧、修辞的力量、解释文本的各种方式——这些都仅仅是为了满足博学之人的享受，并不是宗教。"只有当我们灵魂中真实的亲证开始时，宗教才会出现。那才是宗教的曙光，然后我们才会成为有道德的人。现在的我们并不比动物更有道德，只不过是被社会的皮鞭压制了。如果全社会说："偷盗之人不会受到惩罚"，我们就会疯狂抢夺别人的财产。是警察让我们成为有道德的人，是社会的意见让我们成为有道德的人，实际上我们却比动物好不到哪儿去。我们在内心深处知道实际情况到底是怎样的。所以让我们不要成为伪君子，承认自己并不虔信、没有权利去轻视其他人。我们都是兄弟姐妹，当亲证了宗教时，我们才会真正变成有道德的人。

如果你们已经看到了某个村庄，可有人强迫你说自己并没有见到它，那么你内心深处还是知道情况究竟是怎样的。所以，如果你们比看到外部世界更强烈、更真实地看到了宗教和神，那么无论什么都无法动摇你们的信念。这样你们就会拥有真正的信仰。这就是福音书中这句话的意思："你们若有信心像一粒芥菜种"[1]，就会知道真理，因为你们已经成为了真理。

这就是吠檀多的格言——光说是不行的，要亲证宗教。这的确是非常难的。祂把自己隐藏在原子之内，那个古老的一存在于每个人内心最深处的壁龛里。智者通过内省的力量亲证了祂，并超越了喜悦与痛苦，超越了我们所谓的德性与恶行，超越了善与恶，超越了存在与非存在。看到祂的人就看到了实在。可天堂是怎么一回事呢？它是用幸福减去不幸而产生的观念。也就是说，我们想要的是今生的快乐减去今生的苦难。这无疑是一种很好的观念，它的出现是很自然的，但终究是个彻头彻尾的错误，因为不存在绝对善或绝对恶的东西。

你们都听说过一位罗马富人的故事，有一天他得知自己只剩下价值一百万英镑的财产了。他说："我明天该怎么办啊？"然后就自杀了。对他来说，一百万英镑也是贫穷。究竟什么是快乐，什么是悲伤？它们都是正在消失的数量，不断消失着。当还是孩子的时候，我想如果能成为一名马车夫就是极致的幸福了，现在我可不这么想了。你们会执着于怎样的快乐呢？这是所有人都必须努力理解的一点，也是我们面临的最后一项迷信。每个人关于愉悦的观念都不同。我见过一个人，他每天不吞下一块鸦片就不开心。他或许梦想有一处天堂，那里的土地都是用鸦片做的，但对我来说那可真是糟糕至极。我们在阿拉伯的诗歌中也一再读到

1　《新约·马太福音》17.20，《新约·路加福音》17.6。

关于天堂的描述，那里有美丽的花园，河水川流不息。我一生的大部分时光都生活在一个水太多的国家，每年都有很多村庄被淹没，无数生命溺亡。所以，我的天堂不会有川流不息的河水流经的花园，那里的降水会很少。我们的愉悦总是在改变。如果让一个年轻人去梦想自己的天堂，那里将会有一位美丽的妻子，而当他变老的时候，就不再想要妻子了。是我们的需求造就了我们的天堂，它随着需求的改变而改变。如果拥有一处把感官享受当作终极目的之人所欲求的天堂，我们就不会再进步了。对于灵魂来说，这真是最可怕的诅咒。我们能做到的难道就不过如此吗？毫无意义地哭哭跳跳，然后像狗一样死去！如果你渴望的就是这些东西，那可是对人类的心灵发出了多大的诅咒啊！当为了世上的快乐而呼喊时，你们就是在这样做，因为你们并不知道真正的快乐是什么。哲学并不是让我们放弃快乐，而是告诉我们要知道真正的快乐是什么。挪威人的天堂是一片巨大的战场，大家都坐在奥丁神[1]面前，先进行野猪狩猎，然后开战，把对方撕成碎片。但在几个小时的战斗之后，伤口全部莫名其妙地愈合了，他们再走进烤着野猪的大厅，在那里举行狂欢的酒宴。接着野猪再次出现，将在第二天的狩猎中被杀死。这其实和我们的天堂差不多，一点也不更糟，只不过我们的想法可能更精致一点。我们想猎杀野猪，并去到一个所有享受都会继续下去的地方，这跟挪威人的想象没有什么区别：野猪每天都被杀死和吃掉，第二天又再次

1　奥丁神（Odin）是北欧神话中阿萨神族（Aesir）的主神。

出现。

　　哲学坚信存在着一种绝对的、从不改变的快乐，那种快乐不可能是我们在今生拥有的快乐和愉悦。而吠檀多表明，今生让我们感到快乐的一切其实都是那种真正快乐的一颗微粒，因为那是唯一存在的快乐。尽管被掩盖、误解和滑稽地描述，但我们的确在每时每刻都享受着那种绝对的欢喜。任何有福佑、欢喜或快乐的地方，甚至在小偷的快乐中，都是那种绝对欢喜的显现，只不过它似乎有些模糊和混乱，伴随着各种无关紧要的情况，而且被误解了。可为了理解这一点，必须先穿过否定的领域，然后肯定的一面才会出现。必须先放弃无知和任何虚假的东西，然后真理才会向我们展示自己。当掌握了真理时，我们最初放弃的东西又会改头换面，以新的方式呈现并变得神圣化。它们会得到升华，然后我们就能了解它们真实的样子。但为了理解它们，我们首先必须瞥见真理，首先必须放弃那些东西，然后才能重新获得已经变得神圣化的它们。我们必须放弃一切痛苦和悲伤、一切微不足道的快乐。

　　"吠陀所宣扬的一切，所有苦修所宣称的东西，过节制生活的人所追求的东西，我会告诉你，都在一个词里——'oṃ'。"[1]你们会发现，"oṃ"这个词在吠陀中得到极大的称赞，被认为是非常神圣的。

　　现在阎摩回答了这个问题："身体死亡后，人会变成什

1　参阅《伽陀奥义书》1.2.15，黄宝生的译文是："所有吠陀宣告这个词，/所有苦行称说这个词，/所有梵行者向往这个词，/我扼要告诉你这个词：它就是唵！"

么？""那个明智的一永远不会死，永远不会出生，祂不从任何东西中产生，也没有东西从祂之中产生。无生、永恒、永久，这个古老的一永远不会随着身体的毁坏而毁坏。如果杀戮者认为自己可以杀戮，或者被害者认为自己被杀死了，那么他们知道的都不是真理，因为大我从不杀戮，也不会被杀死。"这是何其惊人的立场啊。我想请你们注意第一句话里的那个形容词"明智的"。随着推进我们会发现，吠檀多的理想是：一切智慧和纯洁都已经在灵魂之中，只是表达得模糊还是清晰罢了——差异不过如此。人与人之间的差异、一切生物的差异，都不是种类上的而只是程度上的。任何人的背景和实在都是同样的永恒者、永远有福佑者、永远纯洁者、永远完美者。它就是真我，是灵魂，既在圣徒之中也在罪人之中，既在幸福之中也在苦难之中，既在美丽之中也在丑陋之中，既在人类之中也在动物之中；它始终都是一样的，是闪耀的一。差别只是由表达的力量造成的。有时祂被表达得更多，有时更少，但这种表达上的差异对真我并无任何影响。即便一件衣服比另一件更多地展现了一个人的身体，这对身体本身也没有什么影响，差别只是在衣着上。在此我们最好记住，在整个吠檀多哲学中都不存在善和恶，它们并不是两个不同的东西。一个东西是善的或恶的，这种差别仅仅是程度上的。今天被称为愉悦的东西，明天在更好的环境下就变成了痛苦。火既可以温暖我们也可以烧毁我们，这并不是火本身的过错。因此，灵魂是纯洁和完美的，作恶之人是在自欺欺人，他并不知道自己的本性。即便在杀人犯那里也有纯洁的灵魂，祂并不会死亡。这是他的过错，他无法让祂显现，把祂遮盖起来了。在一个认为自己被杀死的人那里，灵魂也没有被杀死，祂是永恒的。祂永远不可能被杀死，不可能被毁坏。"比最小的东西还无限小，比最大的东西还无限大，万物之主存在于每个人内心深处。无罪的、没有任何苦难的人，借助万物之主的怜悯看到祂；没有身体，却居住在身体之内；没有空间，却似乎占据了空间；无限者、全在者：智者因为知道灵魂就是如此，所以从不痛苦。"

"通过言说的力量、通过广阔无垠的理智、通过对吠陀的研习，都不能亲证真我。"这是非常勇敢的言辞。如我之前所说的那样，这些智者是非常勇敢的思想家，从不在任何地方停下来。你们会记住，吠陀在印度人心中的地位远远高于《圣经》在基督教徒心中的地位。你们关于启示的观念是：一个人从上帝那里得到启发。但在印度，我们的观念是：事物之所以存在，是因为它们在吠陀之中。一切被造物都在吠陀之中，由吠陀而来。一切被称作知识的东西都在吠陀之中。每个语词都是神圣且永恒的，如灵魂那样永恒，没有开端或结束。造物主的全部心灵都在吠陀之中。人们是这样看待吠陀的。这个东西为什么是道德的？因为吠陀这样说。那个东西为什么是不道德的？因为吠陀这样说。尽管如此，还是有一些勇敢的智者，他们宣称真理不是通过对吠陀的大量研习而获得的。"万物之主对那个人感到满意，祂向那个人表达自身。"但人们可以提出反对意见，这就像是党派之争。可阎摩解释说："那些作恶之人、心灵不宁静之人，永远见不到光。那些内心真诚、行为纯洁、感官得到掌控之人，大我向他们显现自身。"

这里有一个美好的比喻：把大我想象为骑手，身体是战车，理智是御车者，心灵是缰绳，感官则是马匹。马匹健壮、缰绳结实、御车者（理智）娴熟，这样的人能达到目标，即祂的全在。马匹（感官）不听话、缰绳（心灵）松散，这样只会车毁人亡。一切存在者中的真我并没有向眼睛或感官显现自身，但那些心灵已经变得纯洁、精致的人会亲证祂。祂超越所有声音、视觉、形式之上，是绝对的；超越所有味觉、触觉之上，是无限的；无始无终，甚至超越自然之上，是不变的；亲证祂的人，会让自己从死亡的虎口中解脱出来。但这是非常非常困难的。仿佛行走在剃刀边缘，道路漫长且险恶。但要继续努力，不要绝望。觉醒吧，起来吧，不达目标绝不罢休。

所有奥义书的一个核心观念就是亲证。大量的问题时不时会出现，对现代人来说尤其如此。会有关于功效的问题，还有其他五花八门的问题，但我们终究会发现自己是被自己过去观念上的关联推动的。这些观念上的关联对我们的心灵拥有巨大的力量。对于自幼便一直接受人格化的神和心灵的个体性观念的人而言，上面的想法自然会显得非常严厉、苛刻，但如果试着倾听并思考这些想法，它们会变成这些人生活的组成部分，不再令人感到害怕。通常会出现的一个大问题是哲学的功效。对此只有一种回答：既然从功利主义的立场来看，寻求愉悦是善的，那么那些在宗教性的思辨中体验到愉悦的人，为什么不应该有同样的权利去寻求自己的愉悦呢？感官享受让很多人满足，因此他们就去寻求这些东西，但还有一些人并不满足于此，他们想要更高级的享受。狗的愉悦不过就是吃吃喝喝，它无法理解放弃了一切、居住在山顶观测恒星位置的科学家的愉悦，反而会认为他是个疯子。这位可怜的科学家或许从来没有足够的钱结婚，过着简朴的生活。那只狗甚至会嘲笑他，科学家却说："亲爱的狗啊，你的愉悦不过是在你所享受的感官中，除此之外你一无所知。可对我而言，我过的生活才是最愉快的，如果你有权利按照自己的方式寻求愉悦，那么我也一样。"我们的错误在于，想要把整个世界都束缚在我们思想的层面上，让我们的心灵成为整个宇宙的尺度。对你们来说，陈旧的感官中的东西或许能够带来最大的愉悦，但我的愉悦却并不一定如此，如果你们坚持这一点的话，就让我们保持不同吧。这就是世俗的功利主义者与虔信之人的区别。前者说："看看我多幸福，我有的是钱，不要让宗教来扰乱我。那样的东西遥不可及，不会为我带来幸福。"对功利主义者来说，到目前为止一切都还好。但这个世界是可怕的。如果一个人不伤害自己的同伴就无法获得幸福，那就让他自求多福吧。可如果他对我说"你也必须这样做，不然你就是个傻瓜"，我就会反驳："那你可错了，因为对你来说令人愉悦的东西，对我而言毫无吸引力。只是追求那点蝇头小利的生命毫无价值！我宁可去死。"这就是虔信之人会做出的回答。事实是，只有对那些已经完成较低级事务的人来说，宗教才是可能的。我们必须拥有自己的体验，必须倾尽全力。只有在完成这趟旅程后，另一个世界的大门才会敞开。

感官享受有时会设定另一种危险而诱人的阶段。你们总是会听说这样一个古老的观念——它存在于在很久很久以前，存在于所有宗教中——会有这样一个时代来临，那时生命的一切痛苦都将终止，只有快乐和愉悦保留下来，地球会变成天堂。我可不信这个。地球永远都是同样的世界。尽管这样说听上去很可怕，但我看不出这样的观念中有什么出路。世上的痛苦就像体内的慢性风湿病，它从一个部位被赶走，又来到另一个部位，再被赶走，又会再去到下一个部位。无论做什么，它永远都还在。在古代，人们生活在森林里，彼此相食。在现代，大家不再吃对方的肉，而是尔虞我诈彼此欺骗。整个国家和城市都被欺骗毁掉了，在这方面恐怕看不出什么进步来。除了欲望的增加，我看不到你们所谓的世界的进步。如果说对我而言有什么显而易见的事情的话，那就是欲望带来了所有的痛苦。这是乞丐的状态：乞丐总是在乞求什么，除了自己欲求的东西之外什么都看不到，总是在渴望更多、更多。如果满足我们欲望的力量按照算术级数增加，欲望的力量就在按照几何级数增加。这个世上幸福和痛苦的总和至少始终是一样的。如果一股波浪在海洋中升起，在另外某处就一定会出现相应的凹陷。如果一个人获得了幸福，另一个人或动物就会遭遇不幸。人类的数量在增加，有些动物的数量却在减少；我们在对它们进行杀戮，抢占它们的家园，竭尽所能从它们那里攫取养分。怎么可以说幸福在增加呢？强大的种族吞并弱小的种族，但你认为强大的一方会非常幸福吗？不，他们会开始互相残杀。从事实出发，我看不到这个世界如何能够变成天堂，实际情况倒是正好相反。即使从理论出发，我也看不出这一点。

完美总是无限的。我们已经是这种无限了，而且在试图让这种无限显现。你、我和所有存在者都在试图让它显现。到目前为止还不错。但从这个事实出发，一些德国哲学家发展出一种奇特的理论，说这种显现会变得越来越高级，直到我们获得了完美的显现，直到我们变成完美的存在者。可什么叫完美的显现呢？完美就意味着无限，而显现则意味着有限，因此这意味着我们会变成无限的有限者，这是自相矛盾的。这样的理论可能会让孩子们高兴，却会用谎言毒害他们的心灵，而且对于宗教来说是非常糟糕的。我们知道这个世界就是一种衰退，知道人类是神的衰退，看看亚当的堕落吧。如今没有任何宗教不教导说人类是一种衰退。我们曾经衰退为动物，现在则在上升，以从束缚中摆脱出来。但我们永远无法在这里让无限者完全显现出来。我们应该努力奋斗，但会在某个时刻发现：在这里是不可能有完美的，因为我们被感官束缚着。然后，返回我们原初无限状态的征程才会开始。

这就是弃绝。我们不得不通过扭转自己进程的方向来摆脱困境，然后道德和仁慈才会出现。一切道德准则的格言是什么？"不是我，而是你。"这个"我"是无限的产物，试图在外部世界显现自身。那个小小的"我"就是显现的结果，而且它必须返回并融入无限中，那才是它的本性。每次说"不是我，我的兄弟，而是你"时，你们都在试图回到无限那里去；而每次说"是我，而不是你"时，你们都采取了错误的步骤，试图通过感官世界让无限者显现。这给世界带来了争斗和邪恶，但在一段时间之后弃绝一定会到来，那是永恒的弃绝。那个小小的"我"死去并消失了。为什么要如此关心这个渺小的生命？一切关于在这里或别处存活并享受这一生的空洞欲望，都会带来死亡。

如果我们从动物进化而来，动物就也可能是衰退的人类。你怎么知道情况不是这样？你们已经看到，进化的证据很简单：人们发现了一系列身体，它们从最低级到最高级，按照逐步上升的比例提升着。但由此你们怎么可以坚持说，变化的方向总是从低到高而绝不是从高到低呢？两个方向的变化都说得通，而且我相信如下说法是正确的：这一系列身体在起起落落中重复着自身。怎么可能只有进化而没有退化？我们为了实现更高级生命所做的努力表明我们曾经就是从一种更高的状态中衰退而来的。肯定是这样的，只不过细节可能比较复杂。我一直坚持那种观念，它是基督、佛陀和吠檀多发出的同一个声音：我们都必须及时达到完美，但这只有通过放弃不完美才能实现。这个世界是虚无，或者至多是丑陋的漫画，是实在的影子。我们必须到实在那里去，弃绝会把我们带向祂。弃绝是真正生命的基础，我们所享受的善和真正生命的每个瞬间，都发生在我们不考虑自己的时候。这个小小的、分离的自我必定会死亡。然后我们会发现自己在真实之中，而实在就是神，祂才是我们真正的本性，而且祂始终在我们之内、与我们在一起。让我们生活在祂之内、站在祂之内吧。这才是存在的唯一快乐的状态。灵性层面上的生命才是唯一的生命，让我们都努力实现这种亲证吧。

第九章
多样性中的统一性

于伦敦　1896 年 11 月 3 日

"自生自存的一将感官向外投射，因此，人们看向外面，而不是自己之内。某个明智的人渴望着不朽，他把感官翻转过来，在内部感知到了大我。"[1] 如之前说的那样，吠陀中最早的探究是关于外部事物的，然后一种新的观念出现了，那就是事物的实在并不在外部世界中。不要向外看，而是要把目光转过来，就像字面上说的那样，要向内看。"灵魂"这个词非常重要：是祂走向内部，祂是我们存在的最内在的实在，是心的中心、核心，一切都从祂而来；祂是位于中心的太阳，我们所拥有的心灵、身体、感官和其他一切东西都是祂散发的光芒。"幼稚、无知的人，追逐外部的欲望，进入巨大的死亡的陷阱，而明智的、理解了不朽的

1　参阅《伽陀奥义书》2.1.1。其中"自生自存的一"梵语原文为 svayambhū。

人，从不在有限之物的生命中寻找永恒者。"这里清楚地表达了同样的观念：在充满有限者的外部世界中，不可能看到并发现无限者。只有在无限的东西那里才能找到无限者，而我们这里唯一无限的、在我们之内的东西，就是我们的灵魂。身体、心灵、思想，甚至在周围看到的世界，都不是无限的。一切事物都属于那个见者（Seer），见者是人类的灵魂，祂在人的内部醒来，自身就是无限的；为了寻找整个宇宙的无限原因，我们必须到灵魂那里去。只有在无限的灵魂中我们才能找到它。

"在这里的东西也在那里，在那里的东西也在这里。看到多的人从死亡走向死亡。"我们已经看到往生天堂的愿望最初是怎样出现的。当古代的雅利安人对周围世界不满时，他们自然会想到死后自己会去某个地方，那里全都是幸福而没有痛苦。他们让这些地方成倍地增加并称之为"svarga"[1]——这个词可以被翻译为天堂——那里的快乐是永恒的，身心都会变得完美，而且他们会和祖先生活在一起。但只要哲学一出现，人们就立即发现这是不可能的、是荒谬的。单就字面意思来说，存在于一个地方的无限者这个观念就是矛盾的，因为一个地方一定是在时间中开始并延续的。因此他们不得不放弃那种观念。他们发现，生活在这些天堂中的神祇曾是地球上的人类，他们通过自己的善行变成了神祇，而他们所谓的神性（godhood）则是不同的状态、不同的职位。吠陀中提到的神祇都不是永恒的个体。

1　"svarga"是印度宇宙论中所说的七重高级世间（loka）之一，因为是因陀罗居住的地方，所以也被称作"因陀罗界"。

例如，因陀罗和伐楼那[1]并不是某些特定之人的名字，而是作为统治者的职位的名称。过去的因陀罗和现在的因陀罗不是同一个人，以前的那个已经离开了，来自地球的另一个人填补了他的位置。其他神祇也都如此。这些是特定的职位，它们由已经提升到神祇境界的人类灵魂依次占据，这些人甚至会死亡。在古老的《梨俱吠陀》中，我们发现"不朽"这个词被用来描述那些神祇，但随后就被完全丢弃了，因为人们发现，超越于时空之上的不朽是不可能用来谈论任何物理形式的，无论这种形式多么精妙。无论多么精微，它在时空中都一定有一个开端，因为构成这种形式的因素是在空间中的。请试着去设想一种没有空间的形式吧：这是不可能的。空间是构成形式的一种材料，而且处于不断的变化中。时空在摩耶之中，如下诗句表达了这种观念："这里有的漏洞，那里也有（What is hole, that is there too）。"如果这些神祇存在，它们一定也受到同样法则的约束，而一切法则都涉及一次次的毁灭与重生。这些法则将物质造就成不同的形式，然后再毁灭它们。一切出生的东西都必定会死亡，因此如果存在天堂，同样的法则也会适用于那里。

我们发现，这个世上的一切幸福都有痛苦如影随形。生命的影子就是死亡，它们必定会走到一起，因为它们并不是矛盾的，不是两种相分离的存在，只是同一个整体的不同显现。生与死、苦与乐、善与恶，莫不如此。主张善与恶是两种相分离的实体、

1　伐楼那（Varuna），也译波楼那，意为包拥、遍摄，和因陀罗一样是雅利安人崇拜的古神。参阅巫白慧译解《〈梨俱吠陀〉神曲选》中对伐楼那（波楼那）的解释。

都会永恒地存在，这样的二元论观念从表面上看也是荒谬的。它们是同一个东西、同一个事实的不同显现，一次呈现为恶，另一次呈现为善。差别不是种类上的，而只是程度上的。它们在程度上彼此不同。我们可以发现这样的事实：给我们带来好的感觉和坏的感觉的是同一个神经系统，而当神经受损时，就什么感觉都没有了。如果特定的神经瘫痪了，我们就不会获得过去时常存在的愉悦感觉，但也不会再获得痛苦的感觉。它们绝不是两个东西，而是一回事。同样的事情会在人生的不同阶段产生愉悦或痛苦。同样的现象给一个人带来愉悦，却给另一个人带来痛苦。吃肉给人类带来愉悦，却给被吃掉的动物带来痛苦。从不存在一个东西能够给所有人带来同样的愉悦。一些人感到满足，另一些人则不满，从来都是这样。因此，存在的二元性应该被否定。这意味着什么呢？我在上一场演讲中说过，我们永远不可能让地球上只有好的而没有坏的东西存在。这可能会让你们中的一些人感到失望和恐惧，但我对此无能为力。如果你们能向我证明情况并非如此，我倒愿意承认自己错了。但在你们做出证明并让我确信情况的确如此之前，我会坚持自己的看法。

反对我观点的论证通常是这样的，看上去还挺有说服力：在进化过程中，我们在周围所看到的恶在逐渐被消除，而结果就是，如果这样的消除持续几百万年，总会有那么一天，一切恶都会被一扫而光，只有善存留下来。这似乎是个挺可靠的论证。愿老天保佑真能这样吧！但其中却有一个错误：人们想当然地假定了善与恶都是永恒不变的。人们想当然地假定：存在着确定数量的恶，比如可以被记为一百，对善而言也是一样；恶的数量每天都在减少，最后只剩下善。但果真如此吗？世界历史表明，恶在数量上是不断增加的，善也是如此。就拿最低级的人来说吧，他住在森林里。他获得愉悦的感官很有限，而遭受痛苦的能力也很有限。他的苦难完全是在感官层面上的。如果没有得到足够的食物，他会痛苦；如果获得了足够的食物而且有游荡和打猎的自由，他会非常高兴。他的幸福仅仅存在于感官里，痛苦也是如此。但如果他的知识得到了增长，幸福就会增加，理智会向他敞开大门，感官上的愉悦就会进化为理智上的愉悦。他会在读到美丽的诗歌时感到愉悦，数学问题也会引起他的兴趣。但与此同时，内部的神经也变得对精神上的痛苦越来越敏感，这些东西野蛮人却连想都不会想。举个简单的例子。在有的地方，既没有婚姻也没有嫉妒，可我们知道婚姻是一种高级得多的状态。那里的人并不了解奇妙的享受，不了解贞洁带来的福佑，不了解拥有一位贞洁、有道德的配偶带来的幸福。他们无法感受到这些。可同样，他们也不会感到来自贞洁配偶的强烈嫉妒，或者由一方的不忠带来的痛苦，相信贞洁的人却会经历所有这些嫉妒和悲伤。他们一方面获得了幸福，另一方面也遭受了痛苦。

就拿你们的国家来说吧：与其他民族相比，这是世界上最富裕、最奢侈的国家；可与其他民族相比，这里同样又有多少苦难、多少疯子啊——这不过是因为这里的人们欲望如此强烈。一个人必须维持很高的生活水平，他一年花掉的钱对于印度人来说可是一笔巨款。你们无法向他宣讲简朴的生活，因为社会对他的要求是如此之多。社会的车轮滚滚前进，不会因为孤儿寡母的眼泪或哀嚎就停止。到处都是这样。你们获得愉悦的感官得到了发展，你们的社会比其他国家美丽得多，还有如此多的东西来享受。但在这些方面拥有较少享受的人，经受的痛苦也少得多。我们永远都可以争辩说：头脑中的理想越是高级，所获得的享受就越大，所遭受的痛苦也就越多。其中一方就像是另一方的影子。的确，恶或许可以被消除，但善也一定就消亡了。可难道不是恶在成倍增加而善却在减少吗？如果善以算术级数在增加，恶就以几何级数在增加，这就是摩耶。这既不是乐观主义也不是悲观主义。吠檀多的立场并不是说，这个世界只是一个充满悲惨的世界。那不是真的。与此同时，说这个世界充满幸福和福佑也是错误的。所以，告诉孩子们说这个世界都是善的，到处都是鲜花，到处流淌着奶与蜜[1]，是没用的。我们所有人都梦想如此，但实际情况则是另一回事。同时，因为一个人遭受的痛苦比另一个人多，我们就认为一切都是恶，这样的想法也是错误的。是二元性、是善与恶的游戏造就了我们经验的世界。吠檀多说："不要认为善与恶是两个东西，是两种相分离的本质，它们是一，是一回事。只是在不同的程度上、披着不同的外衣出现，在同样的心灵上制造出不同的感觉。"所以，吠檀多的第一个想法就是在外部发现统一性——无论显现的方式多么不同，都是唯一的存在在显现自身。请想想波斯人古老而粗糙的理论吧：两位神祇创造了世界，善神

1　这种说法在《圣经·旧约》中多次出现，指耶和华应许给以色列人祖先亚伯拉罕的土地，即迦南地区。

做了一切好的事情，恶神则做了一切坏的事情。从表面上你们也可以看到荒谬之处，因为如果是这样的话，每条自然法则就必须包括两个部分，一部分由一位神祇操纵，然后它离开了，另一部分再由另一位神祇操纵。随之而来的困难是：它们都在同一个世界上行动，伤害一部分人并对另一部分人行善，以此来使它们自身保持和谐。这当然只是粗糙的说法，是表达二元论的最粗糙的方式。我们也可以采取更高级、更抽象的理论：这个世界部分是善的、部分是恶的。从同样的立场出发，这也会被证明是荒谬的。同样的法则既为我们提供了食物，也通过事故或灾难杀死了很多人。

我们发现，这个世界既不是乐观的也不是悲观的，而是二者的混合。随着前进我们还会发现，一切责备都不应该落在自然头上，而是要落在我们自己头上。同时吠檀多向我们指明了出路，不是通过对恶的否认，而是勇敢地分析事实，并不试图掩盖任何事情。吠檀多不是无望的，不是不可知论。它发现了修正的方法，但希望这种修正能获得坚实的基础：不要堵上孩子的嘴，不要用虚假的东西遮蔽双眼，孩子很快就会发现真相。记得在我年轻的时候，一位青年的父亲去世了，什么钱财都没留给他，只留下一大家子需要养活的人，他还发现父亲的生前好友都不乐意帮忙。他与一位提供慰藉的神职人员交谈，那位神职人员总是念叨："噢，一切都是善的，一切都是为我们好。"这不过就是把金箔放在旧疮上的老办法，是对软弱和荒谬的屈服。那个年轻人离开了，六个月后，那位神职人员有一个儿子出生了，他开了一场感恩宴并邀请了那个年轻人。神职人员祷告说："感谢上帝的仁慈！"那位年轻人站起来并说道："别说了，这都是苦难。"神职人员问道："为什么啊？""因为我父亲去世时，你说那是善的，虽然看上去是恶。现在，这一切看上去是善的，实际却是恶。"[1]这是治愈世间疾苦的方法吗？要善待并怜悯那些遭遇不幸的人，不要试图遮遮掩掩，没有东西可以治愈这个世界，要去超越它。

这是一个善与恶的世界。任何有善的地方恶就会如影随形，但在所有显现、所有矛盾的背后，吠檀多发现了统一性。它说："放弃恶的东西，也放弃善的东西。"那么还会剩下什么呢？善恶背后是某种属于你的东西，是真正的你，超越了所有的恶，也超越了所有的善，正是那个东西让自身显现为善与恶。首先要知道这一点，然后才能成为一个真正的乐观主义者，因为那时你将能够掌控一切。掌控这些显现，然后你将自由地显现出真正的"你"。首先要成为自己的主人，站起来并变得自由，超越法则的藩篱，因为这些法则并不绝对支配你，它们只是你存在的一部分。首先要发现你并不是自然的奴隶，过去从来不是，将来也绝不会是。那个被你认为是无限的自然其实是有限的，不过是沧海一粟，你的灵魂才是海洋。你超越星星、太阳和月亮，与你的无限存在相比，它们不过就是梦幻泡影。知道了这一点，你就将掌控善与恶。只有这样，整个视野才会改变，而你会站起来呼喊道："善多么美丽，恶多么奇妙啊！"

---

1 辨喜在这里讲的其实就是自己的经历，参阅尼基拉南达《辨喜传·早年的生活》（*Vivekananda: A Biography*，"Early Years"）。

这就是吠檀多的教导。它从不提议用金箔遮盖伤口，等伤口溃烂了再用上更多的金箔，如此敷衍了事地进行修正。生活是艰难的，即使它可能是铜墙铁壁，也要大胆地越过它。没关系的，因为灵魂更强大。它不依赖渺小的神祇，因为你们才是自己命运的创造者。你们使自己受苦、行善或作恶，是你们把手遮挡在眼前，还说一切都是黑暗。把手放开，看看亮光吧，你们从一开始就已经是光辉和完美的了。我们现在终于理解了这段经文："看到多的人从死亡走向死亡。"看到那个一，获得自由吧。

我们如何看到这些？心灵如此糊涂、如此软弱、如此容易被误导，但它也可以变得强大，可以瞥见那种知识、那种一体性，正是这些一再从死亡中挽救我们。正如雨水落在山上，从两旁流下，你们在此看到的所有能量也都来自那个统一体，它在摩耶中变成了多。不要追寻那些多，要走向那个一。"祂在一切移动的东西中；祂在所有纯洁的东西中；祂充满了宇宙；祂在祭祀中；祂是房间里的客人；祂在人类中，在水中，在动物中，在真理中；祂是伟大的一。如同进入这个世界的火以各种形式显现自身，宇宙的唯一的灵魂也以所有这些形式显现自身。如同进入这个世界的空气以各种形式显现自身，所有灵魂的灵魂、所有存在者的灵魂也在所有形式中显现自身。"只有在理解了这种统一性后，这些对你来说才会成为真的。然后才是全然的乐观主义，因为祂在任何地方都被看到。问题在于：如果这一切都是真的，那个纯洁的一——那个大我、无限者——进入了所有这一切之中，那么祂如何会遭受不幸，如何会变得痛苦、不纯洁？奥义书说，祂其实并没有这样。"太阳是每个存在者视觉的原因，却不会因为眼睛的缺陷而变得有缺陷。同样，一切东西的大我并不受到身体的痛苦或你周围任何痛苦的影响。"我可能生了病，看到的一切都是黄色的，但太阳并不受到我疾病的影响。"祂是一，是一切的创造者，是一切的支配者，是每个存在者内在的灵魂——祂让自己的一体性变成多。因此，任何亲证祂就是自己灵魂的灵魂的智者，都会获得永恒的宁静；这宁静不属于其他任何人，不属于其他任何人。在这个瞬息万变的世界中发现那个从不改变的祂，在这个充满死亡的宇宙中发现那唯一的生命，在多中发现一体性，任何做到这些的人，任何亲证祂就是自己灵魂的灵魂的人，都会获得永恒的宁静；这宁静不属于其他任何人，不属于其他任何人。在外部世界中、在太阳月亮和星星那里怎么能找到祂？祂在一个日月星辰都不能照亮的地方，在一个闪电也不能照亮的地方；为什么要谈论这些可朽的光亮？祂闪耀，其他一切才能闪耀。其他一切都借助了祂的光，而祂通过它们来闪耀。"还有另一个美妙的比喻。有些人曾到过印度，见过榕树如何从一条根开始生长，延伸到四方。祂就是榕树，就是一切的根，祂延伸着，直到变成了宇宙，可无论延伸到多远，树干和树枝都是相连的。

　　吠陀的梵书部分提到了各种各样的天堂，但奥义书的哲学教导却放弃了往生天堂的观念。幸福并不在这个或那个天堂里，而就在灵魂中；这里的"在"其实并不指示任何地方。还有另一段话表明了亲证的不同状态："在祖先的天堂里被看到的真理，犹如人们在梦境中看到的事物一样。"就像我们在梦里看到的事物是朦胧的、不清楚的，我们在天堂看到的实在也是如此。有一处叫作乾达婆的天堂[1]，在那里被看到的实在更不清楚，犹如人们在水面看到的自己的倒影。印度教徒设想的最高级的天堂被称作梵界（brahmaloka）；在那里，真理可以被更清楚地看到，正如光明之于阴影，但即便如此也还是不够清楚。人们在镜子里看到自己的面孔，那是完美、清晰和清楚的，真理就这样闪耀在人类的灵魂之内。因此，最高级的天堂就在我们自己的灵魂之内。吠檀多说，最伟大的庙宇就是人类的灵魂，比所有天堂都伟大得多，因为在天堂的任何地方都不可能像在生命中、在自己的灵魂中那样清晰、清楚地理解实在。改换地点是无济于事的。在印度的时候，我以为一个山洞会赐予我更清晰的视野，后来发现并非如此。然后我以为森林能带来这种效果，接着又寄希望于瓦拉纳西[2]。可同样的困难到哪儿都是一样，因为是我们创造了自己的世界。如果我是恶的，那么整个世界对我来说就都是恶的。这就是奥义书的教导，适用于整个世界。如果死后去了天堂，那里的情况肯定也是一样，因为除非自己变得纯洁，否则无论去山洞、森林、瓦拉纳西还是天堂都没有用。如果我擦亮了自己的镜子，那么自己居住在哪里都没有关系，都会如实地获得实在。因此，东奔西跑、徒劳耗费能量都是无用的，那些能量应该被用来擦亮自

1　乾达婆（gandharva）是印度传说中的一种天神，有些是半人半鸟或半人半马的，擅长音乐，常常充当神祇和人之间的信使。这里指的应该是乾达婆生活的天界。

2　瓦拉纳西（Vārānasī）是印度教圣城。很多印度教徒相信在瓦拉纳西的恒河沐浴可以洗净灵魂的污垢，在瓦拉纳西死去可以摆脱轮回。

己的镜子。如下这段话表达的还是同样的观念："没有人看到祂，没有人用眼睛看到祂的形式。祂在心灵中、在纯洁的心灵中被看到，这样不朽才会到来。"

那些在夏季参加了关于王瑜伽（rāja yoga）演讲[1]的人会高兴地得知，那时教授的是一种不同的瑜伽。我们现在考虑的瑜伽主要是在控制感官。当感官成了人类灵魂的奴隶、不再扰乱心灵时，瑜伽士就实现了目标。"当心中所有空洞的欲望都被放弃，这个凡人就会变得不朽，甚至在这里就与神合而为一。当心中所有的结都被解开，这个凡人就会变得不朽，甚至在这里就能享受到梵。"就是在这里，在地球上，而不是其他地方。

在此应该做一些解释。你们常听说，吠檀多哲学和其他东方的体系仅仅把目光投向超越性的东西，错过了今生的享受和努力。这是完全错误的。只有对东方思想一无所知的人才会这么说，他们没有足够的头脑来理解东方思想中任何真正的教导。与此相反，大家在经典中读到，我们的哲学家并不想到其他世界去，而是把那些世界贬低为这样的地方：人们在那里哭哭笑笑，没多久就死去了。只要我们是软弱的，就不得不经受所有这些体验，但如果这里有什么真实的东西，那就是人类的灵魂。我们的哲学家还坚持这样的看法：人们不可能通过自杀逃避那些无可避免的事情，这样是不可能脱身的。但正确的道路的确很难被找到。印度人与西方人同样实际，只是对生活的看法有所不同。一

1　这些内容收录在本丛书卷三《从冥想到三摩地——辨喜论王瑜伽和〈瑜伽经〉》。

方说，建一所漂亮的房子，获得华丽的服饰，享用美味的食物，学习文化知识，等等，这就是生活的全部；在这样的生活里，人们是非常实际的。可印度教徒说，关于世界的真正知识意味着关于灵魂的知识，意味着形而上学，他们想要享受那种生活。在美国有这样一个人，他是了不起的不可知论者，是一个高贵的人，心地善良，口若悬河。他作了关于宗教的演讲，认为宗教没有任何用处——为什么要用别的世界来扰乱我们的头脑呢？他打了这样的比方：我们想要榨干一个橙子里的所有橙汁。我见过他一次，并对他说："我完全赞同你。我有一些水果，也想榨干它们的汁水。我们的差别在于水果的选择。你选择的是橙子，我则更偏爱芒果。你认为在这里吃吃喝喝、拥有一些科学知识就足够了，但你没有权利说所有人的喜好都是这样。这样的观念对我而言一无是处。如果只能学习苹果如何掉到地面、电流如何穿过神经，我宁可去自杀。我想理解事物的核心，理解那个内核自身。你的研究是生命的显现，我的也是。我的哲学说，你必须知道这一点，并且把所有关于天堂、地狱的想法和其他迷信都从自己的心灵中清除，即使它们真的像这个世界那样存在。我必须知道生命的内核，知道它的本质，知道它究竟是什么，而不是仅仅知道它是如何运转的、有什么样的显现。我想知道的是关于'为什么'的问题，而那些关于'怎么样'的问题是留给孩子们的。正如你的一位同胞所说：'就算我只会抽烟，可如果我写了一本关于抽烟的书，它就变成了抽烟学。'对科学来说这是好的、了不起的，上天会保佑这些研究。可如果一个人说这就是一切，那他就是

142

在胡言乱语，他不关心生命存在的理由，从未研究过存在自身。我可以争论说，你的知识都是无意义的，缺乏基础。你正在学习的是生命的显现，而当我问你什么是生命时，你只能说自己一无所知。请好好进行你的学习研究，但也请让我从事我想从事的事情。"

我是实际的，非常实际，只是方式与西方有所不同。因此，只有西方的方式才是实际的，这种说法毫无意义。你们的实际是一种方式，我的则是另一种。存在着不同类型的人和心灵。在东方，如果一个人被告知说必须通过一生只靠一条腿站立去找寻真理，他也会奉行这一点。在西方，如果人们听说一个未开化的国家有金矿，数以千计的人就会去冒险以期获得黄金，可其中或许只有一个人能够成功。同样是这群人，他们听说自己拥有灵魂，却满足于把对灵魂的照料交给教会。在东方的那个人不会靠近野蛮人，因为这可能很危险；可如果他得知高耸的山巅上住着一位了不起的智者，能够教授给他关于灵魂的知识，他就会竭尽全力爬到智者那里去，就算在途中被杀死也在所不惜。这两种人都是实际的，错误在于把自己的世界视作全部。你们的方式导向的是感官愉悦的消失点（vanishing point），感官愉悦中没有永恒性，只会产生越来越多的痛苦；我的方式则带来了永恒的宁静。

我并不是说你们的观点是错误的，很高兴你们有自己的看法，其中肯定有伟大的善与福佑，但请不要谴责我的看法。我的看法也是实际的，只是方式与你们的不同罢了。让我们都按照自己的蓝图行动吧，愿上天保佑我们双方都同等的实际。我见过一些科学家，无论就作为科学家还是作为灵性的人而言，他们都同样实际。我非常希望随着时间的流逝，整个人类都将以同样的方式实现自己的目的。就拿一壶水的沸腾来说吧，如果观察这种现象，你们会发现第一个气泡升起，然后是一个接一个的气泡，直到最后所有气泡都加入进来，变成巨大的骚动。世界就是这样的。每个个体都像是一个气泡，而民族则像是很多气泡的集合。这些民族逐渐加入进来，我相信，总有那么一天，分离会消失，我们都在走向的那种一体性会显现出来。这一天一定会到来，到那时，每个人在科学和灵性的世界中都会同样实际，而那种一体性和它的和谐将遍布全世界。全人类都将成为生解脱者[1]，自由地存活着。我们都穿过了嫉妒和仇恨，穿过了爱与协作，努力地朝向同一个终点。巨大的河流承载着所有人奔向大海。尽管我们有时像稻草和碎纸片那样漫无目的地飞舞，但归根结底，我们一定会汇入生命和欢喜的海洋。

---

1 "生解脱者"（jīvanmukta）由两个词复合而成，"jīva"的意思是活着的或有生命力的存在者，"mukta"意为解脱、解放。"生解脱者"指的是虽然还活着但已经获得了完全解脱的人。

第十章
灵魂的自由

于伦敦　1896 年 11 月 5 日

现在要讲的《歌者奥义书》(*Chāndogya Upaniṣad*)的成书比之前所讲的《伽陀奥义书》早很多，后者的语言更现代，思想也更有组织。在更为古老的奥义书中，语言是非常古旧的，就像吠陀中的那些颂歌一样，人们有时需要穿过大量多余的东西才能达到本质的教义。仪式性文献构成了吠陀的第二部分[1]，在这部古老的奥义书上留下了大量的印记，结果这部奥义书的一半以上都是仪式性的。但研究非常古老的奥义书可以获得一个巨大的收获：你们可以追溯灵性观念的历史发展。在更晚一些的奥义书中，灵性观念已经被收集起来放在一个地方，就像在《薄伽梵歌》(*Bhagavad Gītā*)中那样，我们可以将其视为最后的奥义书，你

1　指梵书。

们不会在那里发现仪式性观念的任何迹象。《薄伽梵歌》像一捆由美丽鲜花组成的花束，这些鲜花就是从奥义书中收集来的灵性真理。但在《薄伽梵歌》中你们无法研究灵性观念的起源，无法追溯其源头。为此，正如很多人已经指出的那样，必须研究吠陀。这些书中包含的神圣性比世上任何其他书都多，这使得它们免于被毁坏。在这些书里，从最高级到最低级的思想都得以保留，最重要和最不重要的东西、最高贵的教导和最简单的细节并存，因为没有人敢去触碰它们。注释者出现了，并尝试整理它们，从古老的东西里提炼出了不起的新观念。他们甚至尝试在最普通的论述中发现灵性观念，不过文本还是被按照原样保留下来，这是最精彩的历史研究。我们知道，所有宗教的经典都发生了改变，以适应后来日益增长的灵性。一个语词在这里被改写，另一个语词被挪动位置，诸如此类。但在吠陀文献中应该并没有这么一回事，或者即使有，也是微不足道的。这是一种巨大的优势，让我们能够研究思想的本来面目，发现它们是如何发展的，物质主义的观念如何进化成越来越精微的灵性观念，直到在吠檀多中达到顶峰。其中也有对古老风俗习惯的描述，但这很少出现在奥义书里。奥义书的语言是奇特、简洁和便于记忆的。

这些书的作者匆匆记下经文，以帮助记住那些他们早就熟知的事实。他们在讲述时理所当然地认为听众也都熟知这些。由此便出现了一个巨大的困难：我们几乎不知道任何一个故事的真正意义，因为传统几乎消失殆尽了，而仅存的部分又被严重夸大了。有很多新的解释出现，所以当你们在往世书[1]中发现它们时，它们已经变成了抒情诗。我们在西方民族的政治发展中发现了一个显著的事实：人们无法承受绝对的统治，总是试图阻止任何统治自己的人，并逐渐进步到越来越高级的民主观念、越来越高级的身体上的自由观念。在印度的形而上学领域，在灵性生活的发展中出现了完全同样的现象。各种各样的神祇让位于一位宇宙之神，而在奥义书中，甚至有一位反对神的反叛者。任由宇宙的诸多统治者支配自己命运的想法是不可忍受的，不仅如此，任由一个人支配这个宇宙的想法也是不可忍受的。这是第一件让我们感到震惊的事情。这样的观念不断发展，直到顶峰。在几乎所有奥义书中我们都发现，那个顶峰最终出现了，也就是对宇宙之神的废黜。人格化的神消失了，非人格化的神出现。神不再是一个支配宇宙的人或人类存在者——无论被怎样扩大和夸大——而是成了一切存在中包含的原则，普遍存在于整个宇宙中。从人格化的神前进到非个人化的神，同时又让人（man）保留人格（person）[2]，这其实是不合逻辑的。因此，人格化的人也被瓦解了，作为原则的人得以确立。人格只是一种现象，它背后的东西才是原则。因此，在神和人这两个方面，我们同时发现了这样的事情：人格化的东西瓦解了，我们走向了原则；人格化的神走向非人格化的

1　往世书（purāṇa）的字面意思是古老的，是对一类印度文献的统称，涵盖的主题非常多，其中主要包括十八部大往世书（mahapurāṇa）和十八部小往世书（upapurāṇa），成书时间约在公元三至十世纪。

2　辨喜在这里交替使用了"man"和"person"。尽管在汉语里一般都翻译为"人"，但前者主要指生物意义上的人，后者则主要指人格意义上的人。

神，人格化的人走向非人格化的人。在随后的阶段里，非人格化的神和非人格化的人这两条进步的路线逐渐融合在了一起。奥义书体现了这两条路线最终融合成一体的阶段，而每本奥义书的最后一句话都是："汝即那"[1]。只存在着唯一永恒欢喜的原则（One Eternally Blissful Principle），这个一把自身显现为所有的多样性。

接着哲学家出现了。奥义书的任务似乎已经完成，接下来的任务属于哲学家。奥义书为他们提供了框架，他们则需要填充细节。很多问题自然而然地出现。的确，只有一个非人格化的原则在各种形式中显现自身，可那个一是如何变成多的？这是对那个古老问题的另一种表达，而这个问题进入人心中的最原始形式，就是对恶的原因的探究。世上为什么存在着恶，它的原因是什么？同样的问题现在已经变得更加精致和抽象，我们不再从感官层面上追问自己为什么不幸，而是从哲学层面上进行追问。唯一的原则如何变成了多？如我们看到的那样，最好的答案是印度的摩耶理论，它说：祂其实并没有变成多，其实并没有失去任何真正的本性。多样性只是表面上的，人类只是在表面上看上去是人格化的存在，实际上却是非人格化的存在；神也只是在表面上看上去是人格化的神，实际上却是非人格化的神。

即使在这样的答案里，也存在着进一步阐述的可能性，哲学家们的观点也千差万别。并不是所有印度哲学家都接受摩耶理论，甚至其中的大多数可能都不接受。有一些二元论者坚持粗糙

---

1 辨喜在这里指的应该是每本奥义书最终都体现了"汝即那"的精神，不是说字面上的最后一句话是"汝即那"。

的二元论形式，他们不允许人们问这个问题，把它扼杀在襁褓里。他们说："你们无权这样提问，也无权要求任何解释，这不过就是神的意志，我们必须默默服从。人类灵魂是没有自由的。一切都是预先注定的（predestined）——我们做事情、拥有东西、经历欢喜和痛苦；当痛苦来临时，我们的责任就是耐心地忍受它，否则就会受到更大的惩罚。我们怎么知道这些？因为吠陀这么说。"他们有自己的经典和教义，希望这些能得到强制执行。

有些人尽管不承认摩耶理论，但还是站在中间的立场上。他们说，所有被造物的形式都是神的身体，神是所有灵魂的灵魂，是整个自然的灵魂。就个体灵魂而言，收缩（contraction）来自恶行。当一个人作恶时，他的灵魂就开始收缩，力量就消失并持续下降，直到他开始行善，灵魂才开始再次扩展。有一种观念在印度的所有体系中都是共通的，而且我认为，无论人们是否知道，它在世界上的每个体系中也都是共通的，那就是我所说的人类的神性（divinity）。没有任何一种体系、没有任何一种真正的宗教不持有这样的观念：人类的灵魂——无论它是什么、无论它与神的关系是怎样的——本质上是纯洁的、完美的。这样的观念可以用神话、寓言或哲学的语言加以表达。人类灵魂的真正本质是福佑和力量，而不是软弱和痛苦。不知是怎么一回事，痛苦出现了。粗糙的体系可以把这称作拟人化的恶、魔鬼或恶神阿里曼[1]，以此来解释痛苦的出现。其他体系或许试图把神与魔鬼合而

1　阿里曼（Ahriman）是古代波斯琐罗亚斯德教（祆教）中的一位神明，与代表善的神明相对立，是一切罪恶和黑暗之源。

为一，这个东西让有些人不幸而让另一些人幸福，甚至都没什么理由。还有一些人经过深思熟虑后引入了摩耶理论，等等。但我们必须应对眼前显而易见的事实，而不是仅仅停留在思辨中。毕竟，这些哲学观念和体系不过是头脑的操练或理智的练习。在我看来，有这样一个观念，它是清楚的、明亮的，穿过了每个国家每种宗教中的迷信，那就是：人类是神圣的，神性就是我们的本性。

如吠檀多说的那样，其他任何东西都不过是一种叠加效果（superimposition）。有些东西被叠加在神圣的本性上，但神圣的本性永远不会消亡。无论在最堕落的东西里还是在最神圣的东西里，它都存在。它一定会被召唤出来，而且会开花结果。我们必须提出关于它的问题，它也将显现出来。古人们知道燧石和干柴可以生火，但摩擦也是必不可少的条件。所以，这种自由和纯洁之火是每个灵魂的本性而不是一种性质，因为性质可以获得也可以失去。灵魂是自由的、存在的、有知识的。

"saccidānanda"——存在—知识—欢喜——这就是本性，是灵魂与生俱来的权利，我们看到的所有显现都是祂的或明或暗的表达。甚至死亡也是真正存在的显现。出生与死亡、生命与腐化、衰退与再生——这一切都是一体性的显现。因此，无论知识（knowledge）如何显现自身，是显现为无知还是博学，都是同一种知识（cit）的显现，那是知识的本质。差别只是程度上的而不是种类上的。在我们脚下爬动的蠕虫和世上会出现的最高级的天才之间，在知识上的差别也只是程度上的而不是种类上的。吠檀多思想家勇敢地说：今生的享受、哪怕是最堕落的享受，也是唯一的神圣欢喜和灵魂本质的显现。

这似乎是吠檀多中最引人注目的观念，而且如我所说的那样，所有宗教都坚持这种观念。我还不知道不坚持它的宗教，它是贯穿所有宗教的。就以《圣经》为例吧。你们在寓言式的表述中发现，第一个人类亚当是纯洁的，这种纯洁随后被他的恶行毁掉了。显然，原初人类的本性被认为是完美的。我们看到的不纯洁和感到的软弱，不过是在那种本性之上的叠加，随后的基督教历史也表明，大家相信重回那种古老状态的可能性，不，应该说是确定性。这就是《旧约》与《新约》的全部历史。穆斯林同样如此，他们也相信亚当和亚当的纯洁，而通过穆罕默德，重回那种失去状态的道路被开启了。佛教徒仍然不例外：他们相信那种叫作涅槃的状态，那是超越于这个相对性世界之上的。这与吠檀多主义者的梵完全一致，而佛教徒整个体系的基础就是这样的观念：重回那种失去的涅槃状态。我们在所有体系中都发现了这样的教义：你不可能拥有任何本不属于你的东西。你们并不亏欠这个宇宙中的任何人，而是在伸张自己的天赋权利。一位伟大的吠檀多哲学家在名为《我们自己帝国的实现》（*The Attainment of Our Own Empire*）的书中对此做了最具诗意的表达。帝国本就是我们的，我们失去了它，现在必须重新获得它。但摩耶论者（māyāvādin）会说：失去帝国这一点不过是幻觉，你们从未失去它。这大概是唯一的区别。

尽管所有体系到目前为止都赞同说，我们的确拥有那个帝国并且失去了它，但它们提出的关于如何重获它的建议却五花八门。有的主张说：你必须进行特定的仪式，向特定的偶像付不少钱，吃特定的食物，过特定方式的生活，然后才能重获帝国。另一些则说：如果你哭泣并顶礼膜拜，恳求某个超越于自然之上的存在者的宽恕，就可以重获帝国。还有的说：如果你全心全意爱一个存在者，就会重获帝国。所有这些五花八门的建议在奥义书里都有。随着演讲的继续，你们会发现的确如此。但最后也是最重要的忠告是：你根本不需要哭泣。你无需通过任何仪式、无需担心如何重获帝国，因为你其实从未失去它。为什么要去寻找自己从未失去的东西呢？你们已经是纯洁的了，已经是自由的了。如果认为自己是自由的，你们此刻就是自由的；如果认为自己是受到束缚的，你们此刻就是受到束缚的。这是一条勇敢的陈述，而正如我在演讲一开始就告诉你们的那样，我一定会非常勇敢地向你们做出宣讲。现在这或许会让你们害怕，但仔细地加以考虑并在自己的生活中亲证它之后，你们就会知道我说的都是真的。如果自由不是你们的本性，你们就绝不可能变得自由。如果你们是自由的，只是以某种方式失去了自由，你们就并不是从一开始便是自由的。如果你们是自由的，什么东西会让你们失去自由呢？独立的东西永远不会成为有所依赖的东西，而如果一个东西真的是有所依赖的，它的独立性就不过是幻觉。

你们会选择这两方中的哪一方呢？如果说灵魂在本性上就是纯洁和自由的，这自然就意味着宇宙中没有东西可以束缚或限制它。但如果自然中存在任何能够束缚灵魂的东西，这自然就意味着灵魂不是自由的，而你们关于灵魂是自由的陈述就不过是妄想。所以，如果我们能够达到自由，那么不可避免的结论就是：灵魂就其本性而言就是自由的。不可能有其他结论了。自由意味着不依赖于任何外部的东西，而这又意味着自身之外的任何东西都不可能是灵魂的原因。灵魂是没有原因的，我们所拥有的一切伟大观念都由此而来。你们无法确立灵魂的不朽，除非赞同说灵魂就其本性而言就是自由的；或者换句话说，任何外部的东西都不可能对它施加作用。死亡就是由某种外部原因造成的。我饮毒而死，这表明我的身体可以受到被称为毒药的外部之物的作用。但如果灵魂真是自由的，自然就意味着没有任何东西可以影响它，它也不可能会死。自由、不朽、福佑都依赖于超越因果法则之上、超越摩耶之上的灵魂。你们会选择两方中的哪一方？要么让前者成为一种妄想，要么让后者成为一种妄想。我当然会选择让后者成为妄想。这种选择与我的感觉和渴望更为和谐一致。我完全明白自己在本性上就是自由的，不会承认那种束缚是真实的而自由只是妄想。

　　这样的讨论发生在所有哲学中，只是形式各不相同。即使在最现代的哲学中你们也会发现同样的讨论。讨论分为两派。一派认为：不存在灵魂，灵魂观念是由粒子或物质的反复活动产生的妄想，这些活动产生了你们所谓的身体或大脑这样的结合物，而自由的印象不过是粒子的振动、运动和不断移动的结果。一些佛教派别持类似的观点，并通过如下例子对此加以说明：如果一个年轻人举起一支火炬并拿着它迅速转动一圈，就会产生一个光圈。这个光圈并不真的存在，只是由于火炬在不断改变位置才出现。我们不过是一堆微粒，在它们迅速的旋转中产生了永恒灵魂的妄想。另一派则认为：在思想的快速接续中，物质才是作为一种妄想出现的，并不真的存在。我们看到，一派声称灵性是妄想，另一派则声称物质是妄想。你们的选择是怎样的？当然，我们会赞成灵性而否认物质。双方的论证是相似的，只不过支持灵性一方的论证略微有力一点，因为没有人见过什么是物质。我们只能感受到自己。我从不知道有谁能够感受到自己之外的东西。没有人能够跳到自己之外。因此，支持灵性一方的论证更有力一些。其次，灵性理论对宇宙做出了解释，物质主义却没有，因此物质主义的解释是不合逻辑的。如果你们把所有哲学熬干并分析剩下的东西，就会发现它们都可以被还原为上述两种哲学中的一种。我们在这里又以更加错综复杂、更加哲学化的形式发现了关于本性的纯洁和自由的问题。一方主张灵性是妄想，另一方主张物质是妄想。我们当然站在后者的立场上，相信我们受到的束缚是一种妄想。

吠檀多的主张是：我们没有受到束缚，已经是自由的了。不仅如此，主张或认为我们受到束缚是很危险的——这是一种错误、一种自我催眠。当你们说"我被束缚了""我很软弱""我很无助"的时候，灾难就会降临，这样就是又给自己加上了一条锁链。不要这样说，不要这样想。我听说过一个住在森林里的人，他常常日夜重复说"Śivoham"[1]——我是那个有福佑的——结

---

1 "Śivoham"的字面意思是"我是湿婆"，是一种真言，相传可以唤起积极的振动，帮助人体验到真实的本性。

果有一天一只老虎拖走并杀死了他。河对岸的人看到了这一切，而且听到"Śivoham"这个声音一直从那个人那里发出——即便他已经在虎口里了。有很多这样的人。有些人在被撕成碎片时还在祝福自己的敌人。"我即祂，我即祂；汝即祂。我是纯洁而完美的，我的所有敌人也是。汝即祂，我即祂。"这才是真正的力量。不过，二元论者的宗教中也有伟大而奇妙的事物，我们所崇拜和热爱的、自然之外的人格化的神的观念是奇妙的。这种观念有时会给人带来很大的慰藉。但吠檀多说，这种慰藉的效果类似于鸦片，不是自然的。从长远来看，它带来的是软弱，可如今的世界却比任何时候都更需要力量。吠檀多说，软弱才是世上一切痛苦的原因。软弱是苦难的原因，我们之所以变得痛苦，是因为软弱；之所以撒谎、偷盗、犯罪，是因为软弱；之所以遭受苦难，是因为软弱；之所以死亡，是因为软弱。当没有任何东西能够让我们变得软弱的时候，就不再会有死亡或苦难了。我们因妄想而变得痛苦，放弃妄想，一切痛苦就都会消失。这真是简单明了的道理。通过所有哲学讨论和大量精神上的操练，我们获得了这样的宗教观念，它是全世界最简单的。

一元论吠檀多是能够包含真理的最简单的形式。在印度和其他地方，教授二元论是一个巨大的错误，因为这样做的人没有看到最终的原则，只是在思考错综复杂的过程。对很多人来说，这些巨大的哲学和逻辑命题是令人惊恐的。他们认为这些东西不可能是普遍的，不可能在实际生活中被遵循，在这种哲学幌子的遮掩下，懈怠的生活会抬头。

我完全不相信向世界传播一元论会导致不道德和软弱。相反，我有理由相信这是唯一存在的修正方法。如果真的如此，为什么在生命之流流过时还要让人们去喝污水？如果真的如此，人们就都是纯洁的，为什么不在这个时刻就向全世界教授这一点呢？为什么不用雷鸣般的声音把这告诉每一个出生的人，告诉圣徒和罪人、男女老幼，告诉宝座上的王者和扫大街的清洁工呢？

现在出现了一项非常伟大的事业，对很多人来说它似乎是令人震惊的，但这种震惊不过源自迷信。吃各种不好的或难以消化的东西，或者饿死自己，都不能让我们享受一顿美食。我们自幼便听说那些软弱的话语。你们听到人们说他们不相信鬼魂，但与此同时，几乎没有什么人在黑暗中不会感到毛骨悚然。这其实就是迷信，所有宗教中都有这样的迷信。如果我告诉这个国家的一些人魔鬼是不存在的，他们就会认为所有宗教都将消亡。很多人对我说：一种没有魔鬼的宗教怎么可能存在？如果不存在一个指导我们的人，这样的宗教怎么可能存在？离开了某个人的支配，我们怎么可能存活？我们喜欢被这样对待，因为我们已经习惯如此了。除非感到每天都在被某个人训斥，否则我们不会感到幸福。这同样是迷信啊！但无论现在看上去多么可怕，总有那么一天，我们每个人都要回过头去，对着一切遮盖了纯洁的永恒灵魂的迷信微微一笑，带着幸福、真理和力量一遍遍重复着说我现在是自由的、过去是自由的、永远都会是自由的。这样的一元论观念来自吠檀多，是一种值得在生活中实践的观念。经典或许在明天就会荡然无存。这个观念最初闪现在希伯来人还是北极地区的人的头脑中，完全无关紧要。这是真理，而真理是永恒的。真理自身教导说：它不是任何个人或民族的特殊财产。人类、动物和神祇都是这条真理共同的接受者，让大家都能接受它吧。为什么要让生活变得痛苦呢？为什么要让人们陷入各种迷信中呢？如果有二十个人愿意放弃自己的迷信，我宁愿一万次献出自己的生命。不仅现在如此，甚至在这片大地诞生的时候，如果你们把这条真理告诉人们，他们还是会感到害怕。他们说："这样的观念属于那些桑雅士[1]，他们放弃了世界、居住在森林里，对他们来说这无所谓。可对我们这些可怜的居家者（householder）来说，必须拥有某种恐惧、必须拥有仪式。"

结果就是，二元论观念已经统治这个世界足够长的时间了。为什么不进行新的尝试呢？让所有人接受一元论可能需要很长时间，但为什么不从现在开始呢？如果能够把一元论告诉身边的二十个人，可就是做了很了不起的事情啊。

有这样一种观念常常与我们的想法对抗：说"我是纯洁者、是有福佑者"，这固然很好，但我不可能总是在自己的一生中表明这一点。的确如此，理想总是非常艰难的。每个出生的孩子都看到头顶上的星空很遥远，但这难道是我们不应该看向天空的理由吗？走向迷信难道会带来改善吗？如果无法得到琼浆玉液，喝毒药难道会带来改善吗？既然我们无法立即亲证真理，所以就还是走进黑暗并屈服于软弱、屈服于迷信吧——这样的想法难道对

1　"桑雅士"（saṃnyāsin）意为弃绝者，指放弃一切世俗而专心寻求解脱的人。

我们有任何帮助吗？

　　很多形式的二元论并不是我要反对的。我喜欢它们中的大多数，但我反对的是那些向人们灌输软弱的二元论形式。当每个男人、女人或孩子在进行身体的、心智的或灵性的训练时，我都会问他们同样的问题：你有力量吗？你感受到力量了吗？——因为我知道只有真理才能给予力量。我知道只有真理才能给予生命，除了走向实在，没有什么可以使我们变得有力量，而除非一个人是有力量的，否则就不可能达到真理。因此，我不喜欢任何削弱心灵、制造迷信、令人闷闷不乐的体系，这样的体系诱惑人去渴望各种不可能的、神秘的、迷信的东西，它的影响是很危险的。这样的体系从不会带来任何善，会造成心灵中的病态，让它变得软弱，以至于使人几乎不可能接受真理或过上符合真理的生活。因此，力量是必不可少的，是治愈世界疾病的良药。力量是穷人面对富人的暴政时必须拥有的良药，是无知之人被博学之人欺压时必须拥有的良药，是罪人被其他罪人的暴政欺压时必须拥有的良药。没有什么能够像一元论观念这样给予人如此强大的力量，没有什么能够像它这样让我们如此具有道德。当所有职责都压在自己肩上时，没有什么能够像一元论观念这样让我们出色地完成自己的任务。我打赌你们找不出更好的东西了。如果一个婴儿被放在你们手里，你们会怎么做？你们的整个生命在那一刻被改变了，无论你们可能是怎样的人，在那一刻都必定会变得无私。一旦责任压在肩上，你们就会放弃所有犯罪的想法，整个性格都会改变。所以，如果全部责任都压在我们肩上，我们就会处于最高级、最好的状态。当没有任何人能依赖、没有魔鬼指责我们、没有人格化的神帮我们承担重担时，当需要自己负责时，我们就会提升到最高级、最好的状态。我对自己的命运负责，我是给自己带来善的人，也是给自己带来恶的人。我是纯洁的、有福佑的一。我们必须拒绝所有持相反观念的想法。"我既不死亡也没有恐惧，既没有种姓也没有信条，既没有双亲兄弟也没有朋友敌人，因为我是存在—知识—欢喜；我是欢喜的一，我是欢喜的一。我不受美德或邪恶、幸福或苦难的束缚。朝圣之旅、书籍和仪式永远无法束缚我。我既不饿也不渴；这具身体不是我的，我也不受制于身体带来的迷信和衰朽，我是存在—知识—欢喜；我是欢喜的一，我是欢喜的一。"[1]

吠檀多说，这是我们应该拥有的唯一的祷告词。这是达到目标的唯一道路，也是唯一告诉自己和其他所有人"我们是神圣的"的道路。不断重复这种祷告，我们的力量会随之出现。最初步履蹒跚的人会越来越强壮，声音也会越来越洪亮，直到真理占据我们的内心，流淌在我们的血管，渗透进我们的身体。光明变得越来越灿烂，迷惑会消失，无知带来的重负也会消失，然后会有那么一个时刻，其他所有东西都消失了，只有太阳在闪耀着。

1　辨喜这里引用的祷告词类似《自我之歌》（Ātmaṣatkam，传为商羯罗所作），但具体文字多有不同。

第十一章
宇宙：宏观世界

于纽约　1896 年 1 月 19 日

　　我们在周围看到的花朵是美丽的，初升的太阳是美丽的，大自然斑驳的色调是美丽的。整个宇宙都是美丽的，而人类自从出现在地球上以来就一直在享受这些。巍峨壮丽的山峰，奔腾向海的河流，人迹罕至的沙漠，广阔无垠的海洋，繁星点点的天空——所有这些的确都是令人敬畏的、壮阔的、美丽的。自远古以来，我们称之为自然的整个存在就一直在作用于人类的心灵。它一直作用于人类的思想，作为对此的反应，如下问题出现了：这些东西是什么，它们来自哪里？在最古老的人类作品中最古老的部分——也就是吠陀——我们发现了同样的问题："这来自哪里？在一切都是虚无、黑暗笼罩着黑暗的时候，谁投射出了这个宇宙？是怎样投射的？谁知道这个秘密？"[1] 在当代，我们还是遇到了这个问题。人们无数次尝试回答它，但它还需要再被回答无数次。并不是说每个回答都是一种失败，它们其实都包含了真理的一部分，而真理则在时间的流逝中积聚力量。我会尝试向你们展现从印度古代哲学家那里收集来的回答的纲要，这与现代知识是相容的。

在这些最古老的问题中，我们发现一些要点已经得到了解决。首先的要点是：存在着这样一个时刻，"一切都是虚无"，世界并不存在；我们的大地母亲、海洋、河流、山峰、城市、村庄、人类、动物、植物、鸟类、行星和发光体，这些无穷无尽的被造物都不存在。我们确定如此吗？看看这种结论是怎样得出的吧。人们在自己周围看到了什么？就拿一株小小的植物来说吧。有人把种子撒进土里，然后会看到一株植物破土而出，缓慢地在地面上生长，就这么长啊长啊，直到变成参天大树。接着它枯死了，只剩下了种子。它完成了循环——从种子而来，变成树，然后又终结于种子。看看鸟儿吧，它从蛋里破壳而出，度过一生，然后死去，留下另一些蛋，这是未来的鸟的种子。动物和人莫不如此。自然中的一切都从特定的种子、特定的萌芽、特定的精微形式开始，然后变得越来越粗大，继续发展，就这样持续一段时间，然后再次返回那种精微的形式并消逝。折射出美丽阳光的雨滴以蒸汽的形式从大海中被抽取出来，它长途跋涉来到空中，达

1　参阅巫白慧译解《〈梨俱吠陀〉神曲选》中的《有转神赞》。这首颂歌也被称为《无有歌》。

到了自己变成水的地方，然后以现在的形式落下，最后再次被转变为蒸汽。自然中包围着我们的一切都是如此。我们知道，巨大的山峰受到冰川与河流的侵蚀，这些冰川与河流肯定会缓慢地把山峰上的东西碾成粉末，带到大海里沉积起来，就这样层层沉淀，变成坚硬的岩石，然后再次被堆积在未来世代的山峰上。它们还会再次被碾碎，这样的过程会继续下去。这些山峰从沙粒中拔地而起，也会再变回沙粒。

如果自然真的始终是齐一的（uniform）——到目前为止人类的经验还没有与此相抵触——如果创造出一小粒沙子的方法也同样造就了巨大的太阳、星星和整个宇宙，如果建造整个宇宙的蓝图都和原子一样，如果同样的法则适用于整个宇宙，那么就正如吠陀中说的那样："通过知道一块黏土，我们就知道了宇宙中所有黏土的本性。"[1] 拿起一株植物并研究它的生命，我们就可以知道宇宙本来的样子。如果知道一粒沙子，我们就可以理解整个宇宙的秘密。把这样的推理过程运用于现象上就会发现，一切东西在它的开端和结尾都几乎是相同的。山峰从沙粒而来，又变回沙粒；河流从蒸汽而来，又变回蒸汽；植物从种子而来，又变回种子；人类从人类的胚胎而来，又变回人类的胚胎；恒星和星星构成的宇宙从星云状态而来，一定还会再回到那种状态。由此可以学到什么呢？那就是：显现出的或更粗大的状态是结果，而更精

1　参阅《歌者奥义书》6.1。

微的状态则是原因。数千年前，一切哲学之父迦毗罗[1]证明：毁灭意味着回归原因。如果这张桌子被毁灭了，它就会回归自己的原因，回归精微的形式和粒子，这些形式和粒子结合在一起，组成了我们称之为桌子的形式。如果一个人死了，也会回归那些给予他身体的元素；如果地球毁灭了，也会回归给予它形式的元素。这就是所谓的毁灭，其实就是回归原因。由此可以知道：结果与原因是一样的，它们没什么差异，只是形式不同罢了。玻璃是结果，它有自己的原因，那种原因现在以这样的形式存在。被称作玻璃的特定数量的材料加上工匠手中的力，这就是原因，工具和材料组合在一起，造就了被称为玻璃的形式。工匠手中的力作为黏合力存在于玻璃里，没有这种力，这些粒子就会散落开，但玻璃这种材料还会存在。玻璃只是这些精微原因的一种新的显现。如果摔成了碎片，那种以黏合力的形式存在的力就会返回并加入自己的元素中，玻璃的粒子也会保持原样，直到获得新的形式。

因此我们发现，结果绝不是与原因不同的。结果只不过是在一种更粗大的形式中对原因的再现。接下来我们会知道：被称为植物、动物或人类的所有这些特殊形式，都在起起落落，无休止地重复着。种子造就了树木，树木也造就了种子，种子还会再变成另一棵树，如此下去，没有尽头。水滴从山峰滚落到海洋里，作为蒸汽再次上升，回归山峰后又再次回到海洋。就这样，起起落落，循环不止。我们可以看到、感到、听到甚至想象到的一切

1　迦毗罗（Kapila）是传说中数论的创始人。

生命、一切存在莫不如此。我们知识范围内的一切都以同样的方式进行着，就像人体中的吸气和呼气。一切被造物都以这种方式存续着，一股波浪涌起，另一股就落下，再涌起，再落下。每个波峰都有自己的波谷，每个波谷也都有自己的波峰。由于宇宙的齐一性，同样的法则一定适用于作为整体的宇宙。宇宙一定会消解为自己的原因；太阳、月亮、星星、地球、身体、心灵和宇宙中的一切，都必定会返回自己更精微的原因，然后消失，仿佛毁灭了。但它们将以精微的形式存留在原因中。从这些精微的形式里，它们将再次作为新的地球、太阳、月亮和星星出现。

关于这种起起落落，还有一个事实需要了解。种子从树中而来，但它并没有立即变成树，而是有一段不活跃的时期，或者说，有一段非常精微的、未显现的活动时期。种子必须在土壤里酝酿一段时间。它分解为碎片，仿佛衰退了，再从那种衰退中重生出来。在最开始，整个宇宙也必须以同样的方式、在细微的形式中运作一段时间，这是无法被看到的、未显现的，被称作混沌（chaos），从这之中会产生出一种新的投射。宇宙显现的整个阶段——它变回更精微的形式，在那里保持一段时间，然后再次出现——在梵文中被称作一劫（kalpa）或一个循环。接下来有一个非常重要的问题，对现代来说尤为重要。我们看到，更精微的形式缓慢发展着，逐渐变得越来越粗大。我们已经知道，原因与结果是一样的，结果只是另一种形式的原因。因此，整个宇宙不可能从虚无中被创造出来。没有任何东西是没有原因的，而原因就是另一种形式的结果。

那么这个宇宙是从什么中产生出来的呢？是从之前的精微宇宙。人类是从什么中产生出来的呢？是从之前的精微形式。树是从什么中产生出来的呢？是从种子中，整棵树都在种子里，随后产生出来并得以显现。所以，整个宇宙都是从那个以细微（minute）形式存在的宇宙中被创造出来的。现在它得以显现了，但还会再次回到那种细微的形式，然后再次得以显现。现在我们发现：精微的形式缓慢出现并变得越来越粗大，直到极限，此时它们又逐渐返回，变得越来越精微。这种从精微到粗大的改变，仅仅是对组成部分的排布的改变，这在现代被称作进化。这是完全正确的，我们在自己的生活中就可以看到它，任何有理性的人都不可能与进化论者争吵。但我们还必须更进一步，这是什么意思呢？意思就是：每次进化都以退化为先导。种子是树木的父亲，但另一棵树本身就是这颗种子的父亲。种子是精微的形式，大树从中产生出来，而另一棵大树则是那颗种子的来源。整个宇宙都存在于精微的宇宙中。后来长成人的渺小细胞仅仅是退化的人，而且会进化为人。如果这是明确的，我们就不会与进化论者争吵，因为我们发现，如果他们承认这样的步骤而不是去消灭宗教，就会成为宗教最大的支持者。

我们看到，没有什么可以从虚无中被创造而来。万物现在是通过永恒而存在的，将来也会继续通过永恒而存在。只有运动出现在前后相继的波峰与波谷中，回归精微的形式，又变成粗大的显现。这种退化与进化贯穿着整个自然。进化的完整序列开始于生命的最低级显现，终点是最高级、最完美的人类，可人类一定是另外某个东西的退化。问题是：人类是什么的退化？是什么退化了？答案是：神。在进化论者看来这种想法是错误的。为什么？因为你们看到的神是有智能的（intelligent），而我们发现智能在进化过程中出现得非常晚。我们在人类和高级的动物中发现了智能，但在智能出现之前已经过去了数百万年。如果运用我们的理论就会看到，进化论者的反驳并不是无懈可击的。树木从种子中来，又回归种子——开端和结束是一样的。地球从它的原因中来并返回它的原因。我们知道，如果能找到开端，就可以找到结束。同样，如果能找到结束，就可以找到开端。果真如此的话，我们就可以把从原生质到完美的人类的整个进化序列看作一个生命。既然在结束的地方我们发现了完美的人类，在开端的地方一定也是如此。因此，原生质就是最高级的智能的退化。你们或许无法看到它，但那种退化的智能直到在最完美的人类那里得到显现，才完全舒展开自己。这可以在数学上加以证明。如果能量守恒定律是真的，那么除非已经在机器中放入了什么，否则你们不可能从机器中得到任何东西。从引擎中得到的能量与你放入其中的、以水和煤的形式存在的能量是完全相等的，既不多也不少。我在这里产生的能量就是我放进自己体内的东西，它们的形式是空气、食物和其他一些东西。这仅仅是一个关于改变和显现的问题。在宇宙的经济运转中，不可能增加一个粒子或一磅的力，也不可能有一个粒子或一磅的力从中被抽取出来。如果是这样的话，智能又是什么？如果它不存在于原生质里，就必定完全出自突变，是某种从虚无中产生出来的东西，但这是荒谬的。因此，这无疑意味着：完美的人、自由的人、神—人（God-man），已经超越了自然法则、超越了一切，不再需要经历进化的过程、不再需要经历生死，这被基督教徒称作"基督—人"，被佛教徒称作"佛陀—人"，被瑜伽士称作"自由者"——完美的人处于进化链条的一端，它退化成位于同一链条另一端的原生质细胞。

把同样的推理运用于整个宇宙就会发现：智能一定是被造物的万物之主，即原因。在宇宙的进化领域内，人们所拥有的最高级的观念是什么？就是智能，从部分到部分的调整就是智能的展示，而古老的设计论[1]就是在尝试进行这种表达。因此，在开端的地方智能变得退化，在结束的地方智能又得到进化。所以，在宇宙中被展示出的智能的总和，一定等同于退化的宇宙智能（cosmic intelligence）所展开的东西的总和。宇宙智能就是我们所说的神。可以用任何其他名字来称呼它，而绝对确定无疑的是，无限的宇宙智能从一开始就存在。这种宇宙智能变得退化，再让自身显现、进化，直到变成完美的人："基督—人""佛陀—人"，接着再回到自己的源头。这就是为什么所有经典都说："我们生活，动作，存留，都在乎他。"[2]这就是为什么所有经典都宣扬我们来自神并且将回到神。不要被那些神学术语吓到，如果它们让你感到害怕，你们就不适合去做哲学家。宇宙智能就是神学家所说的上帝。

1　这里指的是"智能设计论"（Intelligent design），是一种从宗教或神学角度出发的关于生命起源的理论，认为生命起源于某个超自然智能的设计而不是自然进化的结果。

2　《新约·使徒行传》17.28。

人们多次问我："你为什么要使用'神'这个陈旧的词？"因为对我们的目的来说这是最好的词了。没有比它更好的词了，因为人类所有的希望、渴求和幸福都集中在了这个词上。现在我们不可能改变这个词。像这样的词首先是由亲证了其重要性、理解了其意义的伟大圣者创造的。但当这些词变得流行时，无知之人就开始使用它们，结果就是它们失去了自己的灵性和荣耀。"神"这个词自古以来就被使用，而宇宙智能的观念和所有伟大、神圣的东西都与之有关。难道因为一些傻瓜说这有问题我们就应该抛弃它吗？可能有人会说："用我的词吧"；而另一个人也说："用我的词吧"。这样就会有无穷无尽愚蠢的语词出现。使用古老的语词，只在真正的灵性中使用它，不让它沾染迷信，完全亲证这个伟大古老语词的含义。如果你们懂得联想规律的力量，就会知道这些语词是与无数庄严有力的观念联系在一起的，这些观念被无数人类灵魂使用和崇拜，与它们关联在一起的全都是人类本性中最高级、最好、最理性、最可爱、最伟大、最壮丽的东西。这样古老的语词就是这些关联的痕迹，不能被抛弃。如果我只是在向你们灌输神创造了宇宙的话，就没有向你们传达任何意义。但在经过所有这些努力之后，我们回到了祂那里，回到了古老的、至高无上的一。

现在我们看到，各种形式的宇宙能量——物质、思想、力量、智能等——都不过是那种宇宙智能的显现，或者我们也可以把它称为至高无上的万物之主。你们看到、感到、听到的一切、整个宇宙都是祂的创造，更准确地说是祂的投射，再准确一点说就是祂自身。是祂作为太阳和星星照耀着一切，祂就是大地母亲，祂就是海洋自身，祂作为柔和的雨水而来，祂是我们吸入的柔和的空气，在身体内作为力而起作用。祂是被说出的话语，是说话的人，祂是这里的听众，是我站立的这块平台，是使我能够看到你们面孔的光。一切都是祂。祂自身既是宇宙的质料因也是动力因[1]，祂退化为细微的细胞，又进化到另一端并再次成为神。祂下降并成为最低级的原子，又慢慢展示自己的本性，重新加入自身。这就是宇宙的奥秘。"汝即男人，汝即女人，汝即那个年轻气盛昂首阔步的壮年，汝即那个拄着拐杖蹒跚而行的老者，汝在一切之中。万物之主啊，汝即一切。"[2] 在关于宇宙的问题上，这是能够满足人类理智的唯一解答。一言以蔽之，我们由祂而生，生活在祂之内，回归到祂那里。

---

1 "质料因"（material cause）和"动力因"（efficient cause）是来自亚里士多德的概念。这里的"因"严格来说并不是现在所说的原因，不是相对于结果而言的，而是在事物的运动变化中所涉及的因素。质料因指事物在变化中保持不变的质料或材料，动力因指推动事物开始运动变化的东西。除此之外，亚里士多德还提出了形式因和目的因，合称"四因"。

2 参阅《白骡奥义书》4.1。辨喜这里的引文和黄宝生译本差异较大。

第十二章
宇宙：微观世界

于纽约　1896 年 1 月 26 日

　　人类的心灵自然会希望走到外面去，通过其他器官来凝视身体之外的世界。眼睛必须看，耳朵必须听，感觉必须感知外部世界，自然的美丽和庄严也的确让人为之着迷。人类灵魂中出现的第一个问题就是关于外部世界的。人们渴望解答关于天空、星星、天体、大地、河流、山峰、海洋的奥秘，在所有古老宗教中都可以看到，探索中的人类心灵如何为一切外部的东西着迷。有河神、天神、云神、雨神，我们现在称之为自然力量的一切外部的东西都发生了变质、变形，成为意志、神祇或天上的信使。随着问题越来越深入，这些外部的显现不再满足人类的心灵，能量最终转向内部，而关于人类自己灵魂的问题产生了。这个问题从宏观世界被反射回了微观世界，从外部世界被反射回了内部世界。人们从对外部自然的分析转向了对内部的分析，对内部之人

（internal man）的追问属于更高级的文明状态，带有对本性的更深刻的洞见，体现了更高级的成长。

今天下午讨论的主题就是这个内部之人。对人心来说，没有什么问题比关于内部之人的问题更亲密、亲切了。这个问题在各个国家被问了多少遍啊！智者和国王、富人和穷人、圣徒和罪人、男女老少，都在不时地问这个问题。他们问道：在转瞬即逝的人类生命中难道没有永恒的东西吗？在身体死亡之后难道没有什么东西是不随之消散的吗？在形体化作尘埃之后难道没有什么存活的东西了吗？在把身体焚化为灰烬的火中难道没有什么幸免于难吗？如果有的话，它的命运如何？它从哪儿来？又到哪儿去？这些问题一再被问起，只要被造物还存在，只要人类的大脑还在思考，这个问题就永远会被问起。但答案并不是没有出现。答案每次都会出现，而且随着时间的流逝，答案会获得越来越多的力量。早在数千年前，这个问题就已经得到了回答，在随后的时间里答案一直被重新陈述、重新阐释，对我们的理智而言变得越来越清晰。因此，我们必须要做的就是重新陈述答案。我并不假装赋予了这些引人入胜的问题任何新意，只是用现代语言向你们呈现古老的真理，用现代人的语言讲述古人的思想，用普通人的语言讲述哲学家的思想，用可怜的凡人的语言讲述神的思想，以便大家能够理解这些思想。产生了这些观念的神圣本质也在人类之中，因此，人类总是可以理解这些观念。

我在看着你们。这种看需要哪些必要条件？首先是眼睛。如果我在其他方面都很完美，唯独没有眼睛，就不能看到你们。其次是真正的视觉器官。眼睛并不是器官，只不过是视觉的工具，在它们之后才是真正的器官，也就是大脑中的神经中枢。如果神经中枢受伤，就算一个人拥有再明亮的双眼，也无法看到任何东西。因此，神经中枢或真正器官的存在是必要的，对所有感官来说都是如此。耳朵不过是将声音的振动向内传递到神经中枢的工具，但这还不够。假设你在图书馆里全神贯注地读书，钟声敲响了，你却没有听到。声音就在那里，空气中的振动就在那里，耳朵和神经中枢就在那里，振动已经通过耳朵被传递到神经中枢，可你还是没有听到声音。有什么缺失了？是心灵。由此可以看到，第三项必要的东西就是：心灵必须在那里。首先是外部的工具，然后是器官，外部工具将感觉传递给器官，最后则是器官自身必须被连接到心灵之上。如果心灵没有与器官连接在一起，器官和耳朵或许可以获得印象，但我们不会意识到这一点。心灵其实也只是载体，它必须进一步传递感觉，将它呈现给理智（intellect）。理智才是决定性的官能（faculty），决定什么可以被带到它这里。但这还是不够，理智必须进一步进行传递，把整个东西都呈现给身体中的支配者，那就是人类的灵魂，宝座上的王者。这些被呈现在他面前，然后他给出命令，该做什么不该做什么，命令按照同样的顺序被下达给理智、心灵、器官，器官再把命令传达给工具，这才是完整的感知。

工具在外部身体中，这是人类的粗大身体，但心灵和理智并不在这里。在印度哲学中它们被称为更精微的身体（finer body），也就是你们在基督教神学中读到的人类的灵性身体（spiritual body of man）[1]，它比身体精微得多，但不如灵魂精微。灵魂超越了一切。外部身体会在若干年内消亡，任何简单的原因都可能扰乱或摧毁它。更精微的身体则不那么容易消亡，尽管它有时会衰退，有时会变强。我们看到，在老年人那里心灵失去了自己的力量，而当身体充满活力时心灵也变得充满活力。我们也看到各种药物和毒品如何影响它，各种外部的东西如何影响它，它又如何对外部世界做出反应。正如身体有进步和衰退，心灵也是如此，因此，心灵不是灵魂，因为灵魂既不会消亡也不会衰退。我们怎么可能知道这一点？我们怎么可能知道心灵背后有什么？因为知识是智能的基础，是自身发光的（self-illuminating），不可能在于无生气的、僵死的物质。没有人见过任何粗大的物质是以智能为本质的。无生气的、僵死的物质不可能照亮自身。是智能照亮了一切物质。这个大厅只有通过智能才会存在，因为除非有某种智能造就了它，否则这个大厅的存在不会为人所知。身体不是自身发光的，否则一个死人也会自身发光。心灵和灵性的身体都不可能是自身发光的，它们不是智能的本质。自身发光的东西不可能消亡，而通过借来的光发亮的东西只会出现又消失。但光自身是什么呢？造就这种来来去去、繁盛与消亡的东西是什么？月有阴晴圆缺，因为它通过从太阳借来的光发亮。如果将一块铁投入火中并把它烧得通红，它也会发出光亮，但这种光是会消失的，因为它是借来的。所以，只有那些是借来的、不是自身本质的光才可

1　也被称作"灵体"。

能衰败。

现在我们看到，身体是外部的形状，并没有光作为其本质，不是自身发光的，不能知道自身。心灵也不行。为什么呢？因为心灵也有月亮那样的阴晴圆缺，因为它在这一刻充满活力，在下一刻又虚弱不堪，因为任何东西都可以对它产生作用。因此，透过心灵而照出的光并不是它自己的。这光来自哪里？它必定属于那个把光作为自己本质的东西，那个东西永远不会衰败或死亡、变强或变弱，它是自身发光的，它就是光明本身。不可能是灵魂知道，因为它就是知识本身；不可能是灵魂存在，因为它就是存在本身；不可能是灵魂幸福，因为它就是幸福本身。那些幸福的东西从它这里借来了幸福，那些拥有知识的东西从它这里得到了知识，那些具有相对存在性的东西仅仅是映照出它的存在。一切存在的性质都映照在实体上，但灵魂并不把知识、存在、福佑作为自己的性质，而是作为自己的本质。

有人或许还是会问：我们为什么要认为这些是理所当然的呢？为什么要承认灵魂把知识、福佑、存在作为其本质，而不是仅仅从别处借来它们呢？有人可以争辩说，为什么不说灵魂的光明、福佑和知识是以同样的方式从别处借来的，就像身体的光明是从心灵借来的那样？这种论证的错误在于其中是没有限度的。这些东西是从谁那里借来的？如果说是从其他源头而来，同样的问题就又会出现。所以，我们最终必定会来到一个自身发光的东西那里。简单地说，合乎逻辑的方法是，在达到了自身发光的东西的地方停下来，不再前进。

我们看到，人类首先由外部的覆盖物——身体——组成，然后是更精微的身体，由心灵、理智和自我性（egoism）组成，在它们之后是人的大我。我们已经看到，粗大身体的所有性质和力量都是从心灵那里借来的，而心灵、更精微的身体的力量和光明是从其身后的灵魂那里借来的。

　　现在出现了很多关于这个灵魂的本性的问题。如果这个灵魂的存在得自这样的论证：它是自身发光的，知识、存在、福佑是它的本质；那么这自然意味着：这个灵魂不可能被创造出来。一个自身发光的存在独立于任何其他的存在，不可能是任何东西的产物。它始终存在，从没有不存在的时刻，因为如果灵魂不存在，那么时间又在哪里呢？时间就在灵魂中，当灵魂将自己的力量映照在心灵上而心灵在思考时，时间就出现了。如果不存在灵魂，当然就不存在思想，而如果没有思想，也就不存在时间。因此，当时间自身就存在于灵魂中时，怎么可以说灵魂是存在于时间中的呢？它无生无死，但经历了各种各样的阶段。它从低级到高级，缓慢地、逐渐地显现出来。它表达自己的宏伟壮丽，通过心灵对身体起作用，通过身体把握外部世界并理解它。它占据一具身体并使用它，当这具身体消亡并物尽其用之后，就再占据另一具身体。事情就这样继续着。

　　这里出现了一个非常有意思的问题，一般被称为灵魂的轮回（reincarnation）。人们有时会对这样的观念感到恐惧，而在这个问题上的迷信又是如此强大，以至于有思考能力的人会相信自己产生自虚无，然后试图用最宏大的逻辑推论出这样的理论：尽管自己是从零中来的，但在此之后会变得永恒。从零中产生出来的东西肯定会归于零。无论你我还是任何现存的人都不是从零中产生出来的，也都不会回归于零。我们已经是永恒存在的了，并且会继续存在，阳光之下没有任何力量会拆解我们的存在并把我们送回零那里。现在，轮回的观念不仅不再是令人恐惧的，而且对于人类的道德福祉而言是最至关重要的。这是深思熟虑之人能够得出的唯一符合逻辑的结论。如果你们此后将在永恒中存在，那么你们过去一定也是通过永恒而存在的，不可能是别的情况了。我会尝试回答一些针对该理论的通常会提出的反驳。尽管你们中的许多人会认为它们是非常愚蠢的反驳，但我们还是需要做出回应，因为我们有时会发现，最深思熟虑的人也可能会提出一些最愚蠢的看法。有句话说得好：即便再荒谬的观点，也会有哲学家为之辩护。第一个反驳是：我们为什么不记得自己的前世？我们记得自己今生所有发生的事情吗？大家都不记得自己很小时候的事情，如果记忆依赖于你们的存在，这种论点就表明你们在很小的时候并不存在，因为你们不记得那时候的事情。我们的存在依赖于自己的记忆，这是十足的胡说。我们为什么应该记住过去？过去的大脑已经消逝了，化作尘埃，而新的大脑被制造出来。出现在这个大脑里的东西是结果，我们的心灵带着过去所获得的潜印象的总和，栖居在新的身体里。

　　站在这里的我，就是发生在我身上的无限的过去所产生的影响和结果。为什么我必须要记住所有的过去呢？当一位直面真理的古代伟大的智者、见证者或先知说了什么东西时，现代人就会站起来嚷嚷道:"他可真是个傻瓜啊!"可只要换个名字说"赫胥黎是这样说的"或"廷德尔是这样说的",同样的话就变成真理了,人们还认为这是理所当然的。这不过是用现代的迷信代替了古代的迷信,用现代科学的教皇代替了古代宗教的教皇。由此可以看到在记忆上做出的反驳是无效的,而这是对我们理论的唯一有力的反驳。尽管对于我们的理论而言,前世记忆的存在并不是必要的,但与此同时我们能够断言说,有一些实例表明了这样的记忆的确存在,而且在变得自由的那一世,我们每个人都会重获这些记忆。然后你就会发现,这个世界不过是一场梦,你会在自己灵魂的灵魂中亲证到:你不过是演员,而世界也不过是舞台。只有这样,不执着的观念才会以闪电般的力量传递给你;然后所有对享受的渴望、对生命的依附甚至整个世界都会永远消失;这样心灵就会如天光般清楚地看到所有这一切有多少次为你存在,看到你有多少次拥有父母、子女、配偶、亲朋、财富和权力——它们来了又去。你有多少次走上人生的巅峰,又有多少次陷入绝望的谷底!当记忆将所有这些带给你时,你就可以在世界并不善待你时微微一笑,如英雄般站立在那里。然后你就可以站起来说:"死亡啊,我可不在乎你,你何曾给我带来什么恐惧?"所有人都会有这么一天。

关于灵魂的轮回,是否存在任何论证或理性上的证明?到目前为止,我们已经给出了否定性的一面,表明了反驳我们观点的论证是无效的。那么是否存在任何正面的证明?的确存在,而且这样的论证是最有效的。除了轮回,没有任何其他理论能够说明人与人之间在获取知识能力上的巨大差异。首先，让我们考虑获取知识的过程。假设我来到大街上并看到一条狗，我怎样知道它是一条狗？我把它提交给我的心灵，在我的心灵中是所有过去的经验，这些经验都是经过整理和归类的。一旦新的印象出现，我就把它提交到旧的归类那里，而一旦发现一组同样的印象已经存在了，我就把它放在那一组里，如此就满足了。我知道这是一条狗，因为它与已经存在的印象相契合。当我在内部找不到新经验的同类物时，就不满足。在因没有发现一个印象的同类物而变得不满足时，相应的心灵状态就被称作"无知"；而在因发现一个印象的同类物已经存在而变得满足时，就是"知识"。当一个苹果掉下，人们变得不满足。他们逐渐发现了一组现象，是什么呢？所有苹果都会往下掉，也就是所谓的"万有引力"。现在我们看到，如果没有大量已经存在的经验，任何新的经验都是不可能的，因为不存在可供新印象参考的东西。所以，如果像一些欧洲哲学家认为的那样，一个孩子来到这个世上时是所谓的白板[1]，这样的孩子就永远无法获得任何理智上的力量，因为这样将不存在可供新经验参考的东西。我们知道，每个个体获取知识的能力都不相同，这表明我们每个人天生都拥有各自不同的知识储备。知识只能以一种方式被获得，那就是经验，不存在其他方式。如果我们在今生中没有经验过一样东西，就一定在其他世经

1　"白板（tabula rasa）"是西方哲学的术语，指人在出生时心灵犹如一块白板，没有任何内容，而一切知识都来自经验。这种理论可以追溯到亚里士多德的《论灵魂》，较为系统的表述则来自约翰·洛克。

验过它。为什么对死亡的恐惧无处不在？一只小鸡刚刚被孵出来就来了一只鹰，小鸡恐惧地扑腾到母亲那里去。有一种古老的解释（我其实很难用这样的名字来指示它），就是所谓的本能。是什么使得刚刚破壳而出的小鸡害怕死亡？刚刚被母鸭孵化出的小鸭立即就跳进水里开始游泳，这是怎么做到的？它之前从未游过泳，从未看到游泳这样的东西。人们把这称为本能，这是一个很宽泛的词，但它并没有教给我们更多东西。让我们研究一下本能这种现象吧。一个小女孩开始弹钢琴。最开始她必须注意自己敲击的每个琴键，而随着持续数月甚至数年的练习，演奏变得几乎是不由自主的、本能的了。最开始需要有意识地去做的东西，后来不再需要刻意的努力了。这还不是完整的证明，还剩下一半，那就是：几乎所有现在属于本能的行为，都可以受到意志的支配。身体的每块肌肉都可以受到控制，这是众所周知的。所以，把上述两个方面合在一起就可以给出完整的证明：我们现在称之为本能的东西是一些出于意志的行为的衰退。因此，如果这种类比适用于所有被造物，如果自然是齐一的，那么较低等级的动物和人类的本能一定都是意志的衰退。

在宏观世界中，我们经过深思熟虑得出的法则是：每次退化都预设了一次进化，而每次进化也都预设了一次退化。运用这条法则可以看到，本能就是退化的理性。因此，所谓的人类和动物身上的本能一定是出于意志的行为的退化、衰退，而这些行为是不可能离开经验的。经验开启了那种知识，知识就在那里。对死亡的恐惧、小鸭下水和所有变成本能的人类行为，都是过去经验的结果。到目前为止我们的前途还很光明，最新的科学也都支持我们。但这里又出现了一个新困难。最近的科学工作者又回归到古代智者那里，他们之间的确有完美的共识。他们承认说，每个人和每个动物一生下来就具有丰富的经验，而心灵中的所有活动都是过去经验的结果。他们问道："但是，说经验属于灵魂有什么用呢？为什么不说它属于身体，而且只属于身体？为什么不说它是遗传性传递（hereditary transmission）的产物呢？"这就是最后的问题。为什么不说我天生就具有的一切经验都是祖先的所有经验的结果？从微小的原生质到最高级的人类存在的经验总和都在我之内，但它在遗传性传递的过程中从一具身体来到了另一具身体。困难会在哪里呢？这个问题很好，我们也在一定范围内承认这种遗传性传递。是怎样的范围内呢？那就是承认这种遗传性提供了传递经验的材料。通过过去的行为，我们使自身适合于出生在一个特定的身体里，而我们的父母也使自身适合于拥有那个灵魂作为自己的后代，唯一适合于那具身体的材料就来自这样的父母。

简单的遗传理论想当然地假定了毫无根据的、最惊人的主张：心智方面的经验可以被记录在物质里，可以在物质中退化。当我在自己的心灵之湖中看着你时，会有一阵波动出现。波动会消退，但会作为潜印象以精微的形式存留下来。我们理解身体内存留的物理上的印象，但有什么证据可以证明，心智方面的潜印象在身体瓦解后还可以存留在身体里？什么在承载着它？即便假定每个灵性的潜印象可以存留在身体里，从第一个人类到我父亲所具有的每一个潜印象又如何可能被传递给我？通过原生质细胞吗？这是如何可能的？因为父亲的身体并不完全变成孩子的身体，同样的父母也可能拥有很多孩子。从这种遗传性传递理论来看，如果潜印象和记录潜印象的东西（也就是物质）是一体的，那就意味着：在生出每个孩子时，父母必须失去自己的一部分潜印象；或者，如果父母应该把自己的全部潜印象都传递给孩子，那么在第一个孩子出生后父母的心灵就空空如也了。

同样，如果一直以来有无限多的潜印象出现在原生质细胞中，它们在哪里？它们怎样存在？原生质细胞中是最不可能的位置，除非神经生理学家能够证明这些潜印象存在于那种细胞的什么位置以及如何存在，还有他们所谓的心智印象在物质细胞中沉睡是什么意思，否则他们的立场是不能被接受的。到目前为止很清楚的是，这种潜印象是在心灵中的，心灵不断重生，采用最适合自己的材料，而一个使自身仅仅适合于特定种类身体的心灵则需要一直等待，直到它得到那样的材料。我们理解这一点，而这种理论的结论是：就向灵魂提供材料的范围内而言，存在着遗传性传递。但灵魂不断在身体与身体之间迁居、制造出新的身体，而我们思考的每一个思想、做出的每一个行动，都以精微的形式储存在里面，准备好以新的形体重生。在我看着你们时，我的心灵中出现一阵波动。它随后平息下去，变得越来越精微，但并没有消亡。它准备好以记忆的形式再次出现。所有潜印象就这样存在于我的心灵中，而当我死去时，它们力量的合力将会作用在我身上。假设这里有一个球，我们每个人手里都拿着一根木槌，从各个方向击打这个球，球在房间里从一个地方飞到另一个地方，当来到大门时飞了出去。它带走的是什么？是所有这些击打的合力。这些合力决定了它的方向。那么，在身体死亡时引导灵魂的是什么呢？也是合力，是灵魂做出的一切行动和思想的总和。如果这种合力的结果是必须制造一具新的身体来进一步体验，它就会去往那些已经准备好为自己提供适合那种身体材料的父母那里。因此，它会从一具身体到另一具身体，有时往生天堂，有时回到大地，变成人类或更低级的动物。它就这样继续下去，直到完成自己的体验、完成循环。然后它知道了自己的本性，知道自己是什么，无知消失了，力量得到显现，它变得完美。灵魂不再需要通过物质身体起作用，也不需要通过更精微的、心智上的身体起作用。它自身发光，是自由的，不再有生死。

我们现在不再进一步深入细节，但我会向大家介绍关于这种轮回理论的另一个要点。正是这种理论推进了人类灵魂的自由，它并不把我们所有的弱点归咎于另外某个人，而人们常常会犯这样的错误。我们看不到自己的错误，眼睛看不到自己，只看得到别人的眼睛。如果一味归咎于另外某个人，我们在意识到自己软弱和错误的问题上就会进展得非常缓慢。人们通常把问题归咎于自己的同胞，如果行不通的话，就归咎于神，或者召唤一个鬼魂说这就是命运。命运在哪儿，谁是命运？"人种的是什么，收的也是什么。"[1]我们才是自己命运的创造者，其他人不应该被责备

---

1 《新约·加拉太书》6.7。

或赞美。风在吹，那些扬帆起航的船只乘风破浪，可没有扬帆的船只却原地打转——这难道是风的错吗？仁慈的父亲日夜不停地吹着仁慈的风，祂的仁慈不会衰减，这难道是祂的错吗？有人幸福有人不幸，这难道是祂的错吗？是我们创造了自己的命运。祂的阳光同样照耀着弱者和强者，祂的风同样吹拂着圣徒和罪人，祂是万物之主、万物之父，仁慈而公正。你们难道认为万物之主会带着与我们同样的眼光看待生活中微不足道的小事吗？这样的观念是何其堕落啊！我们就像小狗一样，在这里进行着生死之争，并愚蠢地认为神也会像我们这样严肃地对待这些事情。祂知道小狗的游戏是什么。我们企图归咎于祂，让祂成为做出奖惩的人，可这些都是何其愚蠢啊。祂既不惩罚也不奖励，祂无限的仁慈随时随地、无条件地向所有人敞开，经久不衰、始终如一，一切只是取决于我们如何使用、运用这种仁慈。不要责备人、神或世上的任何东西。当发现自己遭受不幸时，应该责备自己，并努力做得更好。

这才是问题的唯一解答。那些责备他人的人——天啊！他们的数量还每天都在增加——一般有着无助的头脑，痛苦不堪。他们自己犯下错误却指责他人，但这不会改变他们的处境，不会以任何方式帮助到他们。这种归咎于他人的尝试只会进一步削弱他们。因此，不要为自己的错误去责备任何人，要自强自立，把全部责任担在自己肩上。要说："我遭受的痛苦是自己带来的，而这恰恰证明了只有我能消除它。"我创造的东西可以由自己拆除，被他人创造的东西则绝不会由我来毁灭。所以，站起来吧，要勇敢，要强大。把所有责任都担在自己肩上，知道自己才是命运的创造者。你们想要的所有力量和救助都在自己之内。所以，去创造自己的未来吧。"把已逝的过去永久埋葬！"[1]无限的未来就在你们面前，你们必须始终牢记：每个语词、每个想法、每个行为都储存了起来，坏的想法、坏的行为已经准备好像老虎一样扑向你们，而同样还有令人欢欣鼓舞的希望存在，因为好的想法、好的行为已经拥有十万个天使的力量，准备好永远保护你们。

1　出自美国作家亨利·华兹华斯·朗费罗（Henry Wadsworth Longfellow，1807—1882）的诗歌《人生颂》（A Psalm of Life），这句引自杨德豫译文。

第十三章
不 朽

于美国

　　什么问题被一再问起？什么观念引导人们更多地去探索宇宙寻找答案？什么问题对人心来说更为亲密无间？与关于人类灵魂不朽的问题相比，还有什么问题与我们存在的关联更加紧密？这曾是诗人、智者、神职人员和先知的主题，宝座上的国王讨论它，大街上的乞丐向往它。最出色的人类已经接近了它，最糟糕的人类也期盼着它。只要人类的本性不变，大家对这个主题的兴趣就不会消失。不同的心灵向全世界提供了不同的回答。在每个历史时期都有成千上万的人放弃了讨论，但问题依然历久弥新。在生活的骚乱和争斗中我们似乎常常忘了它，但某个人可能突然死了——或许是我们所爱的、和我们亲密无间的人——此时世上的争斗、喧嚣和骚乱就会停止片刻，灵魂会问出那个古老的问题："这之后是什么呢？""灵魂会怎样呢？"

人类的一切知识都来自经验，除了经验我们不可能知道任何东西。我们的所有推理都基于经过概括的经验，所有知识都不过是彼此相协调的经验。看看周围吧，我们会发现什么？是连续不断的变化。植物从种子中来，长成了树，又变回种子，完成了循环。动物出生，生活了一段时间后死去，完成了循环。人类也是如此。山峰的崩坏是缓慢而确定的，河流的干涸也是缓慢而确定的，雨水从大海中来又返回大海。循环到处都在完成，出生、成长、发育、衰败，前后相随，如数学般精确。这就是我们的日常经验。在这一切中，在大量所谓的生命背后、在数百万形式和形状背后、在不可计数的多样性背后，从最低级的原子到最高级的有灵性的人，我们都发现了一种统一性。每天我们都发现，那堵被认为是隔开了一件东西和另一件东西的墙被打破了，在现代科学中所有物质都被认为是一种实体，以不同的方式、不同的形式显现。唯一的生命就像一根连续的链条一样贯穿了一切，所有这些形式都代表了那些链块，一个链块接着一个链块，几乎无限地延伸着，但仍然是同一根链条。这就是所谓的进化。这是一种非常古老的观念，就像人类社会一样古老，只不过随着人类知识的进步它变得越来越新鲜。

　　还有一件古人感知到而在现代并没有被清楚地感知到的事情，那就是退化。种子会变成植物，一粒沙子却永远不会变成植物；父亲会变成孩子，一块黏土却永远不会变成孩子。问题在于这种进化从哪里产生出来。什么是种子？种子与树是一回事。一棵未来的树的所有可能性都在那颗种子里，一个未来的成年人的所有可能性都在那个婴儿身上，未来生命的所有可能性都在胚芽里。这是什么？印度古代的哲学家称其为退化。我们发现，每次进化都预设了退化。不是已经存在的东西是不可能进化的。在这里现代科学再次提供了帮助。你们通过数学推理知道了整个宇宙中展现的能量总和始终是一样的。你们不可能带走哪怕一个原子的物质或一磅的力，也不可能增加哪怕一个原子的物质或一磅的力。就像这样，进化并不是从零而来的。它来自哪里？就是从之前的退化而来。孩子是退化的人，人则是进化的孩子。种子是退化的树，树则是进化的种子。生命的一切可能性都在胚芽里。如果把生命连续性的观念加入其中，事情就会变得更清楚。从最低级的原生质到最完美的人类，实际上只有唯一的生命存在。正如我们在一生中会经历如此多的不同阶段一样，原生质发展为婴儿、孩子、年轻人、老年人，而从原生质到最完美的人，我们得到了一个连续的生命，一根链条。这就是进化，但我们看到每次进化都预设了退化。这个缓慢显现自身的生命，从原生质进化为完美的人类——地球上神的化身；整个序列只是一个生命，而原生质中也包含了所有显现。整个生命——也就是地球上的神——先是退化，然后又缓慢地出来，缓慢地显现自身。最高级的表达必定已经以细微的形式存在于胚芽状态中了，因此，这种力量、这整根链条是无处不在的宇宙生命的退化。从原生质到最完美的人，都是这种智能在缓慢地舒展开自己。它并不生长。要从你们的心灵中清除生长的观念。与生长的观念相关联的是某种来自外部的、无关紧要的东西，它会掩盖如下事实：潜藏在每条生命之下的无限者，是与一切外部条件无关的。祂绝不会生长，一直都在那里，仅仅显现自身。

结果是原因的显现，二者之间并没有本质上的区别。以玻璃为例。首先有材料，材料加上制造者的意志便造就了玻璃，这二者就是它的原因并存在于它之内。意志以何种形式存在？作为黏合力存在。如果没有这样的力，每个粒子都会分离。那什么是结果呢？它就是原因，只是采取了不同的形式、不同的组合。当原因在一段时间内被改变、受到限制时，就会变成结果。我们必须记住这一点。把这运用到关于生命的观念就会发现：从原生质到最完美的人，这一系列显现一定与宇宙生命是完全一样的。它首先退化，然后变得更精微，从那种精微的东西中，某种浸透了原因的东西继续进化、显现自身、变得更粗大。

但关于不朽的问题还没有解决。我们已经看到，宇宙中的一切都是坚不可摧的。没有新的东西，将来也不会有新的东西。同样的一系列显现交替把自己呈现出来，就像轮子一样转动。这个宇宙中所有运动的形式都是波浪式的，依次上升和下降。一个又一个体系从精微的形式中来，进化并呈现出更粗大的形式，然后再消解并返回精微的形式。它们还会再次从中涌现出来，进化一段时间并缓慢地返回原因。所有生命都是如此。生命的每个显现就这样来来回回。消解的是什么？是形式。形式瓦解成碎片，但还会再出现。甚至可以说身体和形式是永恒的，这是什么意思？假设我们拿了一些骰子来投掷，依次出现的数字是：6—5—3—4。我们继续拿起骰子不停地投，一定会有一个时刻，同样的数字组合再次出现，这是肯定的。现在，我把宇宙中的每个粒子、每个原子比作那样的骰子，它们被一再地投掷并组合。你们面前的所有形式都是一种组合，比如玻璃杯的形式、桌子的形式、水罐的形式，等等。一种组合随着时间的流逝完全瓦解了，但一定会有这样一个时刻，完全同样的组合再次出现。你们会再次出现在这里，这种形式会再次出现在这里，这个主题会再次被讨论，这个水罐会再次出现在这里。这已经是第无数次了，而且还会再被无数次地重复。所有物理形式都是如此。我们发现了什么？那就是：物理形式的组合是永远被重复的。

你们或许遇到过能够读出别人的前世并预言未来的人，而从上述理论出发可以得出对这种现象的解释。除非未来已经被规定好，否则一个人怎么可能看到未来是什么样子？过去的影响会在未来重现，而我们会看到情况的确如此。你们都见过芝加哥的大摩天轮[1]吧。摩天轮转动着，上面的小客厢一个接一个规律地移动着，一组人走进里面去，转了一圈又出来，再换一批人进去。这样一批批的人就像是一种显现，从最低级的动物到最高级的人类。自然就是一根像摩天轮似的无穷无尽的链条，小客厢是乘坐着新一批灵魂的身体或形式，不断上升，直到变得完美并离开摩天轮。但摩天轮还在转动。只要身体还在轮子里，就可以从数学上绝对准确地预言它们会到哪里去，但对灵魂来说则不然。因此，的确可以精确地读出自然的过去和未来。可以看到，同样

1　美国工程师小乔治·华盛顿·盖尔·费里斯（George Washington Gale Ferris Jr.）为1893年的芝加哥哥伦布纪念博览会设计和建造了世界上最早的摩天轮。

的物质现象会在特定时期重复发生，而同样的组合永远都会出现。但这并不是灵魂的不朽。没有力量会消亡，没有材料可以被毁灭。它会怎么样？它会不断变化，后退前进，直到返回自己的来源。不存在单纯的直线上的运动，一切运动都是一个循环，一条无限的直线也会变成一个循环。如果的确是这样，那么任何灵魂都不可能永远衰退。一切都必定会完成这个循环，返回自己的来源。你们、我和所有灵魂都是什么呢？在关于进化与退化的讨论中我们看到，你们和我都必定是宇宙意识、宇宙生命、宇宙心灵的一部分，它发生了退化，而我们必须完成循环并返回宇宙智能，也就是神。宇宙智能就是人们所说的万物之主、神、基督、佛陀或梵，物质主义者把它感知为力，不可知论者把它感知为无限的、不可表达的超越之物；但无论如何，我们都是它的一部分。

　　这就是第二种观念，但仍然不充分，还会有更多的疑问出现。应该说，任何力都没有被毁坏，我们看到的一切力和形式都只是组合。我们面前的形式是由一些组成部分复合而成的，而我们看到的每种力也都是以类似的方式复合而成的。如果采用科学中力的观念，称其为几种力的总和或合力，那么你的个体性会变得怎样？任何复合物迟早都一定会返回自己的组成部分。宇宙中的一切东西，如果它是物质与力相结合的结果，就迟早会返回其组成部分。一切作为特定原因之结果的东西，都必定会消亡、毁灭。它分解掉，散落一地，重新化为自己的组成部分。灵魂既不是一种力，也不是思想。它是思想的制造者，但不是思想本身；是身体的制造者，但不是身体本身。为什么是这样？我们知道身体不可能是灵魂。为什么呢？因为它并不是有智能的。尸体并不是有智能的，肉店里的一块肉也不是有智能的。我们所说的智能是什么意思？其实就是能做出反应的能力。在此需要做更深入的理解。这里有一个水罐，我看到了它。这是如何发生的？来自水罐的光线进入我的眼睛，并在视网膜上产生了一幅图像，这幅图像被传送到大脑。但现在还不存在视觉。神经生理学家所说的感觉神经把这种印象向内传递，但到目前为止还是不存在反应。大脑中的神经中枢把印象传送给心灵，心灵再做出反应，而一旦这种反应发生，水罐就在心灵之前闪现了。可以看看一个更平常的例子。假设你正在聚精会神地听我说话，一只蚊子落在了你的鼻尖上，给你一种蚊子专属的奇特的感觉[1]，但你却如此专心地听我说话，以至于根本没有感觉到那只蚊子。这时发生了什么？蚊子叮咬了你的皮肤，那里有一些神经，它们把特定的感觉传送给大脑，因而印象是存在的，可心灵却被别的东西占据了，没有做出反应，所以你并没有意识到蚊子的存在。当新印象出现时，如果心灵不做出反应，我们就不会意识到它，在反应出现的时候我们才会感到、看到、听到。是反应带来了光明，正如数论派哲学家所说的那样。我们看到，身体是不会带来光明的，因为在没有注意的情况下任何感觉都是不可能的。

人们已经发现了这样的案例：在一些特殊条件下，从未学会某种语言的人突然能够说这种语言了。随后的询问表明，那个人

1　从下文看指的是被蚊子叮咬了一下。

在小时候曾和说那种语言的人生活在一起，而潜印象被留在了他的大脑里。这些潜印象就保存在那里，直到心灵出于一些原因做出了反应，光明就到来了，然后那个人就能够说那种语言了。这表明只有心灵是不够的，心灵自身仍然是某人手中的工具。在刚才的案例中，心灵包含了那种语言，那个人只是不知道这一点罢了，后来有一天他才终于知道了这一切。这表明在心灵之外还有什么东西存在。当那个人还是孩子时，那个东西并没有使用自己的力量；当孩子长大后，它才开始使用这种力量。

首先是身体，之后是心灵或者说思想的工具，而在心灵之后的东西才是人的自我，在梵语里被叫作真我。现代的哲学家已经把思想等同于大脑中分子的改变，他们不知道该如何解释这样的案例，因此通常会否认它。心灵与大脑紧密相连，而大脑在每次身体改变时都会死亡。大我才是发光者，心灵则是祂手中的工具，通过这个工具，祂抓住了外部的工具，知觉由此产生了。外部工具可以捕捉到这些印象并把它们传送给感官——大家必须始终记住，眼睛和耳朵不过是接收者，起作用的是内部器官、大脑中枢。在梵语中，这些中枢被称为根（indriya），它们把感觉传送给心灵，心灵则把它们进一步呈现给另一种东西，在梵语中被称为心质（citta），它们在那里被组织到意志之中，而所有这些都会将自己呈现给那个王中之王、宝座上的统治者、人的大我。祂看到一切并下达命令，然后心灵立即作用于器官，器官再作用于外部身体。真正的感知者、支配者、统治者、创造者和所有一切的操纵者，是人的大我。

我们看到，人类的大我既不是身体也不是思想，不可能是一种复合物。为什么呢？因为任何复合的东西都可以被看到或被想象。我们无法想象或感知的东西、无法与之捆绑在一起的东西，既不是力或物质，也不是原因或结果，不可能是复合物。复合物的领域仅限于我们心智的宇宙、思想的宇宙，并不适用于超越这些之上的东西。复合物存在于法则的王国内，任何超越法则的东西根本不可能是复合物。大我超越了因果法则，不是复合的，而是自由的，是法则之内万事万物的支配者。它绝不会死亡，因为死亡意味着回归其组成部分，不是复合物的东西不可能死亡，说祂死了完全是胡说。

我们现在迈步行走在越来越精微的领域里，你们有些人可能会感到害怕。我们已经看到大我是简单的，它超越于物质、力量和思想的狭小的宇宙之上，而作为简单的东西，它是不可能消亡的。生命和死亡就是硬币的两面，生命是死亡的另一个名字，死亡也是生命的另一个名字。同一样东西的一种特定的显现模式就是所谓的生命，另一种显现模式就是所谓的死亡。波浪上升到顶点就是生命，落到谷底就是死亡。如果有任何东西超越了死亡，就必定也超越了生命。我必须提醒大家想想之前得出的第一个结论：人的灵魂是存在的宇宙能量、也就是神的一部分。现在我们发现它是超越生死的。你们从未出生，也不会死亡。那我们在周围看到的生死又是什么呢？生死只属于身体，灵魂则是全在的。你们或许会问："这怎么可能啊？这么多人坐在这里，你却说灵魂是全在的？"可我要问：有什么能限制超越了法则和因果关系的东西？这个玻璃杯是有限的，它不是全在的，因为周围的材料迫使它采取了那样的形式，不允许它去扩展。它受到周围一切东西的制约，因此是有限的。可对于一个超越了法则的东西来说，没有任何东西会对它产生作用，它又怎么可能是有限的呢？它必定是全在的。你们其实在宇宙中的任何地方。可我还是会出生并走向死亡，这到底是怎么一回事啊？这样的说法不过是无知，是大脑的幻想。你们既没有出生也不会死亡，既没有出生也不会再生，没有生命，没有轮回，这些都不存在。你们所说的来来去去是什么意思？都是些胡言乱语。你们是无处不在的。那么来来去去的究竟是什么呢？这是被称为心灵的精微身体的改变制造出的幻象，而且还在继续着。一小片云在空中飘过。随着它的不断移动，可能会产生出天空在移动的幻觉。你们有时看到云朵在月亮前飘动，却认为月亮在移动。在坐火车时你们会认为是大地在飞速移动，在坐船时会认为是水面在移动。可实际上你们并没有来来去去，你们没有出生，也不会重生。你们是无限的、永存的、超越了因果关系的、永远自由的。这样的问题是不恰当的，是彻头彻尾的胡说。如果没有出生，怎么会必有一死？

我们还需要更进一步才能达到符合逻辑的结论。不可半途而废。你们都是形而上学家，不要卑躬屈膝。如果超越了一切法则，我们就一定是全知的、永远得到福佑的，所有知识、力量和福佑都必定在我们之内。你们肯定是宇宙全知、全在的存在者。但这样的存在者可能有很多吗？会有一千亿全在的存在者吗？当然不可能了。这意味着什么呢？你们都是一，只有一个这样的大我，而那个唯一的大我就是你。站在这个渺小的自然背后的东西就是所谓的大的灵魂（Soul）。只有唯一的存在者，它永远得到福佑，全在全知，无生无死。"通过祂的掌控，天空在扩展；通过祂的掌控，空气在呼吸；通过祂的掌控，太阳在照耀；通过祂的掌控，一切得以存活。祂是自然中的实在，是你们灵魂的灵魂，不，汝即祂，汝与祂为一。"任何有二的地方就有恐惧、危险、冲突和争斗。当一切都是一，还有谁在恨，谁还要与谁争斗？当一切都是祂，你还可以与谁争斗？这说明了生命的本质，也解释了存在的本质。这就是完美，这就是神。只要看到多，你们就会陷入幻觉。"在这个多的世界中看到一的人，在这个变化多端的世界中看到永不变化的祂的人，看到祂是自己灵魂的灵魂、是自己的大我的人，是自由的、得到福佑的，已经达到了目标。"所以要知道汝即祂，祂就是宇宙之神，"汝即那"。我是男人或女人、是生病的或健康的、是强大的或软弱的，我在恨、在爱或拥有渺小的力量，所有这样的观念都不过是幻象。没有了这些东西，还有什么会让你软弱？还有什么会让你害怕？你就是宇宙中唯一的存在，还有什么会让你恐惧？站起来并获得自由吧。要知道，这个世上每一个削弱你的思想和语词才是唯一存在的恶，任何使人软弱和害怕的东西才是唯一应该被避开的恶。还有什么可以让你们害怕？如果太阳熄灭、月亮化作尘土、一个又一个体系湮灭，这些对你来说又有什么？像岩石一般挺立吧，你是牢不可破的。你就是大我，是宇宙之神。和我一起说——"我是绝对的存在、绝对的福佑、绝对的知识，我就是祂"，像一只打破牢笼的狮子那样，砸碎你们的锁链，变得永远自由吧。是什么让你们恐惧？是什么压制了你们？不过就是无知和妄想，没有任何别的东西可以束缚你们。你们就是纯洁的一，是永远的有福佑者。

　　傻瓜会说你们是罪人，而你们就这样坐在角落哭泣。说你们是罪人，这是何其愚蠢、邪恶和无耻啊！你们都是神。难道你们没有看到神并称呼祂为人吗？要勇敢地认清这一点，然后塑造你的一生。如果一个人要切断你的喉咙，不要说不，因为是你要切断自己的喉咙。在帮助一个穷人时，不要感到丝毫的骄傲，因为这种帮助是对你自己的崇敬，不应该成为骄傲的原因。难道整个宇宙不就是你吗？难道还有什么东西不是你吗？你就是这个宇宙的灵魂。你就是日月星辰，就是你在到处闪耀，整个宇宙就是你。你们要去憎恨谁，与谁争斗？知道汝即祂，就这样来塑造你的一生吧。知道这一点并如此塑造自己一生的人，将不会再卑躬屈膝地活在黑暗里。

第十四章
真 我

于美国

　　你们很多人已经读过马克斯·穆勒杰出的著作《吠檀多哲学三讲》[1]，有的人或许还读过多伊森教授用德语写作的关于吠檀多哲学的书[2]。在西方被论述和教授的主要是不二论，呈现了印度宗教一元论的方面，人们有时会认为吠陀的所有教导都被包含在这种哲学体系中。但印度的思想还包含各种不同的阶段，而与其他阶段相比，这种不二论形式或许还是少数。从最古老的时代开始，印度的思想就存在着各种各样的派别，而且从不存在一种由

1　马克斯·穆勒（Friedrich Max Müller, 1823—1900），德国语言学家和印度学家，西方印度学和宗教学的奠基人，一生著译颇丰，翻译出版了六卷本《梨俱吠陀》，还领导翻译了多达五十册的《东方圣典》（Sacred Books of the East）。这里所说的《吠檀多哲学三讲》（Three Lectures on the Vedanta Philosophy）是出版于 1894 年的作品。

2　保罗·多伊森（Paul Jakob Deussen, 1845—1919），德国印度学家，这里指的是他发表于 1883 年的著作《吠檀多的体系》（Das System des Vedānta）。

某个教派或个人指定的应该被所有人相信的原则，人们可以非常自由地选择自己的形式、构建自己的哲学、成立自己的教派。可以看到，从最古老的时代开始印度就充斥着各种教派。目前我都不知道在印度到底有多少教派，甚至每年都还有一些新的教派涌现。这个国家的宗教活力简直是无穷无尽的。

首先，这些派别可以被分为两个主要的部分：正统的和非正统的。那些把印度教经典吠陀信奉为永恒真理启示的派别被称作正统派，而信奉其他权威、拒斥吠陀的则是异端。现代主要的非正统教派是耆那教和佛教。在正统教派中，有一些宣称经典具有比理性高得多的权威，另一些则说经典中只有部分是合理的，这些部分应该被接受，其他的则应该被拒斥。

在数论[1]、正理[2]和弥曼差[3]三个正统教派中，前两个尽管是作为哲学流派存在的，却并没有形成任何教派。现在真正涵盖了全印度的教派是后弥曼差或曰吠檀多，它的哲学被称作吠檀多主义。所有印度哲学流派都起源于吠檀多或奥义书，但一元论者把这个名字作为自己独特的标志，因为他们想把整个神学和哲学都建立在吠檀多而不是别的基础上。随着时间的流逝，吠檀多流行起来，而印度现存的所有教派都与吠檀多的某个流派有关，但这

1　数论（sāmkhya）提出了被称作"二十五谛"的对宇宙的系统解释，同为正统流派的瑜伽（Yoga）与其关系密切。"数论"的字面意思是计数。

2　正理（nyāya）主要研究逻辑和认识论，与同为正统流派的胜论（vaiśeṣika）关系密切。"正理"的字面意思是规则、方法、判断。

3　弥曼差（mīmāṃsā）主要研究吠陀祭祀，相信祭祀的功效；也被称作"前弥曼差"（pūrva mīmāṃsā），与被称作"后弥曼差"（uttara mīmāṃsā）的吠檀多相对。"弥曼差"的字面意思为深入的思考、研究。

些流派的意见并不一致。

在吠檀多主义者中有三种主要的变体。在一个问题上他们是相同的，那就是都信仰神。所有吠檀多主义者都相信吠陀是神的启示，这是一种非常特殊意义上的启示，与基督教徒或穆斯林的信念并不完全相同。在吠檀多主义者看来，吠陀是对关于神的知识的一种表达，因为神是永恒的，祂的知识就永远与祂同在，所以吠陀也是永恒的。他们的信念还有另一个共同基础：被造物是在循环中的，一切被造物不断出现和消失，它们被投射出来并变得越来越粗大，在不可估量的时间结束之际又会变得越来越精微，那时它们会消解并平息。然后是一段休息的时期，接着同样的过程会再次重复。他们假设一种被称作空元素（ākāśa）的物质——这像是科学家所说的以太——和被称作生命气的力量的存在。他们宣称：正是通过这种生命气的振动，宇宙才得以产生。当一个循环结束时，自然的所有显现将变得越来越精微，并消解为不可见、不可感的空元素，在下一个循环中一切又都从这之中被制造出来；我们在自然界中看到的所有力——万有引力、吸引力、斥力，或者思想、感觉和神经活动——都会消解为生命气，而生命气的振动也会停止，就这样一直保持到下一个循环开始。然后生命气开始振动，这种振动会作用在空元素上，一切形式都按照固定的次序被再次投射出来。

我要介绍的第一个流派是二元论的。这些二元论者认为，神是宇宙的创造者和支配者，它永恒地与自然相分离，永恒地与人类灵魂相分离。神是永恒的，自然是永恒的，所有灵魂也都是永恒的。自然和灵魂得以显现并发生改变，神则保持不变。在他们看来神是人格化的，这是就祂具有的性质而言的，不是说祂拥有一具身体。祂拥有人类的性质，祂仁慈、公正、有力、全能、可以被接近、可以接受祈祷、可以被爱、也会回报爱，等等。一言以蔽之，祂是人类的神，只不过比人类要无限伟大，祂没有人类所拥有的那些恶的性质。"祂是无数有福佑的性质的宝库"——这就是他们给出的定义。祂不可能在没有材料的情况下进行创造，而自然就是祂用来创造整个宇宙所用的材料。有些非吠檀多主义的二元论者被称作"原子论者"，他们相信自然不过就是无限数目的原子，而神的意志就作用于这些原子之上，进而创造出世界。吠檀多主义者否认原子论，他们说这是完全不合逻辑的。不可分割的原子就像是没有部分、没有大小的几何点，可对于没有部分、没有大小的东西来说，即使进行无限的增加，得到的仍然是没有部分、没有大小的东西。任何没有组成部分的东西都不会产生出拥有组成部分的东西，任何数量的零加在一起也不会产生出哪怕一个正整数。所以，如果原子是没有部分和大小的，那么宇宙就不可能从这样的东西中被创造出来。因此，在吠檀多二元论者看来，存在着他们所谓的未分离的或未经区分的自然（indiscrete or undifferentiated nature），而神从中创造了宇宙。很多印度人是二元论者。人类的本性通常也无法设想更高级的东西。我们发现，世上信仰宗教的人里有百分之九十是二元论者。欧洲和西亚的所有宗教都是二元论的，它们的信徒也就不得不成为二元论者。普通人无法设想任何非具体的东西，自然也就喜欢执着于自己的理智可以把握的东西。也就是说，他们只能通过将更高级的灵性观念降低到自己的水平上才能设想它们，只能通过将抽象的思想变得具体才能把握它们。这就是世上大多数人的宗教。他们信仰一个与自己完全相分离的神，那似乎是一位伟大的国王、一位崇高而强大的君主。与此同时，他们又让他变得比世间的君主更纯洁，赋予它各种善的性质，把恶的性质完全移除，好像善可以在没有恶的情况下存在，好像光明的观念可以在没有黑暗的观念的情况下存在！

所有二元论面临的第一个困难就是：既然公正仁慈的神是无数善的性质的宝库，在祂的支配下，世上怎么可能有如此多的恶存在？所有二元论宗教都提出了这个问题，但印度教徒从没有发明一个撒旦作为对此的回应，而是异口同声地把责任归咎于人类，而这对他们来说是很容易的。为什么？因为正如我告诉你们的那样，他们并不相信灵魂是从虚无中被创造出来的。我们看到，每个人都可以在今生塑造和形成自己的未来，我们每天都在尝试塑造未来，今天的我们正在确定明天的命运，明天的我们也将确定后天的命运，以此类推。这种推理也可以被运用于相反的方向，这是非常合逻辑的。既然我们可以通过自己的行为塑造未来的命运，为什么不把同样的规则运用于过去呢？如果在无限的链条中，一定数量的链块交替重复出现，那么当其中一组链块得到了解释时，我们就可以解释整个链条。所以，在无限的时间里，如果能够取出一部分并解释、理解它，如果自然是齐一的，那么同样的解释就一定可以适用于整个时间链条。如果在一段较短的时间内，我们的确可以制定自己的命运，如果一切都一定拥有一个原因，我们现在的样子就也是自己整个过去的结果。因此，除了人类自己，我们不需要任何其他人来塑造人类的命运。世上的恶都是我们自己引起的，别无他因。我们引起了所有的恶，而正如我们不断看到恶行所导致的苦难那样，我们也看到世上诸多现存的苦难是人类过去恶行的结果。根据这样的理论，应当为此负责的是人类自己。神不应该被责备，祂是永恒的慈父，完全不应该被责备。"人种的是什么，收的也是什么。"

二元论者另一条独特的教义是：每个灵魂最终都会得到救赎，没有人会被排除。通过各种兴衰变迁、各种苦难愉悦，每个人最终都会摆脱出来。从什么中摆脱出来？所有印度教派的共同观念是：所有灵魂都必定会摆脱这个宇宙。我们看到和感到的宇宙，甚至是想象出来的宇宙，都不可能是正确的、真实的，因为它们都是善与恶的混合。在二元论者看来，有一个超越于这个宇宙之上的地方，那里充满了幸福和善，当到达那里时，就不再有出生和重生、生存和死亡的必要了。这样的观念对他们来说是非常宝贵的。那里不再有疾病和死亡，有的只是永恒的幸福，人们会永远与神同在，永远享受祂的福佑。他们相信，从最低级的蠕虫到最高级的天使和神祇，所有存在者迟早都会到达那个不再有任何苦难的世界。但我们的世界永远不会终结，它会无限延伸下去，尽管是波浪式地前进的。虽然处在循环中，但它永远不会终结。需要被拯救、需要变得完美的灵魂的数量是无限的。有些灵魂在植物中，有些在较低级的动物中，有些在人类中，有些在神祇中，但所有这些东西，甚至最高级的神祇都是不完美的，都是受到束缚的。这种束缚是什么？就是必定会出生和死亡，甚至最高级的神祇也会死亡。这些神祇是什么？它们指的是特定的状态、特定的职位。例如，众神之王因陀罗就指特定的职位。在这个循环里，某个已经变得很高级的灵魂填补了那个位置，在这个循环之后它又会作为人类重生并返回地球，而在这个周期中做得很好的人类将在下一个周期填补空缺。所有这些神祇都是如此，它们是特定的职位，被无数灵魂交替填补，在这之后，那些灵魂又会返回并变成人类。那些在这个世界上做了善行并帮助他人的人，可能会想要得到回报，希望往生天堂或得到同伴的赞美，这样的人在死后一定会从善行中得到好处，会变成那些神祇。但这并不是救赎，如果希望得到回报，救赎就永远不会到来。万物之主会赐给人们一切他们渴望的东西。人们渴望权力、名望、像神祇一样的享受，这些渴望可以得到满足，但任何业的结果都不可能是永恒的。经过一段时间后结果就会被耗尽，这或许会极为漫长，但终究会消逝，而这些神祇必定会再次下降变成人类，并获得另一次解脱的机会。低级的动物会提升并变成人或神祇，然后或许会再次变回动物或人，直到它们摆脱了所有享受的欲望，摆脱了对生命的渴望，摆脱了对"我和我的"的执着。"我和我的"是世上所有恶的根源。如果问一个二元论者："你的孩子是你的吗？"他会说："那是神的。我的财产也不是我的，而是神的。"一切都应该为神所有。

印度的这些二元论教派是伟大的素食主义者，是宣扬不伤害动物的伟大传道者。但他们对此的观念与佛教徒大不相同。如果问一个佛教徒："你为什么宣扬不要杀害任何动物？"他会回答说："我们没有权利剥夺任何生命。"而如果问一个二元论者："你为什么不伤害任何动物？"他会说："因为它是属于万物之主的。"所以二元论者说"我和我的"适用于神，而且仅仅适用于神，祂才是唯一的"我"，一切都是祂的。当一个人进入了没有"我和我的"的状态中，当一切都被交给了万物之主，当他爱所有人并准备好去为了一只动物而献出自己的生命、没有任何获得回报的愿望时，他的心灵就会是纯洁的；当心灵变得纯洁时，神的爱就会进入那颗纯洁的心中。神是吸引每个灵魂的中心，二元论者说："被黏土覆盖的针不会被磁铁吸引，而一旦黏土被清除，它就会被磁铁吸引了。"神就是磁铁，人的灵魂则是针，恶行就是覆盖其上的污垢和尘土。灵魂一旦变得纯洁，就会通过自然的吸引而去到神那里并永远与祂同在，但也仍然永远保持分离。只要愿意，完美的灵魂可以采取任何形式，它可以占据一百具身体，也可以一具身体都不占据。它几乎变得全能，只是不能创造，这种力量仅仅属于神。无论多么完美，任何人都无法管理宇宙的事务，这种能力仅仅属于神。当变得完美时，所有灵魂都会变得永远快乐、永远与神同在。这就是二元论的陈述。

二元论者也宣扬另一种观念。他们反对这样的祈祷："万物之主啊，请赐给我这个、赐给我那个。"他们认为不应该这样做。如果一个人必须索求某种物质上的施舍，他就应该向较低级的存在者索求，向某个神祇、天使或完美的存在者索求世俗之物。神只能被爱。"万物之主啊，请赐给我这个、赐给我那个"，这几乎是一种亵渎。因此，在这些二元论者看来，如果有人想要什么东西，那么通过向某个神祇祈祷就迟早会得到这个东西；但如果想要得到救赎，就必须崇拜神。这就是印度大多数人的宗教。

真正的吠檀多哲学开始于那些限制不二论者（qualified non-dualists）。他们声称结果绝不与原因不同，结果不过是原因以另一种形式的再现。如果宇宙是结果而神是原因，那么它一定是神自身——不可能是任何别的情况了。他们的出发点是这样的断言：神既是宇宙的动力因又是质料因；祂自身是创造者，也是投射出整个宇宙的材料。你们语言中的"创世"[1]一词在梵语中没有相等同的词汇，因为没有一个印度教派相信西方所认为的那种从虚无中来的创世。似乎有一些人曾持有这样的观念，但很快就销声匿迹了，目前我不知道有任何教派相信这种说法。我们所说的创造的意思是已经存在的东西的投射。在限制不二论者看来，整个宇宙就是神自身，祂就是宇宙的质料因。我们在吠陀中读到："就像蜘蛛从自己体内将丝线抽取出来……甚至整个宇宙都是这样从存在中出现的。"[2]

如果结果是原因的再现，那么问题就是："这个物质的、无生气的、无知的宇宙是怎样从非物质的、作为永恒智能的神那里产生出来的呢？如果原因是纯洁和完美的，结果怎么会如此不同？"

1　这里的"创世"和"创造"是同一个词"creation"。

2　参阅《大森林奥义书》2.1.20，以及《剃发奥义书》1.1.7。

这些限制不二论者会怎么说？他们的理论非常奇特：神、自然和灵魂这三种存在其实是一个。神就是大的灵魂，而自然和灵魂就是神的身体。正如我拥有一个灵魂和一具身体一样，整个宇宙和所有灵魂也都是神的身体，神则是灵魂的灵魂。因此，神就是宇宙的质料因。身体可以改变——或年轻或衰老、或强大或孱弱——但这对灵魂毫无影响。它是永恒的存在，通过身体得以显现。身体来来去去，但灵魂并不改变。甚至整个宇宙都是神的身体，在这个意义上它就是神。但是，宇宙中发生的变化并不会影响神。祂用物质创造了宇宙，而在一场循环的终结处，祂的身体变得越来越精微，它收缩了（contracts）；在下一场循环的开端处它再次开始扩展，从中进化出所有不同的世界。

二元论者和限制不二论者都承认：灵魂在其本性上是纯洁的，却通过自身的行为而变得不纯洁。限制不二论者比二元论者的表述更为精彩：灵魂的纯洁和完美变得收缩，然后又再次得以显现，而我们现在试图做的就是让智能、纯洁和本就属于灵魂的力量再次显现。灵魂具有很多性质，但并不是全能或全知的。任何恶行都会让灵魂的本性收缩，而任何善行都会让这种本性扩展。所有灵魂都是神的一部分。"正如从一团烈火中飞出无数具有同样本性的火花，灵魂就这样从无限的存在——神——而来。"[1] 每个灵魂都有同样的目标。限制不二论者的神也是人格化的神，是无数有福佑的性质的宝库，只有祂才渗透进宇宙的万事万物中。祂内

1　参阅《大森林奥义书》2.1.20。

在于一切事物中、内在于一切地方，当经典说神就是一切时，意思就是说神渗透进一切中；不是说神变成了墙，而是说神在墙中。在没有祂的宇宙里，不可能有粒子或原子。灵魂都是有限的，并不是全在的。当它们扩展自己的力量并变得完美时，就不会再有生死了，永远与神同在。

现在我们来看看不二论，这是我认为任何国家、任何时代所能产生的最后的、最精美的哲学和宗教之花，人类思想在其中获得了最高级的表达，甚至超越了似乎无法被参透的奥秘。这就是不二论吠檀多，它太深奥、太崇高，因而无法成为大众的宗教。甚至在它的发源地印度，即便在过去的三千年间它是至高无上的，却也未能渗透到大众中去。随着讨论的继续我们会发现，任何国家中最有思想的人也很难理解不二论。我们已经让自己变得如此软弱，已经让自己变得如此低级。我们或许会提出很多主张，但还是自然而然地希望去依赖别人。我们就像渺小而脆弱的植物，总是需要得到支撑。人们不知有多少次向我索要一种"舒适的宗教"！寻求真理的人凤毛麟角，敢于学习真理的人就更少了，而敢于在所有实践中遵循真理的人则是最少的。这也不是他们的错，而完全是大脑的软弱。任何新的思想，特别是高级的思想，都会带来一些扰动，就像试图在大脑中建立一些新的通道一样，这会扰乱系统，让人们失去平衡。人们习惯于特定的环境，不得不克服各种迷信：古代的迷信、祖先崇拜的迷信、阶层的迷信、城市的迷信、乡村的迷信，还有这些东西背后的每个人天生就有的大量迷信。然而，世上有一些勇敢的灵魂敢于去构想真理、接受真理、始终遵循真理。

　　不二论者的主张是什么？他们说：如果神存在，那么神一定既是宇宙的质料因又是动力因。祂不仅是创造者，也是被创造的东西，祂自身就是宇宙。这是如何可能的呢？纯洁的、灵性的神变成了宇宙吗？是啊，看上去是这样的。所有被无知的人看作宇宙的东西都并不真的存在。那么你和我，还有所有我们看到的东西都是什么呢？不过是自我催眠罢了；实际上只有一个存在，就是那个无限者、永远有福佑者。在那个存在中，我们做出各种各样的迷梦。祂就是真我，超越一切，是无限者，超越了所有已知和可知的东西，在祂之内、通过祂我们才看到了宇宙。祂是唯一的实在，是桌子，是我面前的听众，是墙，是一切，只是要减去名称和形式。把桌子的形式和名称除去，剩下的东西就是祂。吠檀多主义者并不将其称为他或她——这些都是人类大脑的虚构和幻觉——灵魂中并不存在性别。身处假象中的人会变得像动物，他们看到男人和女人，而活着的神祇并不会看到男人或女人。那些超越了一切的人怎么会有性别观念？任何人、任何东西都是真我——也就是大我——那是无性别的、纯洁的、永远得到福佑的。是名称、形式和物质身体造成了所有差别。如果除去名称和形式，整个宇宙都将是一；并不存在二，到处都是一。你们和我是一。没有自然、神或宇宙，只有唯一无限的存在，通过名称和形式，所有这些东西都从中被制造出来。如何知道知者？祂不可能被知道。你们如何能够看到自己的大我？你们只能反射自己。整个宇宙其实都是对唯一的永恒存在——真我——的反射，而就像反射会落在好的或坏的反射镜上一样，也会有好的或坏的图像被产生出来。因此，在凶手那里，坏的是东西是反射镜，而不是大我。在圣徒那里，反射镜是纯洁的。大我——真我——自身的本性就是纯洁的。宇宙中唯一的存在也把自己反射为从最低级的蠕虫到最高级、最完美的存在者。整个宇宙是一个统一体，是一个存在，它是物理上、心智上的、道德上的和灵性上的。我们都在通过不同的形式看着唯一的存在，并在其上创建出所有图像。对于把自身局限为人的存在者来说，祂就呈现为人的世界。对于更高级的存在者来说，祂似乎像是天堂。宇宙中只有唯一的灵魂，并没有两个。它既不到来也不离去，既不出生也不死亡，不会轮回。祂怎么可能死亡呢？祂能够去哪里呢？天堂、尘世和所有这些地方不过是心灵的空洞想象。它们并不存在，过去不曾存在，将来也不会存在。

我就是全在的、永恒的。我还可以去哪里呢？难道还有我不在的地方吗？我正在阅读自然这本书。我把它一页页地读完并合上，一场又一场生命之梦就这样消失了；另一页被翻过去，另一场梦到来，然后又离去，如此反反复复。当读完书时，我把它扔到一边，一切就这样结束了。不二论者宣扬的是什么？他们废黜了宇宙中曾经存在或将会存在的所有神祇，把人的大我——真我——放置在王座上，比太阳和月亮都更高，比天堂更高，比这个伟大的宇宙自身更伟大。没有任何书籍、经典或科学能够想象作为人类而出现的大我的荣耀，这是曾经存在的最荣耀的神，也是曾经存在、现在存在和将会存在的唯一的神。因此，我们只需要崇拜我们自己。不二论者说："我崇拜我的大我。"我该向谁跪拜呢？应该向我的大我致敬。我还需要向谁求助呢？难道还有人能够帮助我——宇宙的无限存在——吗？这些都是愚蠢的梦，是幻象。有谁曾帮助过任何人啊？没有。只要看到一个软弱的人，二元论者就会哭泣并哀嚎着寻求来自天上某个地方的帮助，这是因为他不知道天空也在他之内。他想要来自天空的帮助，帮助就来了，但它其实来自这个人之内，却被错误地认为是从外面而来。一个躺在病床上的病人有时会听到敲门声。他站起来开门，发现并没有人。他回到床上，再次听到敲门声，只好再次起身开门，还是没有人。最后他发现，他只是把自己的心跳幻想成了敲门声。人类就这样徒劳地在自身之外寻找各种神祇，之后完成了循环，并回到自己的起点——人类的灵魂。人们会发现，自己在丘陵和山谷间、在每条小溪中、在每座庙宇和教堂中寻找的神，甚至被想象成是坐在天堂里支配全世界的神，就是他的大我。我就是祂，祂就是我。除了我之外没有什么是神，而那个渺小的我则从未存在过。

可完美的神又如何可能被欺骗呢？祂其实从未被欺骗。完美的神怎么可能做梦？祂从不做梦。真理从不做梦，关于这种假象如何产生的问题其实是荒谬的。假象只能从假象中产生，一旦看到真理，假象就不会存在。假象总是建立在假象之上，从不建立在神、真理、真我之上。你们永远不会处在假象中，是假象在你们之内、在你们面前。云朵就在那里，另一片云朵来了，把它推到一边并取代了它的位置。还会有其他云朵再把这片云朵推开。

在永恒的蓝天面前，呈现为各种色调和颜色的云朵出现，停留了一段时间后消失不见，留下的还是永恒的蓝天。你们就像蓝天一样是永恒纯洁、永恒完美的。你们是名副其实的宇宙之神；不，没有两个宇宙之神——只有一。说"你和我"是错误的，要说"我"。是我在无数的嘴里进食，我怎么可能饥饿呢？是我通过无数双手行动，我怎么可能不活跃呢？我就是整个宇宙中存活的生命，哪里还会有我的死亡呢？我超越了所有生命、所有死亡。我应该去哪里寻求自由呢？我的本性就是自由的。有谁能束缚我呢？我可是宇宙之神啊。世上的经典不过是微小的地图，想要绘制我的荣耀，我则是宇宙中唯一的存在，所以不二论者说，这些经典对我来说又算得了什么呢？

"知道了真理，立即就可以自由。"所有黑暗都会消失。当人们将自己看作与宇宙中的无限存在为一体的时候，当所有分离都停止的时候，当所有男男女女、所有神祇和天使、所有动物和植物甚至整个宇宙都融入那种一体性之中时，所有恐惧就都消失了。我能伤害自己吗？我能杀死自己吗？我能让自己受伤吗？我能害怕谁？你能害怕你自己吗？然后所有悲伤会消失。什么会引起我的悲伤？我就是宇宙中唯一的存在。所有嫉妒都会消失，还有谁是嫉妒的对象呢？嫉妒我自己吗？所有不好的感觉都会消失。我还可能对谁拥有不好的感觉呢？对我自己吗？除了我之外宇宙中什么都没有。吠檀多主义者说，这是通向知识的唯一途径。消除区分，消除关于存在着多的迷信。"那个在这个多的世界中看到一的人，那个在大量无觉知的东西中看到有觉知的存在的人，那个在这个影子的世界中抓住了实在的人，永恒的宁静属于他，不属于别的任何人，不属于别的任何人。"

这是印度宗教思想中关于通向神的三个步骤中最突出的要点。我们已经看到，这开始于人格化的、超越宇宙之上的神；然后从外部的宇宙身体走向内部的宇宙身体，走向内在于宇宙的神；最后的终点是把灵魂本身等同于那个神，并造就出唯一的灵魂，祂是宇宙中所有显现的统一体。这就是吠陀的终极奥义（last word）。它开始于二元论，经过限制一元论，终结于完美的一元论。世上很少有人能坚持到最后，甚至都不敢相信它，而根据它来行动的人就更少了。但我们也知道，这里存在着对宇宙中所有伦理、道德和灵性的解释。为什么每个人都说"要对他人行善"？对此的解释在哪里？为什么所有伟大的人都宣扬人类的手足之情（brotherhood），而更伟大的人则宣扬一切生命之间的手足之情？因为无论是否意识到这一点，在所有这些背后，穿过所有非理性的、个人化的迷信，我们都在凝视着大我的永恒之光，否认一切多样性，承认整个宇宙就是一。

终极奥义给予了我们一个宇宙，我们通过感官把这个宇宙看作是物质的，通过理智把它看作灵魂，通过精神把它看作神。对于把罪恶和邪恶的东西作为面纱遮住自己的人来说，这个宇宙会变成一个可怕的地方；对一个想要享受的人来说，这个宇宙会变成天堂；对于一个完美的人来说，一切都会消失并变成他的大我。

对于如今的社会来说，所有三个阶段都是必要的，其中一个阶段并不否定另一个阶段，而仅仅是另一个阶段的实现。不二论者或限制不二论者并不认为二元论是错误的。二元论是正确的见解，只是比较低级，但仍然在通向真理的道路上。因此，要让每个人都依据自己的观念构想对宇宙的愿景。不要伤害任何人，不要否定任何人的立场，让人们站在他们所站立的地方，如果可以的话就向他们伸出援手，把他们带到更高的平台，但既不要伤害也不要毁坏。一切最终都会来到真理那里。"当内心的一切欲望都被完全征服，这个凡人将变得不朽。"——那个人就会变成神。

第十五章
真我的束缚与自由

于美国

在吠檀多哲学看来，宇宙中只有一样真实的东西，那就是梵，其他任何东西都是不真实的，是借助摩耶的力量从梵中显现和制造出的。回归梵是我们的目标。我们每个人都是那个梵、那个实在，再加上摩耶。如果能够摆脱摩耶或无知，我们就会成为自己真正的样子。根据这种哲学，每个人都由三个部分组成——身体，内部器官或心灵，以及隐藏在这些之后的真我、大我。身体是真我的外部涂层，心灵是内部涂层，真我才是真正的感知者、享受者，是身体中的存在者，通过内部器官或心灵使身体运作。

真我是人类身体中唯一非物质性的存在。因为它是非物质性的，所以不可能是复合物，因为不是复合物，所以不遵循因果法则，是不朽的。不朽之物没有开端，因为任何有开端的东西必定有终结。这也意味着它必定是没有形式的，而没有物质也就不可能有任何喜好。任何有形式的东西都一定有开端和终结，没人见过没有开端且不会有终结的形式。形式产生于力和物质的结合。椅子有特定的形式，也就是说，特定数量的物质受到特定数量力的作用，被塑造成特定的形状。这种形状是物质和力相结合的结果。这种结合不可能是永恒的，一定会迎来消解的时刻，因此所有形式都有开端和终结。我们知道自己的身体会消亡，它有开端，也会有终结。但大我是没有形式的，不可能被开端和终结的规律束缚。它存在于无限的时间中，正如时间是永恒的，人的大我也是永恒的。此外，它一定是遍在的，因为只有形式才受到空间的规定和限制，无形式的东西不可能被限定在空间中。所以，根据吠檀多不二论，你我和每个人中的大我、真我都是全在的。你们现在就在太阳之中，正如在地球上一样；现在就在英国，正如在美国一样。大我通过心灵和身体进行运作，无论它们在哪里，这种运作都是可见的。

我们做出的每一次行动、想到的每一个想法，都会在心灵上留下印记，在梵语中这被称为潜印象（saṃskāra），这些印记的总和会成为巨大的力，被称为"性格"。一个人的性格是他为自己创造的，是他一生中所进行的精神和身体活动的结果。潜印象的总和是一种力，会指引这个人死后的方向。一个人死了，身体消解掉并复归于诸种元素，但潜印象会保留下来，附着在心灵之上。心灵是由精微材料构成的，不会消解，因为材料越精微，就会越长久地存在。但在漫长的时间里心灵也会消解，而这才是我们努力的目标。就这方面而言，我想到的最好的例子是旋风。来自不同方向的气流汇合在一起，在汇合点变成一个整体继续旋转。在旋转时，它们形成一团尘埃，在一个地方卷起纸张、稻草等，只为了把这些东西扔到另一个地方并继续移动。旋风就这么不断旋转，用自己遇到的材料制造和形成各种形体。那些在梵语中被称为生命气的力也是如此，它们汇聚在一起，利用物质形成身体和心灵，持续活动直到身体消亡；然后它们会利用其他材料制造另一具身体，当这具身体消亡时，再制造下一个——这样的过程就这么继续着。力离开了物质就无法移动，同样，当身体消亡时，心灵材料会保留下来，生命气以潜印象的形式作用于心灵材料上。接着它移动到另一个地方，从新的材料中制造出另一个旋风，开始新的旅程。它就这样从一个地方移动到另一个地方，直到力全部耗尽。旋风就这样消亡、终结了。当心灵也终结、在不留下任何潜印象的情况下完全瓦解时，我们就彻底自由了，而在此之前我们都是被束缚的。在获得自由之前，真我一直被心灵的旋风包裹着，大家可以想象它从一个地方被带到另一个地方。当旋风消解时，真我会发现自己是遍在的。祂可以去任何自己喜欢的地方，完全是自由的，能够根据自己的喜好制造出任何数量的心灵和身体，但在此之前祂只能御风而行。这种自由正是我们的目标。

假设房间里有一个球，我们每人手里都有一把木槌并开始击打这个球。我们击打它数百次，它从一个点飞到另一个点，直到最后飞出了房间。它会带着怎样的力、向哪个方向飞去？这取决于在房间里所有作用于它之上的力。所有击打都会有自己的影响。我们的所有行为，无论精神上的还是身体上的，都是这样的击打。人类的心灵就是被击打的球。我们在房间这个世界里一直被击打，而飞离房间的路径是由所有击打的力决定的。球的速度和方向每次都取决于自己受到的击打，我们在世上的所有行为就是这样决定我们的来生。同样，我们现在的出生也是过去的结果。可以看看这样的例子：假定我给了你们一根无尽的链条，其中黑色和白色的链块交替出现，无始无终。现在我问你们这根链条的本质是什么。首先，你们会在确定其本质的时候遇到困难，因为链条的两端都是无限的，但你们慢慢会发现这根无尽的链条是黑白两种链块的重复，它们无限地增加并形成一整根链条。如果知道了其中一个链块的本质，就可以知道整根链条的本质，因为它完全就是链块的重复。我们所有的前生、今生和来生似乎构成了一根无尽的链条，无始无终，其中的每一个链块就是一次生命，它的两端是出生和死亡。我们在这里的存在和所做的事情不断被重复，几乎没有什么改变。所以，如果知道了这两个链块，我们就可以知道自己会经历的所有阶段。由此可以看到，自己在这个世上的出生恰恰是被之前的阶段确定的。与此相似，我们在这个世上的存在也是由自己的行为确定的。正如离开时带着现在所有行为的总和，我们来到世上时也带着过去所有行为的总和；带我们离开世界的东西恰恰就是带我们进入世界的东西。是什么带我们进入世界呢？是我们过去的行为。是什么带我们离开世界呢？是我们在这里做出的行为和在将来会做出的行为，如此等等。正如毛毛虫从自己嘴里吐出丝线并建造自己的茧，最后发现自己被茧包裹住了，我们也用自己的行为束缚自己，把行为之网布在自己四周。我们已经在行动中设定了因果法则，而且发现很难摆脱它。我们已经在行动中启动了巨轮并正在被它碾轧。这种哲学告诉我们，我们无一例外地被自己或善或恶的行为束缚着。

真我既不来也不去，既不出生也不死亡。自然在真我面前移动，这种移动反射在真我上。真我无知地认为是自己在移动，而不是自然。当真我这样想的时候，就被束缚了，但当祂发现自己从未移动、是全在的时候，自由就到来了。被束缚的真我被称作个我（jīva）。所以你们看到，当人们说真我来来去去时，只是出于理解上的便利，并不是在描述事实，这就好比为了研究天文学的方便而假定太阳绕着地球转一样。是个我——灵魂——到达更高或更低的状态，这就是著名的轮回法则（law of reincarnation），这条法则束缚住了所有被造物。

人类的前世居然可以是动物，这对于这个国家的人来说简直太可怕了。可为什么不可能是这样呢？无数动物的结局会是怎样的？它们是虚无吗？如果我们拥有灵魂，它们就也拥有；如果它们没有灵魂，我们就也没有。说只有人类拥有灵魂而动物没有，是很荒谬的。我可见过比动物还要糟糕的人类。

从潜印象的观点来看，人类灵魂以较低级或较高级的形式栖居着，从一种形式到另一种形式，但只有在作为人类的最高级的形式中，它才可能达到自由。人类的形式甚至比天使的形式更高级，在所有形式中是最高级的。人类是被造物中最高级的存在者，因为他可以获得自由。

整个宇宙都在梵之中，而且它本就是从祂中投射而来的，也一直在试图回归自己的来源，正如来自发电机的电子在完成循环后要回到发电机一样。灵魂同样如此，它从梵投射而来，经历各种植物和动物的形式，最后以人的形式出现，而人类是最接近梵的了。无论人们是否知道，回归作为投射之源的梵都是生命的伟大努力。在宇宙中，我们在矿物、植物或动物中看到的所有运动、努力，都是为了回到中心并安息。曾经有一种已经被毁坏的安宁，所有组成部分、原子和分子都在努力寻找自己失去的安宁。在这样的努力中，它们组合在一起并重塑自身，产生出自然界中一切奇妙的现象。动物生命、植物生命以及任何其他地方的努力和竞争，还有一切社会性的争斗和战争，都不过是回归安宁的永恒努力的体现。

从出生到死亡的旅程，就是梵语中所说的轮回（saṃsāra），其字面意思就是生与死的流转。所有被造物都要经历这种流转，最终会变得自由。可能会有这样的问题出现：如果所有人都会变得自由，为什么还要努力去达到自由呢？如果每个人都将自由，我们似乎应该坐下来等待才对。的确，每个存在物迟早都会自由，没有人会迷失，没有什么会被破坏，该来的一定会到来。可如果是这样，我们的努力还有什么用呢？首先，努力是把我们带到中心的唯一手段；其次，我们不知道为什么要努力，但不得不这样做。"在成千上万的人里，有些人被这样的想法唤醒了：自己将会变得自由。"绝大多数人对物质上的东西感到满意，但有些人已经觉醒了，受够了这场游戏，想要回去。这些觉醒的人自觉地做出努力，其他人则不自觉地做出努力。

　　吠檀多哲学的全部要义就是"放弃这个世界"，放弃不真实的东西并接受真实的东西。迷恋这个世界的人可能会问："我们为什么要尝试摆脱这些而回到中心呢？假设我们都来自神，可我们发现这个世界是令人愉悦且美好的，为什么不应该试图从这个世上得到越来越多的东西呢？我们为什么要离开它啊？"他们说，看看世上每天都在发生的惊人进步吧，有多少奢侈品被制造出来啊，这可真让人舒心。我们为什么要离开并为了另外的什么东西而奋斗呢？答案是：我们曾多次享受同样的东西，但世界注定会毁灭，注定会烟消云散。我们现在看到的所有形式都一再显现出来，我们生活于其中的世界此前多次存在。我之前曾多次在这里与你们交谈。你们会知道情况一定是这样的，而且你们之前就曾多次听到过现在听到的这些话。同样的事情已经多次被重复。灵魂从未有什么不同，身体却在不断消融和重现。而且，这些事情会周期性地发生。假设这里有几个骰子，当我们投掷它们时，一个骰子的数字是五，一个是四，另一个是三，还有一个是二。如果你们继续投，肯定会有同样的数字再次出现的那一刻。要是继续投，无论间隔多久，这些数字一定会再次出现。我们不能断言在多少次投掷后它们会再出现，这是概率问题。灵魂和肉体之间的结合也是如此。无论时间上的间隔有多远，相同的结合与消解总是一再发生。出生、饮食然后死亡，同样的事情一次又一次地流转着。有些人从未发现任何比这个世上的愉悦更高级的东西，但是那些想要飞得更高的人却发现这些愉悦绝不是终点，而只是过眼云烟。

可以说，从小虫子到人类的任何形式，都像是芝加哥摩天轮上的一个轿厢，摩天轮永远在转动，乘客却在变化。一个人走进轿厢，摩天轮转动，然后他走出来，摩天轮继续转动。一个灵魂进入一种形式，在其中栖居一段时间，然后离开它并进入另一种形式，接着再离开并进入第三种形式。流转就这样继续着，直到灵魂离开摩天轮并变得自由。

在任何国家、任何时代，人们都知道那种可以读出一个人过去和未来的惊人能力。对此的解释是：只要真我处于因果领域内——尽管固有的自由并没有完全丧失而且可以维系自己，甚至能够将灵魂从因果链条中释放出来，就像在变得自由的人那里那样——相应的行为就会极大地被因果法则影响，从而使那些能追踪结果的人读出过去和未来。

只要有欲望或愿望，就注定会有不完美之处。一个完美的、自由的存在者不可能拥有任何欲望。神不可能想要任何东西，如果祂想要，就不可能是神，这样的存在者是不完美的。所有关于神想要这个或那个、交替地变得生气或高兴的说法都是痴人说梦，没有任何意义。因此所有老师都教导说："不要渴望任何东西，放弃所有欲望并感到完全的满足。"

一个没有牙齿的婴儿爬进这个世界，一个没有牙齿的老人爬出这个世界。这两种极端是相似的，但前者没有任何关于生命的经验，后者则经历了所有这一切。当以太的振动频率非常低的时候，我们看不到光而只能看到黑暗；当振动频率非常高时，产生的也是黑暗。尽管两个极端像两极一样相距遥远，看上去却通常是一样的。墙没有欲望，完美的人也没有欲望，但墙是没有足够的感知能力来欲望，完美的人则是没有什么东西可去欲望了。有些傻瓜在这个世上没有欲望，只是因为他们的大脑不够完美，最高级的状态也是没有欲望，但这两者是同一种存在的相对的两极。一方接近动物，另一方则接近神。

第十六章
真正的和表面上的人

于纽约

我们站在这里，眼睛有时会盯着前方数英里远的地方。自从开始思考以来，人类就在这样做。人总是向前看，向远方看。他想知道，在身体消解之后自己会去哪里。人们提出了各种不同的理论，一个又一个体系出现，提出各种解释。有些已经被抛弃了，有些仍然得到认可。只要人类还在这里、还在思考，这样的事情就会继续下去。这些体系中的每一个都包含了某些真理，但也包含了大量错误的东西。我将尝试向你们呈现印度在这方面所做探究的总体情况、实质以及结果。我将尝试调和关于这个主题的各种思想，因为印度哲学家不时提出各种想法。我将尝试调和心理学家和形而上学家，如果可能的话，还会在他们与信奉现代科学的思想家之间做出调和。

吠檀多哲学的主题之一就是追求统一性。印度的心灵并不关心特殊，而总是在追寻一般者，不，应该说是普遍者。"通过知道它而其他一切就被知道的东西，是什么呢？"[1] 这是唯一的主题。"通过知道一块黏土，我们就知道了宇宙中所有黏土的本性；那么，通过知道什么，我们就知道了整个宇宙自身呢？"[2] 这是唯一的探索。在印度教哲学家看来，整个宇宙可以被分解为一种物质，就是空元素。我们在周围看到的一切，比如感觉、触觉、味觉，都不过是空元素的有区分的显现。它是无处不在的、精微的。所有我们称之为固体、液体、气体、图形、形式、身体、地球、太阳、月亮、星星的东西，都是由空元素组成的。

是什么力量作用在空元素之上并从中塑造了这个宇宙？是与空元素一同存在的普遍力量，那是宇宙中的所有力量，显现为力或吸引——不，甚至还显现为思想——这不过是印度教徒所说的生命气的不同显现。是生命气作用于空元素之上，创造了整个宇宙。在循环的开始，生命气似乎沉睡在空元素无限的海洋里，一动不动地存在着。然后，在生命气的作用下，空元素的海洋开始出现运动，生命气也开始运动、振动，从这片海洋中产生出各种天体系统、太阳、月亮、星星、地球、人类、动物、植物，还有各种力和现象的显现。因此，力量的每种显现都是生命气，每种物质性的显现则都是空元素。当这个循环将要结束时，我们所说的一切固体都将融化为下一种形式，即更精微的或液体的形式，

1　参阅《剃发奥义书》1.1.3。

2　参阅《歌者奥义书》6.1.4。

然后会融化为气体，再融化为更精微、更均匀的热的振动，最后融化为最初的空元素；我们现在所说的吸引、排斥和运动，都会缓慢消解为最初的生命气。然后，生命气据说会沉睡一段时间，再次浮现出来并投放出所有这些形式。当这段时期结束，一切会再次平息。这种创造的过程就这样上上下下、前后震荡着。用现代科学的语言来说，它在一个时期内变得静止，在另一个时期内则变得有活力；在这个时期变为潜在的，在下一个时期则变得活跃。这种交替改变会永远进行下去。

但这样的分析还是片面的。其中的大部分已经为现代科学所知。在此之上的东西，物理学研究则无法达到，但探究不会由此就停下来。我们还没有找到这样一个东西，通过知道它而其他一切东西就都被知道了。我们已经把整个宇宙分解为两种成分，即物质和能量，在印度古代哲学中它们被称为空元素和生命气。下一步是把空元素和生命气分解为它们的起源。这两者都可以被分解为更高级的东西，那就是心灵。从心灵——也就是大（mahat）或普遍存在的思想力量——中，空元素和生命气被制造出来。与空元素或生命气相比，思想是更精微的显现。是思想把自身分裂为这两者。普遍的思想从一开始就存在，它显现、改变、将自身进化为空元素和生命气，通过这两者的结合，整个宇宙得以产生。

接下来我们看看心理学。我在看着你们。外部感觉通过眼睛被传送给我，然后又通过感觉神经被传送给大脑。眼睛并不是视觉器官，只是外部的工具，因为如果真正的、把感觉传送给大脑的器官被毁坏了，就算我有二十只眼睛也无法看到你们了，就算视网膜上的图像再完整也无济于事。因此，器官是不同于工具的，在眼睛这个工具背后一定存在着器官。对所有感觉来说都是这样。鼻子并不是嗅觉感官，只是一个工具，而它之后才是器官。在我们拥有的一切感觉中，首先存在的是物质身体中的外部工具；在那之后才是器官，它们存在于同一个物质身体中；但这些仍然是不够的。假设我们跟你们说话，你们也在聚精会神地听。突然发生了什么，比如铃声响起，你们可能并没有听到铃声。声音的振动到达你们的耳朵，刺激鼓膜，产生的印象通过神经被传送给大脑，如果振动被传送给大脑的整个过程都完成了，你们为什么还听不到？因为还有其他东西在起作用，而此时心灵并不是与器官相连接的。当心灵把自身同器官相分离，纵使器官可以给它带来新的东西，心灵也不会接受它。只有当心灵把自身与器官相连接时，才可能接受新的东西。即便如此，这还不是事情的全部。工具可以从外部带来感觉，器官把感觉向内传递，心灵可以把自己与器官相连接，但感知可能还是不完整。还有一个因素是必要的，那就是必须有内部的反应。知识是伴随着这种反应而来的。外部的东西把新的信息发送给我的大脑。我的心灵接受了它，把它呈现给理智，理智把它同之前接收到的印象关联在一起，并发出一种反应之流（current of reaction），感知就是随着这种反应而来的。在此起作用的就是意志。做出反应的心灵状态被称作觉（buddhi），也就是理智。但即便如此整个事情还是没有完成，还需要更进一步。

假设这里有一部相机，远处有一块布，我试图把图像投射到那块布上。我需要做什么？要引导各种光线穿过相机落在那块布上，并在那里聚集起来。为了让图像得到投射，必须要有某个不移动的东西。在一个移动的东西上不可能形成图像。那个东西必须是静止的，因为我投射在其上的光线是移动的，这些移动的光线必须在某个静止的东西上聚集、联合、协调并得以完成。被我们的感官向内传送并呈现给心灵、又被心灵呈现给理智的感觉也是如此。除非背景中存在某个永恒不变的东西，图像可以在其上形成，而且我们可以把不同的印象统一起来，否则这个过程是不可能完整的。是什么让不断变化的存在获得统一性？是什么让不断移动的事物保持同一性？我们的不同印象在什么东西上被拼接在一起，感知是在什么东西上聚合在一起、保留下来并形成一个整体？我们已经发现，要实现这个目标，必须有某个东西，它相对于身体和心灵而言都是静止不动的。相机把图像投射于其上的那块布，相对于光线来说是静止不动的，否则就不会有图像存在。也就是说，感知者必定是一个个体，心灵在其上描绘所有这些图像，被心灵和理智传送的感觉被放置其上并形成一个统一体——我们所说的这个东西就是人的灵魂。

我们已经看到，是普遍的宇宙心灵将自身分裂为空元素和生命气，而在心灵之上，我们已经在自身之内发现了灵魂。在宇宙中，在普遍的心灵之后还存在着一个灵魂，被称作神。在个人层面，它就是人的灵魂。在宇宙中，恰恰就像普遍的心灵进化为空元素和生命气一样，我们或许也会发现普遍的灵魂自身进化成了心灵。个体的人也是如此吗？他的心灵是身体的创造者，而灵魂则是心灵的创造者？也就是说，他的身体、心灵和灵魂要么是三个不同的存在，要么是一体的，要么是同一个存在的不同状态？我们要逐步尝试找出问题的答案。我们现在已经迈出的第一步是：有外部的身体，在它背后是器官、心灵和理智，在这些背后则是灵魂。在这一步中我们已经发现，灵魂与身体是相分离的，与心灵自身也是相分离的。在这一点上，宗教世界中的观点产生了分歧。所有通常被称作二元论的宗教观点都认为：灵魂是受到限制的，拥有各种性质，所有享受、愉悦、疼痛的感觉其实都属于那个灵魂。不二论者则否认灵魂具有任何这样的性质，说它是不受限制的。

让我首先来介绍二元论者，并向你们展示他们在灵魂及其命运方面的立场，随后我会再讲讲与他们相抵触的体系，最后再尝试找出不二论者带给我们的和谐。既然人的灵魂与心灵、身体相分离，不是由空元素和生命气组成的，因此一定是不朽的。为什么？我们所说的可朽是什么意思？意思就是分解。而这只有对于合成的东西来说才是可能的，任何由两种或三种成分组成的东西一定会分解。不是合成的东西永远不可能分解，因此永远不可能死亡。它是不朽的，在永恒中存在，不是被创造的。创造产生的每个东西都是合成的，没人见过从虚无中而来的创造。我们知道的一切创造都是把存在的东西组合成新的形式。既然人类灵魂是简单的，它过去一定一直存在，将来也永远存在。当身体消亡时，灵魂还在存活。在吠檀多主义者看来，当身体消解时，人的生命活力就返回到他的心灵中，而当心灵消解时，生命活力就返回生命气之中。当生命气进入人的灵魂，人的灵魂就会现身，穿上精微身，也就是精神身体、灵性的身体——你们也可以使用任何自己喜欢的名字。人的潜印象就在这样的身体中。什么是潜印象？心灵像是一片湖水，每个念头都像是湖面上的波浪。正如波浪涌起又落下一样，思想的波浪也不断地在心灵材料中涌起并落下，但并不会永远消失。它们变得越来越精微，但都还在那里，准备在另外的某个时间被唤醒。记忆不过是以波浪的形式把一些已经变成精微状态的思想重新唤起。因此，我们曾想过的一切、曾做过的一切，都存留在心灵之中，它们都以精微的形式存在，当一个人死亡时，心灵中潜印象的总和就以精微物质作为媒介再次起作用。灵魂仿佛穿着这些潜印象和精微身织成的外衣沉沉睡去，而灵魂的命运受到不同潜印象所代表的不同力量的合力的引导。在我们看来，灵魂有三种不同的目标。

那些灵性非常高的人死去后会随着太阳的光芒到达太阳领域（solar sphere），经由那里到达月亮领域（lunar sphere），再经由那里到达闪电领域（sphere of lightning），在那里会与另一个已经得到福佑的灵魂相遇，后者会把新人引导到最高级的领域，也就是梵界。这些灵魂在那里变得全知、全能，几乎与神一样有力且无所不知。根据二元论者的说法，它们永远停留在那里；根据不二论者的说法，它们在循环结束时变得与普遍者合而为一。第二类人常常带着自私的动机去行善，死后会被自己善行的结果带到月亮领域，那里有各种天堂，它们在那里获得了精微身，也就是神祇的身体。它们变成了神祇，居住在那里并长久享受天堂的福佑。在那之后，旧的业力会再次作用在它们身上，所以它们会再次回到地球上。它们穿过空气和云层的领域，以及所有各种的领域，最后通过雨滴的形式达到地球。它们把自身附着在某些谷物上，被适合为它们提供新身体的人吃下去。最后一类人则是恶人，死后会变成鬼魂或恶魔，生活在月亮领域和地球之间的某个地方。他们中的一些试图扰乱人类，另一些则是友好的。在那里生活一段时间后，他们也会返回地球并变成动物。在动物身体内生活一段时间后，他们得到了释放，再次变成人类，重新得到机会去实现自己的救赎。我们看到，那些几乎达到完美的人只保留着微乎其微的杂质，通过太阳的光线去到梵界。那些居于中间状态的人，在这里做了一些善行而怀揣着去天堂的想法，他们去往月亮领域中的天堂，在那里获得神祇的身体，但他们必须再次变成人，以获得一次变得完美的机会。那些非常邪恶的人则变成鬼魂或恶魔，然后可能不得不变成动物，在那之后他们再次变成人，并再一次获得让自己完美的机会。地球被称为"karmabhūmi"，也就是业力的领域。人只有在这里才能制造善业或恶业。如果一个人想往生天堂并为此行善，他就会变得很好，并且不积累任何恶业。他只是享受自己在地球上所做善行的结果，当善业耗尽时，他前世积累的所有恶业的合力就会对他产生作用，这会使他再次下降回地球。同样，那些变成鬼魂的人保持着相应的状态，不会产生新的业，只是遭受过去的错误带来的恶果，然后在动物体内停留一段时间而不引起任何新的业。这个时期过去后，他们会再次变成人。善业和恶业带来的奖惩缺乏产生新的业的能力，人们只能享受或忍受它们。如果有很善或很恶的业，果报会立即到来。比如，一个人一生都在不断作恶，但却做了一件善事，那次善行的结果就会立即体现出来，但在此之后，恶行也一定会产生自己的结果。所有做出善行和伟大行为但生活宗旨不正确的人都会变为神祇。在神祇的身体中生活一段时间、享受了神祇的力量后，他们会再次变成人。当善行的力量耗尽后，旧的恶就会浮现出来并起作用。那些做出极端恶行的人不得不进入鬼魂或恶魔的身体，当恶行的影响耗尽时，保留在他们那里的小小的善行会让他们重新变成人。在梵界是不会再跌落或返回的，通向梵界的路就被称作"devayāna"，也就是通向神的路；通向天堂的路是"pitṛyāna"，也就是通向父亲的路[1]。

因此，在吠檀多哲学看来，人才是宇宙中最伟大的存在，而这个业的世界是其中最好的地方，因为在这里才有让人变得完美的最伟大、最好的机会。天使或神祇——无论怎么称呼它们——如果想变得完美，都必须变成人类。这是伟大的中心，是奇妙的地方，是难得的机会——这就是人生。

接下来我们来看看哲学的另一个方面。有的佛教徒否认我刚才提出的全部关于灵魂的理论，他们说："假定某个东西作为基底、作为身体和心灵的背景，有什么用呢？我们为什么不允许思想继续下去？为什么要承认超越于心灵和身体所组成的有机体之

1　这里所讲的说法请参阅《歌者奥义书》4.15.5，以及 5.10.1—4。"通向父亲的路"指的是祖先崇拜的观念，在天堂中与逝去的亲人生活在一起。

上的第三种实体，也就是所谓的灵魂？这有什么用呢？有机体难道不足以解释它自身吗？为什么要引入第三个东西呢？"这些论证是非常有力的，推理也非常严密。就关于外部的研究而言，我们看到这样的有机体是足以解释其自身的——至少我们中的许多人是这样认为的。那么为什么需要有一个灵魂作为基底呢，它既不是心灵也不是身体，却是心灵和身体的背景？就假定只存在心灵和身体吧，身体是不断变化的物质之流的名称，心灵是不断变化的意识或思想之流的名称。是什么产生了这两者之间表面上的统一性？我们假定这种统一性并不真的存在。例如，拿起一支点燃的火把在自己面前快速绕圈，你们就会看到一个火圈。这个圈并不真的存在，因为火把是在不断移动的，它留下了圆圈的外观。因此，生命中并没有统一性，它不过是一堆不断奔流而下的物质，你们可以把这称为一个统一体，但也就不过如此了。心灵也是如此，每个思想都是彼此独立的，在统一体这个假象的背后只不过是奔腾的激流，根本不需要第三种实体。关于身体和心灵的普遍现象就是全部真相，不要在背后设置任何东西了。你们会发现，这种佛教思想在现代已经被某些教派和流派接受，而它们还都声称这是新东西，是自己的发明。大多数佛教哲学的核心观念是：这个世界就其自身而言是完全自足的，不需要寻求任何背景性的东西，一切不过就是这个感官宇宙。认为某个东西在支撑这个宇宙，这有什么用？一切都是性质的聚合，为什么要存在一种它们所固有的、假定的实体？实体观念来自性质的快速变换，而不是源自某个存在于其后的不变的东西。我们看到这些论证多

232

么奇妙，它们很轻松就抓住了人类的日常经验——实际上，能够想到现象之外的东西的人可谓是万里挑一了。对绝大数人而言，自然看上去不过就是一堆变化的、旋转的、混合在一起的变化之物，很少有人能够瞥见这些东西背后宁静的大海。对我们来说，自然总是波动不已的，宇宙在我们看来不过就是翻滚的波浪。由此我们发现了这样两种意见。一种意见主张：身体和心灵背后有某种不可改变、不可移动的实体；另一种意见主张：宇宙中不存在这样不可改变、不可移动的东西，一切都是变化，只有变化存在。对这种差异的解决在于下一步，也就是不二论。

不二论说：在寻找一切背后的、作为背景而不会改变的东西这一点上，二元论者是正确的，因为如果没有不可改变的东西，我们也就不可能设想任何变化。我们只能通过知道某个变化较少的东西来设想任何可改变的东西，而与另外某个变化更少的东西相比，这个东西看上去必定又是更容易变化的，以此类推，直到我们不得不承认一定存在着某个从不变化的东西。整个显现一定曾经处于一种非显现的状态，平静而沉默，是相对立的力的平衡，也就是说，此时没有力在起作用，因为只有当平衡被扰乱时，力才会开始起作用。宇宙一直急于再次回到平衡状态。如果还有什么事实是我们能确定的话，肯定就是这个事实。当二元论者声称存在某个不变的东西时，他们是完全正确的。但他们分析说，这是一种隐藏的、既不是身体也不是心灵的东西，是与两者都相分离的——这却是错误的。就说整个宇宙都是一团变化之物这一点而言，佛教徒是完全正确的。只要我是与宇宙相分离的，只要我往后退并看着自己面前的某个东西，只要还存在着两样东西——观看者和被观看的东西——宇宙看上去就是一个变化的宇宙，总是在变化中的。但实际情况是：在这个宇宙中既有变化又有不变性。灵魂、心灵和身体并不是三个相分离的存在，因为这三者组成的有机体的确是一个东西。它看上去既是身体、心灵，又超越了身体和心灵，并不等同于它们。看到了身体的人可能并没有看到心灵，看到了心灵的人可能并没有看到灵魂，而对看到了灵魂的人来说，身体和心灵则都消失了。只看到运动的人绝不会看到绝对的平静，而对看到绝对平静的人来说，运动则消失了。一根绳子可能被误当作一条蛇。对于把绳子看作蛇的人来说，绳子就消失了；当幻觉终止而绳子又被看到时，蛇就消失了。[1]

只有一个无所不包的存在，它看上去则像是多样的。这个大我、灵魂或实体就是宇宙中存在的一切东西。这个大我、灵魂或实体——用不二论的语言来说就是梵——由于名称和形式的介入，看上去似乎是多样的。看看大海中的波浪吧。波浪并不真的与大海不同，是什么让它们看上去不一样呢？就是名称和形式，就是波浪的形式和我们赋予它的名称"波浪"。如果没有了名称和形式，一切就都是大海。谁能在波浪和大海之间做出真正的区分？整个宇宙也是如此，它是一个统一的存在，名称和形式造就了各种各样的差异。当阳光照耀着无数水珠时，每颗水珠上都可以看到太阳最完美的呈现。唯一的灵魂、唯一的大我、宇宙中唯

---

1 这是一个常被商羯罗引用的例子，例如《示教千则》韵文部分14.17、散文部分2.55等处（商羯罗《示教千则》，孙晶译释，商务印书馆2012）。

一的存在就像这样被映照在无数名称和形式的水珠上，看上去似乎是多种多样的，但实际上只不过是一。不存在"我"或"你"，一切都是一。一切也都是"我"或都是"你"。二元的观念就像长出两个头的牛一样，是完全错误的，而我们通常所知的整个宇宙都是这种错误知识的产物。当分辨力出现时，人们发现存在的不是二而是一，发现自己就是这个宇宙。"我就是现在存在的这个宇宙，它是一堆不断变化的东西。我就是超越于一切变化、一切性质之上的东西，永远完美、永远有福佑。"

因此，只有一个真我，一个大我，它是永远纯洁、永远完美、不可变化、不会改变的。它从未改变过，宇宙中的一切变化都不过是大我的外表。

加在它之上的名称和形式描绘了所有这些梦境，是形式使得波浪与海洋不同。假设波浪平息了，形式还会存在吗？不，它会消失。波浪的存在完全依赖于海洋的存在，但海洋的存在根本不依赖于波浪的存在。只要波浪存在，形式就会得以保留，但只要波浪平息了，形式就会消失，不可能再存留。名称和形式是摩耶的结果，是摩耶造就了个体，让个体彼此看上去不一样。但摩耶并不实际存在，不能被说成是存在的。形式不能被说成是存在的，因为它依赖于另一个东西的存在；但也不能说它不存在，毕竟它造成了这些差别。依据不二论哲学，这种摩耶或无知——或者说名称和形式，或者像在欧洲那样被说成是"时间、空间和因果关系"——是从无限的存在中来的，这个无限的存在向我们展现了宇宙的多样性，而实质上宇宙是一。只要有人认为存在着两个终极的实在，他就错了。当知道了只有一个终极实在时，他才是正确的。这一点每天都在物理、心智和灵性层面上被证明给我们看。今天已经证明了，你和我，日月和星辰，不过是物质海洋中不同的点的名称，而物质的结构布局在不断改变着。几个月前在太阳中的能量粒子，现在可能在人类身上，明天可能在动物身上，后天则可能在植物身上，就这样来来去去。一切都是一堆连绵不断的、无限的物质，只是被名称和形式区分了。一个点被叫作太阳，另一个点被叫作月亮；一个点被叫作星星，另一个点被叫作人类；一个点被叫作动物，另一个点被叫作植物；如此等等。所有这些名称都是虚假的，不具有实在性，因为一切都是一堆不断变化的物质。从另一个角度看，同一个宇宙又是一片思想的海洋，其中我们每个人都是一个被称作特殊心灵的点。你是一个心灵，我是一个心灵，每个人都是一个心灵。从知识的角度看，当眼睛和心灵变得纯洁时，同一个宇宙看上去就像是连绵不断的绝对存在，永远纯洁、不变、不朽。

那么，二元论者的三重末世论（threefold eschatology）会变得怎样呢：一个人死后或者去天堂，或者去这个或那个领域，或者变成鬼魂、动物？不二论者则说：没有任何人来了又走，你怎么可能来了又走呢？你是无限的啊，还能去什么地方？在某所学校一些小朋友正在接受考试。考官愚蠢地向小朋友们提出各种难题。其中一个是："为什么大地不会向下落？"他的意图是引导孩子们得出关于万有引力或其他错综复杂的科学真理的想法。孩子中的大多数根本无法理解这个问题，因此给出了各种错误的答案。但一个聪明的小女孩却用另一个问题加以回答："它会落到哪里去呢？"考官的问题其实是胡说。宇宙中没有上和下，这样的观念只是相对的。对灵魂而言也是如此，关于灵魂生死的问题完全是胡说。是谁来了又去呢？难道还有你不在的地方吗？还有你不在其中的天堂吗？人的大我是全在的，它会到哪里去呢？它有什么到不了的地方呢？它是无处不在的。所有关于生与死、天堂、更高级的天堂、更低级的世界的幼稚梦想和愚蠢假象，对完美的人来说都会立即消失。对近乎完美的人来说，在看到了梵界的一些场景后，这些也会消失。对无知的人来说这些则会继续存在。

整个世界为什么会相信往生天堂、相信死亡和出生？我正在读一本书，一页页地翻阅，另一页被翻到然后又被翻过去了。是谁在改变？是谁在来来去去？不是我，而是书。整个自然就是灵魂面前的一本书，一章接一章地被翻阅，不时有新的场景出现，又被翻过去。新鲜的东西一个个出现，灵魂却始终如一——它是永恒的。改变的是自然，而不是人的灵魂。这一点一直都是如此。生和死都在自然之中，而不是在你们之中。无知只是一种迷惑，正如我们以为是太阳而不是地球在移动一样，我们也错误地以为是我们死了而不是自然死了。因此，这些都是幻象。当我们认为是田野而不是火车在移动时就陷入了幻象，生与死就是这样的幻象。当人们处于特定的心境中时，就会把存在看作地球、太阳、月亮和星星，所有处于同样心灵状态的人都会看到同样的东西。在你我之间可能存在着数以百万计的不同存在者层面。它们绝不会看到我们，我们也绝不会看到它们，我们只能看到与自己处于相同心灵状态、相同层面上的东西。乐器会对那些与自己振动相协调的乐器做出回应，如果振动的状态——有人称之为"人类振动"——发生改变，人类就不会再被看到了，整个"人类宇宙"就会消失，其他景象会取而代之并呈现在我们面前。这可能是神祇或神的宇宙，而对邪恶的人来说，也可能是魔鬼或恶魔的世界。但所有这些都只是对同一个宇宙的不同看法。从人类的层面看，这就是被看作地球、太阳、月亮、星星和所有类似东西的宇宙；而从邪恶的层面来看，同一个宇宙就呈现为地狱。那些想要把它看作天堂的人把同一个宇宙看作天堂。那些梦想去往坐在宝座上的神祇那里并在一生中都全力赞美祂的人，在死后会看到自己心灵中的一切景象：这个宇宙会变成广阔的天堂，各种有翅膀的存在物飞来飞去，一位神祇坐在宝座上。这些天堂其实都是人类自己创造的。所以在不二论者看来，二元论者说的是真的，但这不过都是他们自己的创造。这些球体、魔鬼、神祇、轮回和转世不过是神话，人类的生命也是如此。人类总是会犯的一个重大错误就是，认为只有这样的生命才是真实的。当一样东西被称作神话时，人类能很好地理解它，可当涉及自己的处境时，人们就不愿意承认这也是神话了。一切看上去不过都是神话，而所有谎言中最大的谎言就是：我们是身体。实际上我们从来都不是身体，也不可能是。所有谎言中最大的谎言就是：我们仅仅是人类。实际上我们是宇宙之神。在崇拜神时，我们其实一直都在崇拜我们隐藏的大我。你们曾用来欺骗自己的最糟糕的谎言就是：

你们生下来就是一个罪人或恶人。只有罪人才会在另一个人身上看到罪。假设这里有一个婴儿，你们在桌子上放了一袋黄金，此时一个强盗破门而入抢走了黄金。对于婴儿来说这都是一样的，屋里没有强盗，屋外也没有。对罪人和卑鄙的人来说，外面到处都是卑鄙，而对善良的人来说则没有这些东西。所以，恶人把这个宇宙看作一个地狱，部分善良的人把它看作天堂，而完美的存在者则亲证它就是神自身。只有当遮盖眼睛的面纱被拿开，纯洁的、洁净的人才发现自己看到的一切景象都改变了。已经折磨了他数百年的噩梦都消失了，而认为自己是人类、神祇、魔鬼的人，认为自己生活在低级的层面上、高级的层面上、地球上、天堂里的人，发现自己其实是全在的；一切时间在他之内，他却不在任何时间之内；一切天堂在他之内，他却不在任何天堂之内；人类崇拜的一切神祇都在他之内，他却不在任何这样的神祇之内。他是神祇、魔鬼、人类、植物、动物和石头的制造者，人类真正的本性现在向他展现，比天堂更高级，比我们的宇宙更完美，比无限的时间更无限，比全在的以太更全在。只有这样人才会变得无所畏惧，变得自由。然后所有妄想都会停止，所有痛苦都会消失，所有恐惧都会永远终结。出生与死亡紧紧相随，痛苦与愉悦一体两面，尘世与天堂结伴而行，身体与心灵形影不离。如果那个人消失了，整个宇宙就会消失。这种不断的探索、移动和努力的力量永远停止了，那显现为力量与物质、自然的争斗、自然自身、天堂、大地、植物、动物、人类和天使的人，那个变成了无限的、不可毁坏、不可改变的存在的人，那个知道了一切的人，发现自己与那个存在合而为一。"就像各种颜色的云朵出现在天空，在那里停留一秒钟然后消失"，所有这些景象也都出现在灵魂面前：地球与天堂、月亮与神祇、愉悦与痛苦。但它们都会消逝，只留下无限的、蔚蓝的、不变的天空。天空从不改变，改变的是云朵。认为天空在改变是错误的；认为我们是不纯洁的、有限的、相分离的，这也是错误的。真正的人是一个统一的存在。

现在有两个问题。第一个是："这有可能被亲证吗？到目前为止它还只是原则、只是哲学，但可能亲证它吗？"的确可能。有些人仍然存活在这个世界上，但对他们而言妄想已经永远消失了。他们获得这种亲证后立即死亡了吗？并不是这样的。由一根车轴连在一起的两个轮子会一起转动。如果我抓住其中一个并用斧子劈断车轴，被抓住的那个轮子会停下来，但另一个轮子上还有过去的动量，所以它在继续运转一段时间后才会倒下。[1] 纯洁而完美的存在者——灵魂——是一个轮子，而关于身体和心灵的幻觉则是另一个轮子，它们由业力这根车轴连在一起。知识就是斩断两者之间束缚的那把斧子，而灵魂的轮子会停下来——不再认为自己来来去去、存活并死亡，不再认为自己是自然，不再拥有想要的东西和欲望，会发现自己是完美的、无欲无求的。但在另一个轮子上，也就是身心之轮上，还有过去行为的动量。所以它还会存活一段时间，直到过去业的动量都耗尽，身体和心灵才会

1 　参阅《数论颂》67，姚卫群编译《印度古代宗教哲学文献选编》第319页。

消逝，灵魂则变得彻底自由。不再存在去往天堂而又返回的东西了，甚至没有去往梵界或任何最高领域的东西了，因为他还能从哪儿来、到哪儿去呢？对于在今生达到这种状态的人来说，至少有一分钟的时间，世界的普通景象改变了，实在变得明显，这样的人被称为"生解脱者（Living Free）"。吠檀多的目标就是在活着的时候获得自由。

有一次在印度西部，我在印度洋沿岸的沙漠地带旅行。一连好几天我都在徒步穿越沙漠，但令我惊讶的是，我每天都可以看到有绿树环绕的美丽湖泊，树的倒影映在湖面上，随微波摇曳。我自言自语道："看上去多么奇妙啊，人们竟然把这称作一个沙漠之国！"我花了几乎一个月的时间旅行，欣赏奇妙的湖泊、树木和植物。一天我非常口渴，想要喝水，于是就走向一片清澈、美丽的湖水，当我接近它时，它就消失了。当时有一个念头立即闪现在我的脑海里："这是我一生中读到的东西产生的海市蜃楼。"我立即明白了，在这一个月的每一天里，我看到的都是海市蜃楼，而对此一无所知。第二天早上我继续旅行，又出现了一片湖水，但随之而来的想法是，这也是海市蜃楼而不是真实的湖水。整个宇宙也是如此。我们所有人都日复一日、月复一月、年复一年地在海市蜃楼的世界里旅行，却对此一无所知。某一天这样的假象会破灭，但还会再回来。身体不得不受制于过去的业的力量，所以海市蜃楼还会重现。只要我们受到业力的束缚，世界就还会再回来：男人、女人、动物、植物、我们的执着和责任，所有这些都会回来，力量却并不相同。在新知识的影响下，业的力量会被打破，它的毒性会消失。它会发生转变，因为我们已经知道了实在和蜃景之间的天壤之别。

那时，这个世界不再会是之前的世界。但是，也有危险存在。我们看到，在每个国家人们都接受这样的哲学并说道："我超越了一切美德和恶行，所以我不受任何道德法则的束缚，想做什么就做什么。"如今在这个国家你们也可以找到很多这样的傻瓜，他们说："我没有受到束缚，我就是神自身，让我做任何想做的事情。"尽管灵魂的确超越所有物理的、心智的、道德的法则，但这样的说法当然是不对的。在法则之内是受束缚的，超越法则就是自由。灵魂的本性的确就是自由，它天生就是如此：灵魂的真正自由穿过物质的面纱照耀着我们，其形式就是人类表面上的自由。在生命中的每个时刻，你们都感到自己是自由的。在没有感到自由的情况下，我们连片刻都不能生存、说话或呼吸。但与此同时，也有小小的念头告诉我们，我们就像机器一样是不自由的。到底哪一方才是真的？自由的观念是一种妄想吗？一方认为自由的观念是妄想，另一方则认为被束缚的观念才是妄想。这是怎么一回事？人的确是自由的，真正的人不可能不是自由的。当他进入摩耶世界、进入名称和形式中时，就变得受束缚了。"自由意志"这个词是一种误用，意志绝不可能是自由的。它怎么可能自由呢？只有当真正的人变得受束缚时，他的意志才会存在，在此之前是不存在的。人的意志是受束缚的，但意志的基础却是永恒的自由。所以，即便在人的生命或神祇的生命的受束缚状态中、在尘世或天堂里，我们仍然保有关于自由的回忆，这是我们的神圣权利。无论有意识地还是无意识地，我们都在努力朝向自由。当一个人获得了自己的自由时，怎么还会受到任何法则的束缚？这个宇宙中没有法则可以束缚他，因为这个宇宙本身就是他的。

他就是整个宇宙。要么说他就是整个宇宙，要么说对他而言不存在宇宙。那么他怎么会拥有关于性别和国家的微不足道的观念呢？他怎么能说，我是男人、我是女人、我是孩子？这难道不是谎言吗？他知道这些是谎言。他怎么能说这些是男人的权利，而那些是女人的权利呢？没有人拥有权利，没有人是分离的存在。既没有男人也没有女人，灵魂是没有性别、永远纯洁的。说我是男人或女人、我属于这个或那个国家，这都是谎言。全世界都是我的国家，全宇宙都是我的，因为我把它作为自己的外衣——也就是身体。但我们看到，世上有些人准备好去坚持这样的原则，可与此同时又在做一些我们称之为肮脏的事情。如果我们问他们为什么要这样，他们会说这是我们的错觉，他们不可能做出任何错误的事情。那么用来判断他们的标准是什么呢？标准就在这里。

尽管善恶都是灵魂受限制的显现，但恶是最外侧的层面，善则是真正的人——大我——的更内侧的层面。除非一个人穿过恶的层面，否则就不可能达到善的层面；除非他穿过了善和恶的层面，否则就不可能达到大我。对于一个达到大我的人来说，还有什么会依附于他呢？还会有一点小小的业力，一点小小的前世的动量，但这完全是善的动量。除非坏的动量被完全耗尽、过去的不净完全燃尽，否则任何人都不可能看到或亲证真理。所以，依附于那个已经达到大我、看到真理的人的，是前世善的潜印象的残留，是善的动量。即便他存活在身体中并且不停地行动，也只是为了行善，他的嘴只会对所有人说祝福的话，他的手只会做善事，他的心灵只会思考善的思想，无论走到哪里，他的存在都是一种祝福。他自己就是活着的祝福，他通过自己的出现把最邪恶的人变成圣徒。即便不说话，他的出现也会是对人类的祝福。这样的人怎么能够作恶呢，怎么能做出恶的行为呢？大家必须记住，亲证和空谈之间可是天壤之别。任何愚蠢的人都可以夸夸其谈，连鹦鹉都可以学舌，但说话是一回事，亲证则是另一回事。哲学、教义、论证、书本、理论、教会和教派，所有这些都有自己好的地方，但当亲证来临时，这些都会烟消云散。例如，地图是很好的，可当你们看到了那个国家自身后再看着地图时，就会发现这里究竟有多大差别！所以，那些已经亲证了真理的人并不需要逻辑推理和其他理智上的操练来让自己理解真理，对他们来说，真理是他们生命的生命，更具体、更实实在在。正如吠檀多的智者所说：它"就像你手中的果实"，你们可以站起来说，它就在这里。所以那些亲证了真理的人会站起来说："大我就在这里。"你们可能会经年累月地和他们争论，他们却对你们报之以微笑，把这一切都当作孩子的胡言乱语，就让孩子们继续这样说下去。他们已经亲证了真理，并且是圆满的。假设你到过一个国家，而另一个人走过来试图与你争论说那个国家根本不存在，他可以无限地争辩下去，但你面对他的唯一想法就是，他必须得去疯人院了。已获得亲证的人会说："世上所有对那些不成器的宗教的谈论都不过是呓语，亲证才是宗教的灵魂和本质。"宗教可以被亲证。你们准备好了吗？你们想要亲证吗？果真如此的话你们就会获得亲证，然后会真正变得虔信。在获得亲证之前，你们和无神论者并没有区别。无神论者是真诚的，说自己信仰宗教却从不尝试去亲证它的人则并不真诚。

接下来的问题是，亲证之后会发生什么。假设我们已经亲证了宇宙的一体性，亲证了我们是那个无限的存在，假设我们已经意识到大我是唯一的存在，同一个大我在各种现象性的形式中得以显现，然后我们身上会发生什么？我们会变得不活跃、躲在角落里并坐在那里慢慢死去吗？"这会给世界带来什么好处呢？"真是个古老的问题啊！首先，它为什么应该给世界带来什么好处呢？对此有什么理由吗？任何人都有权问："这会给世界带来什么好处呢？"可这是什么意思呢？假设一个孩子喜欢糖果，而你正在进行与电力有关的调查研究，那个孩子问你："这会带来糖果吗？"你说："不。"孩子继续问："那么它能带来什么好处呢？"人们其实就是像这样在无理取闹地说："这会给世界带来什么好处呢，会给我们钱吗？""不。""那这其中还能有什么好处啊？"这就是所谓的给世界带来好处的意思。宗教的亲证给世界带来的当然都是好处。人们担心，一旦达到了这样的境界，一旦亲证了只有一存在，爱的基础就荡然无存了，生命中的一切都会消逝，在今生和来生所爱的一切仿佛都会消失。但人们始终都认为，那些对自己的个体性给予最少考虑的人才是世上最伟大的行动者。只有当发现爱的对象不是任何低级、渺小、可朽的东西时，人们才能去爱。只有当发现爱的对象不是一块尘土而是不折不扣的神自身时，人们才能去爱。当妻子认为自己的丈夫是神自身时，才会更爱他。当丈夫知道自己的妻子就是神自身时，才会更爱她。认为孩子就是神自身的母亲才会更爱自己的孩子。知道敌人就是神自身的人才会爱自己最大的敌人。一个知道神圣的人就是神自身的人才会去爱一个神圣的人，而他也会爱那个最亵渎神明的人，因为他知道这个人背后也是祂、也是万物之主。这样的人会成为世界的推动者，因为他的渺小的自我死了，神代替了那个位置。整个宇宙对他来说都改变了面貌，一切痛苦和悲惨的东西都将消失，争斗会彻底远离。我们每天争斗、竞争，甚至为一小块面包大打出手的这个地方，不会再是牢房，而会变成我们的乐园。那时宇宙将何其美妙啊！只有这样的人才有权利站起来说："这个世界何其美丽啊！"只有他有权利说一切都是善的。这种亲证会给世界带来巨大的好处：这个世界不再充满了争执和冲突；哪怕今天全人类只认识到这伟大真理的一小部分，整个世界也都会改变，不再有争斗和争吵，会变成和平的王国。这种迫使我们想要压过别人的不文明和野蛮的焦躁将从世上消失。亲证了这一点后，所有争斗、仇恨、嫉妒、邪恶都会永远消失，神祇将在这个地球上生活，地球会变成天堂。当神祇与神祇玩乐、神祇与神祇协作、神祇与神祇互爱时，怎么还可能有恶存在呢？这就是神圣亲证的伟大功效。你们在社会上看到的一切都会变化。你们不会再认为人是邪恶的，这是第一个伟大的收获。你们不会再站起来嘲笑一个犯了错误的可怜人。你们不会再看不起在那个走在夜晚大街上的可怜女人了，因为你们看到的就是神自身。你们不会再有嫉妒或惩罚的念头，它们都会消失。爱，还有爱的伟大理想将会如此有力，以至于不再需要鞭子和绳索来指导人类。

如果每一百万人里有一个能静坐几分钟并且说："你们都是神，人类、动物和活着的众生，你们都是那个活着的神明的显现！"整个世界就会在半小时内发生天翻地覆的变化。人们不会再到处投掷充满仇恨的炸弹，不会再有嫉妒和邪恶的想法流行，在任何地方人们都会认为一切都是祂，祂是你们看到和感到的一切。除非恶已经在你之内，否则你怎么可能看到恶？除非小偷就坐在内心的最深处，否则你怎么能看到小偷？除非自己就是凶手，否则你怎么能看到凶手？行善吧，这样对你来说恶就会消失，整个宇宙也将会因此而改变，这才是全社会最大的益处，才是人类有机体最大的益处。这些思想是一些古代印度人深思熟虑后想出来的。由于各种原因，比如老师的排他性和外敌的征服，这些思想被禁止传播。但它们是伟大的真理，无论它们在哪里起作用，人类都会变得神圣。一位神圣之人的一次触碰就改变了我的一生[1]，我会在下周日跟你们谈谈这一点。现在是时候让这些思想在全世界传播了。不要居住在修道院里，不要局限于学究们研究的哲学书籍，不要执着于某个教派或少数有学问的人而排斥其他，要把这些思想传播到全世界，让它们变成所有人的共同财

1　这里指的是辨喜的上师罗摩克里希纳，据说他只通过一次触碰就把辨喜带到前所未有的状态中。

产，无论圣徒还是罪人、男人女人还是孩子、有学问的人还是无知者。它们会弥漫在世界的空气中，我们呼吸的每一口空气都带着它的跳动——"汝即那"。整个宇宙、无数的日月星辰，同一个声音通过一切可以说话的东西说道："汝即那"。

术语表

现代梵语本来是由天城体（devanāgarī）书写的，但在国际上通常会被转写为拉丁字母，以方便阅读和印刷。梵语的转写方法不止一种，很多出版物的转写都不规范。因此，译者在此统一采用国际上通行的"国际梵语转写字母"（International Alphabet of Sanskrit Transliteration，缩写为 IAST）进行转写，以方便大家查阅。一些梵语术语后的括号内的英文是辨喜的翻译。

此外，梵语本身没有大小写字母之分，但出于拉丁字母的习惯，译者对人名、书名和地名采取了首字母大写，以方便读者识别。

哲学概念：

sāṃkhya	数论（又译：僧佉）
nyāya	正理
mīmāṃsā	弥曼差
vedānta	吠檀多
cārvāka	顺世论
jñāna yoga	智瑜伽

rāja yoga	王瑜伽
brahman	梵
ātman（Self）	真我（在翻译"Self"时译为：大我）
jīva	个我
advaita	不二论
saccidānanda	存在—知识—欢喜
Śivoham	"我是湿婆"
tat tvam asi（Thou art That）	汝即那
māyā	摩耶（又译：幻）
māyāvādin	摩耶论者
citta（mind-stuff）	心质
buddhi（intellect）	觉（又译：菩提）
mahat（intelligence）	大
ahaṃkāra（egoism）	自我意识（又译：我慢）
mamatā	以自我为中心
prāṇa	生命气（又译：气息、呼吸）
ākāśa（ether）	空元素（又译：以太、虚空、空、空界、空间、阿卡夏）
indriya（sense-organ）	根
saṃskāra（impression）	潜印象（又译：行）
nāma（name）	名
rūpa（form）	色

pravṛtti（circling forward）	外循环
nivṛtti（circling inward）	内循环

文化概念：

veda	吠陀
saṃhitā	本集
brāhmaṇa	梵书
āraṇyaka	森林书
purāṇa	往世书
saṃsāra	轮回
kalpa	劫
brahmaloka	梵界
svarga	因陀罗界
deva（god）	天神
ṛṣi	仙人
jīvanmukta	生解脱者
saṃnyāsin	桑雅士
svāmi	斯瓦米
guru	上师
pitṛ	父亲，祖先
gandharva	乾达婆
karmabhūmi	业力的领域
devayāna	通向神的路

pitṛyāna   通向祖先的路

专有名词：

Ṛgveda	《梨俱吠陀》
Bṛhadāraṇyaka Upaniṣad	《大森林奥义书》（又译：《广林奥义书》）
Chāndogya Upaniṣad	《歌者奥义书》
Kaṭha Upaniṣad	《伽陀奥义书》
Muṇḍaka Upaniṣad	《剃发奥义书》
Śvetāśvatara Upaniṣad	《白骡奥义书》
Bhagavad Gītā	《薄伽梵歌》
Lalitavistara Sūtra	《普曜经》
Varuṇa	伐楼那（又译：波楼那、婆楼那）
Indra	因陀罗
Yama	阎摩（又译：阎罗）
Kṛṣṇa	克里希那（又译：奎师那、黑天）
Naciketa	那吉盖多
Manu	摩奴
Śvetaketu	希婆多盖杜
Nārada	那罗陀
Yudhiṣṭhira	坚战
Kapila	迦毗罗
Śaṃkarācārya	商羯罗大师
Vārāṇasī	瓦拉纳西

图书在版编目（CIP）数据

智慧可以带我们到哪里：辨喜论智瑜伽 /（印）斯瓦米·维韦卡南达（辨喜）著；张励耕译 . —北京：作家出版社，2023.3（瑜伽奥义丛书）

ISBN 978-7-5212-1721-6

Ⅰ. ①智… Ⅱ. ①斯… ②张… Ⅲ. ①瑜伽派－哲学思想－印度 Ⅳ. ① B351.2

中国版本图书馆 CIP 数据核字（2021）第 272492 号

智慧可以带我们到哪里：辨喜论智瑜伽

作　　者：[印] 斯瓦米·维韦卡南达（辨喜）
译　　者：张励耕
责任编辑：方　焱
装帧设计：孙惟静
出版发行：作家出版社有限公司
社　　址：北京农展馆南里 10 号　　邮　　编：100125
电话传真：86-10-65067186（发行中心及邮购部）
　　　　　86-10-65004079（总编室）
E-mail:zuojia @ zuojia.net.cn
http://www.zuojiachubanshe.com
印　　刷：北京盛通印刷股份有限公司
成品尺寸：146×203
字　　数：190 千
印　　张：9.5
版　　次：2023 年 3 月第 1 版
印　　次：2025 年 10 月第 2 次印刷
ISBN 978-7-5212-1721-6
定　　价：57 元